Die Schule des Lebens

Ein Geschenk des Himmels

SACIDE GÖPFERICH

IMPRESSUM

Lektorat: Karen Christine Angermayer
Korrektorat: Bianca Weirauch
Layout, Umschlaggestaltung und Satz:
Susanne Büttner, trustmarketing.de

ISBN: 978-3-946287-82-7

1. Auflage 2018
Dieses Buch ist auch als E-Book erhältlich.
www.sorriso-verlag.com
Werde Teil der sorriso community:

Bildnachweis:
© Umschlagfoto Cover: Fotolia kengmerry
© Autorenfoto: focus fotostudio, Bretten

Die Schule des Lebens

Ein Geschenk des Himmels

SACIDE GÖPFERICH

Sorriso
VERLAG

Inhaltsverzeichnis

Ich widme dieses Buch meinen Eltern.

Weißt du noch, wer du warst,
bevor die Welt dir gesagt hat, wer du sein musst?

Danielle LaPorte

Vorwort

Die Liebe ist und war schon immer sehr wichtig für mich. Meine Liebe zum Leben wurde mir nicht selbstverständlich in die Wiege gelegt. Aber ich habe mich immer wieder darum bemüht. Ich liebe das Leben, mit allem, was es beinhaltet.

Selbst am Punkt dieser Liebe verändert sich bei mir etwas. Es ist Liebe zwischen mir und dem Leben. Es war immer schon Liebe zwischen uns. Es bleibt Liebe zwischen uns. Aber die Intensität dieser Liebe, die Wertigkeit dieser Liebe oder, ich könnte auch sagen, das Maß, der Reifegrad, die Höhe und Größe dieser Liebe, sie verändern sich.

Die Liebe, die aus einer Schwärmerei entsteht, ist eine etwas andere Liebe als die Liebe, die auch manche Herausforderungen integrieren muss. Mein Leben hat mich nicht immer nur bedient mit leichter Kost, mit dem, was mich verzückte, mich auf Wolke sieben brachte oder zum Schwärmen. Das eine und andere, was mir geschah, war mir überhaupt nicht angenehm.

Ich kann heute freudig und glücklich dem Neuen und der Veränderung gegenüberstehen. Ich kann diejenige sein, die diesen „Umzug" selbst wollte, und ich kann gleichzeitig auch eine Traurigkeit, einen Abschiedsschmerz und eine Wehmut empfinden.

Früher habe ich abgespalten, was gut war oder was herausfordernd war. Es gab nur ein „entweder oder" für mich.

Jetzt ist auch meine Art, das Leben zu lieben und somit auch mein eigenes Leben lieben zu können, eine Liebe, die wesentlich reifer und gefestigter ist als die Art und Weise, wie ich früher lieben konnte.

Die Liebe ist wie eine Pflanze. Egal ob es eine Liebe zu einem Menschen, zur Arbeit, zu einer Sache oder zum Leben ist. Sie wächst und gedeiht, wenn wir sie pflegen. Wie eine Pflanze entwickelt sie sich immer weiter, bildet immer neue Triebe aus und immer größere Wurzeln.

Neben der Liebe, die man entwickeln kann, kann jeder Mensch auch sein Selbstbewusstsein und seinen Selbstausdruck entwickeln und entfalten, sich seiner selbst „bewusst" sein.

Dieses Buch ist ein Herzenswunsch von mir. Für mich ist es ein Beweis, dass der Mensch eine Wahl hat. Manchmal braucht es fast 40 Jahre, wie bei mir, um dies zu erkennen. Immerhin habe ich es erkannt.

Während meiner Schulzeit hätte ich niemals geglaubt, dass ich einmal ein Buch schreiben werde. In der Schule sagten sie mir, ich kann eben nicht so gut Deutsch, weil ich keine Deutsche bin, weil ich ein Gastarbeiterkind bin. Der Rektor der Grundschule sagte zu meinen Eltern, er könne sich eine Türkin auf dem Gymnasium nicht vorstellen.

In den Situationen, in denen mir Mitglieder meiner Familie das Gefühl gaben, ich soll mir nichts auf mein Leben einbilden, es sei sowieso nicht so viel wert, weil ich ein Mädchen bin, da hätte ich niemals daran gedacht, dass gerade dieses Leben so viele wertvolle Erfahrungen und Erkenntnisse für mich bringen würde.

Diese möchte ich heute mit dir, liebe Leserin, lieber Leser, teilen.

Mir geht es auch gar nicht um die Geschichten, die ich erlebt habe. Das ist einfach mein Leben und gehört zu meiner Biografie.

Für dich ist dein Leben wichtig. Ich möchte dich inspirieren und einladen, dieses Buch mit dem Kopf und dem Herzen zu lesen. Dann wirst du erkennen, ob du vielleicht, von den Grundzügen her, Ähnliches erlebt hast.

Vielleicht hast du auch Eltern gehabt, die nur mit sich selbst beschäftigt waren oder damit zu überleben?

Vielleicht hast du auch die Erfahrung gemacht, dass deine Eltern etwas ganz anderes leben, als sie ursprünglich leben wollten?

Vielleicht hast du auch an anderen Stellen Erfahrungen gesammelt, die dir sagten: „Du bist klein und unwichtig! Du kannst doch nicht bestimmen und entscheiden, was du mit deinem Leben machen kannst!"

Jeder Mensch kann sich selbst reflektieren. Jeder Mensch kann sein eigenes Leben rekapitulieren. Alle Menschen, wirklich jeder Mensch, denkt, fühlt und handelt in der Art, wie die Erlebnisse seines Lebens ihn geprägt haben. Ob es ihm bewusst ist oder nicht.

Manchmal sehe ich deutlich, wie ein Erwachsener plötzlich wie ein Kind reagiert und wieder zum kleinen Mädchen oder zum kleinen Jungen wird. Ist uns Menschen bewusst, dass wir uns oft, durch bestimmte Situationen hervorgerufen, an das erinnern, was als Kind schon da war? Wie wir dann in alter Art und Weise reagieren können – oder aber von einem Standpunkt des Erwachsenen aus die Chance haben, uns all das noch mal anzusehen. Und vielleicht kommt der Erwachsene in uns dann heute zu etwas anderen Schlussfolgerungen und Einschätzungen als das Kind damals.

Ich habe mir selbst bewiesen, dass sehr, sehr vieles in einem Menschenleben möglich ist. Sogar, dass jemand wie ich ein Buch schreibt! Mein Hauptinteresse und das Wichtigste dabei ist, dass ich es tue. Dass ich es einfach tue, nur weil ich es wollte.

Ich teile in diesem Buch mein privates Leben nicht so detailliert, damit andere Richter spielen und darüber urteilen können. Nein. Mein Herzenswunsch ist es vielmehr, dass ich meine Erkenntnisse aus allem mit dir teile.

Meinen Mut, offen für das Neue und für Veränderungen zu sein, möchte ich mit dir teilen.

Meinen Glauben, meine Begeisterung und meine Dankbarkeit dem Leben selbst gegenüber möchte ich mit dir teilen.

Meine Art, das Leben als eine große Schule oder Universität zu sehen, möchte ich mit dir teilen.

Weil ich der Meinung bin, jeder Mensch hat es verdient, sein eigenes Leben zu leben. Darum habe ich immer gekämpft.

Und es ist egal, wie dieses Leben für andere erscheint. Aber ich kann in meinem Leben stehen und sagen, es ist meins!

Vieles von dem habe ich bewusst gewählt. Zum Beispiel, dass ich jetzt in diesen Tagen an den Bodensee umziehen werde. Das habe ich bewusst gewählt.

Wir wohnen neben dem Friedhof und mein Mann lebt seit fast 60 Jahren in dieser Ortschaft. Unsere Köpfe dachten, wir gehen irgendwann direkt von dieser Wohnung in unsere letzte Ruhestätte rüber. Jetzt machen wir vorher noch einen Ausflug.

Nun, wir hätten auch sagen können, wir können hier nicht wegziehen. Hier haben wir die Eigentumswohnung. Hier haben wir unsere Freunde und unser soziales Umfeld. Hier haben wir meine Schwiegermutter. Hier sind wir in der Nähe von großen Städten und da gibt es wahrscheinlich bessere Arbeitschancen für uns.

So viele Menschen sagen tagtäglich: „Ich würde ja gerne etwas verändern, aber ich kann leider nicht, weil ..." Eine meiner Botschaften ist, wenn man wirklich etwas verändern will, wenn man sich dazu entscheidet und wenn man bereit ist, die Konsequenzen auch zu tragen, dann kann man etwas verändern. Zumindest kann man anfangen, kleine einzelne Schritte zu tun.

Bis zu meinem 40. Lebensjahr habe ich mich nicht getraut, ganz authentisch und ehrlich zu sein. Ich war in meinen Vorstellungen und Bildern gefangen, wie ich glaubte, sein zu müssen. Ich war in meiner Geschichte gefangen. Ich war innerlich nicht frei. Ich habe weit weniger an mich geglaubt, als es nach außen hin aussah. Mir war immer die Wertschätzung der anderen wichtig. Was die Eltern sagen. Was die Leute denken.

Heute sehe ich jeden Tag des Lebens selbst als eine Schule oder als einen „Workshop" an. Mit dieser Sicht geht es mir eben um Erkenntnisse und nicht um Verletzungen und Enttäuschungen. Das macht einen ganz großen Unterschied, auch für das eigene Wohlbefinden.

Wenn eine Lehrerin liebevoll ihren Schüler darauf aufmerksam macht, dass ein Buchstabe anders geschrieben wird, dann ist es doch gut. Wie schwierig wäre es, wenn der Schüler das als Verletzung und Beleidigung aufnimmt? Sich dann zurückzieht und sagt: „Damit beschäftige ich mich nicht mehr. Davon will ich nichts mehr wissen." Er würde nichts lernen.

Ich bin fest der Meinung, wo ein Wille ist, ist auch ein Weg. Dann kann man alles erreichen, wenn man es wirklich will.

Ich werde dir im Buch erzählen, dass ich den Jakobsweg gelaufen bin. Einfach los. Obwohl ich befürchtete, dass ich keinen Kilometer durchhalten würde. Nach sieben Wochen waren es über 900 Kilometer. Über 1,5 Millionen Schritte. Mit meinem elf Kilo schweren Rucksack. Bei fünf Wochen Regen. Alleine. Ohne Handy.

Dieser Weg hat mir viel über mein Leben gezeigt. Man sagt zwar, der Weg ist das Ziel, aber was meint man damit? Vielleicht ist das Leben vielmehr eine Reise. Eine Wanderung. Ein Weg, der zu gehen ist. Man weiß nie genau, was passiert: Wo scheint die Sonne. Wo regnet es? Wann wird es kalt? Wem begegnet man? Stolpert man mal? Wo findet man ein Bett? Wann ist es ganz dunkel und man sieht kein Licht mehr? Wann kommt man am Ziel an oder kommt man überhaupt an?

Jeder entscheidet vor allem durch seine eigene Einstellung dazu, zu was er sein Leben macht. Ob er sein Leben zu einem Drama oder zu einem Märchen macht.

Das, was ich kann, das kannst auch du!

Ich wünsche dir für deinen Lebensweg viel Erfolg und Gottes Segen.

Sacide

Einleitung

Ich – Sacide – in Istanbul geboren – Muslima – früher Türkin – heute Mensch mit Migrationshintergrund – Frau – Tochter – Schwester – Tante – Freundin – Nachbarin – Ehefrau – deutscher Staatsbürger – Reiseverkehrskauffrau – 30 Jahre Angestellte bei einer deutschen Fluggesellschaft – Pilger auf dem christlichen Jakobsweg Camino Francés – zertifizierter Wanderführer – zwei Jahre Zeitmillionär – und seit heute auch Autorin.

Ich liebe Geschichten. Ich liebe Märchen. Wenn ich an Weihnachten zum 156. Mal „Drei Nüsse für Aschenbrödel" anschauen kann, ist es eine große Freude für mich. Am besten gefällt mir folgende Szene: Das Königspaar hat zu einem Ball eingeladen, damit ihr Sohn, der Prinz, seine zukünftige Frau aussuchen kann. Der Prinz entdeckt Aschenbrödel, als er gerade den Hofball verlassen möchte. Bei einem Tanz mit ihr sagt er, dass er sich entschieden habe, sie zu heiraten. Ganz selbstbewusst fragt Aschenbrödel den Prinzen, ob er nicht eine Kleinigkeit vergessen hätte, nämlich sie zu fragen, ob sie möchte?

Wow – diese Frage von ihr und diese Szene berührt mich jedes Jahr zu Tränen, immer wieder, auch wenn ich inzwischen jeden Satz auswendig kann. Wenn Aschenbrödel in ihrem bezaubernden Ballkleid ganz anmutig diese Gegenfrage stellt. Sie, die von ihrer Stiefmutter und den Stiefschwestern so abfällig behandelt wird, hat ihr Selbstwertgefühl, ihr Selbstbewusstsein und ihre Würde bewahrt. Vielleicht erinnert diese Szene mich auch ein wenig an mich selbst, wie ich war, wie ich bin und wie ich gerne sein wollte? Ich bin ohne Selbstwertgefühl aufgewachsen und bin heute eine Frau, die ein Selbstwertgefühl und ein Selbstbewusstsein hat und die sich selbst liebt.

Ich bin als Gastarbeiterkind in Deutschland aufgewachsen. Meine Geburtsstadt Istanbul verbindet zwei Kontinente. Mein Leben ist geprägt durch zweierlei Kulturen. Schon in meiner Kindheit habe ich Brücken zwischen zwei Kulturen geschlagen. Was ich in diesem Buch ausdrücken will, ist, wie diese Kindheit auf mich gewirkt hat und wie sie unbewusst noch viele Jahrzehnte wirkte, und zwar auf alle Beziehungen und auf alle Ebenen, und welche Erkenntnisse ich heute daraus habe. Wie ich von meiner Seele geführt wurde. Mein bisheriges Leben war ein Prozess und eine Reise zu mir selbst, zu der, die ich heute bin. Es war ein Segen für mich und ich habe mir in gewisser Weise aus beiden Kulturen das Beste genommen. Es hat mich dahin geführt, mich als Mensch und mich als Seele zu sehen. Als einen Erdenbürger und nicht als jemand, der in diese Religion oder in jene hineingeboren wurde. Der in diese Kultur oder in jene hineingeboren wurde.

Meine Eltern sind die besten Eltern, die sie sein konnten. Jeder von ihnen hat es immer so gut gemacht, wie sie es konnten und wussten. Mir geht es auch gar nicht persönlich um meine Eltern. Mir geht es nicht einmal um türkische Eltern. Sie sind nur die Stellvertreter für viele andere Eltern auf der ganzen Welt, die aufgrund ihrer eigenen Prägung, ihrer eigenen Kultur auch nur Bestimmtes an die nächste Generation weitergeben konnten. Das kann man überall auf der ganzen Welt treffen.

Vielleicht ist mein Leben nur stellvertretend für das Leben vieler anderer Menschen auf der ganzen Welt, die Ähnliches erlebt haben?

Mir geht es darum, dass jeder Mensch aber immer selber entscheiden kann. Gott hat uns den freien Willen geschenkt. Letztendlich geht es um Entwicklung.

Es gab eine Zeit, da hat nur ein einziger Mensch behauptet, dass die Erde eine Kugel sei. Alle anderen hatten damals den Standpunkt, dass die Erde eine Scheibe ist. Wer wurde umgebracht? Es gab eine Zeit, in der es einen Mutigen gab, der den ersten Schritt getan hat. Auch wenn seine Wahrheit der Wahrheit aller anderen Menschen genau entgegengesetzt stand. Heute würden wir alle lachen, wenn jemand behauptet, dass die Erde eine Scheibe ist. Auf jeden Fall wird er dafür nicht mehr umgebracht. Zumindest in Deutschland nicht.

Heute haben über sieben Milliarden Menschen den Standpunkt, dass die Erde eine Kugel ist. Wir haben uns weiterentwickelt.

Jeder einzelne Tag in meinem bisherigen Leben war gespickt mit vielen unterschiedlichsten Erfahrungen, damit ich wachsen und mich entwickeln konnte und zu der werden konnte, die ich heute bin. Heute kann ich rückblickend erkennen, dass bisher alles sinnvoll und lichtvoll war, so wie es war. Das kann ich heute von Herzen sagen und fühlen. Die ersten 40 Jahre habe ich es immer irgendwie anders haben wollen, als es war. Durch diese Erwartungen und Gedanken, dagegen zu sein oder es anders haben zu wollen, als es war, habe ich viel Leid und Schmerz erfahren.

Ein Freund von mir sagt: „Das Leben fängt erst mit 50 an – alles andere ist nur Vorspiel!" Dieser Satz gefällt mir. Bei mir scheint es auf jeden Fall zu stimmen.

Ich bin 54 Jahre jung. Mit diesem Buch möchte ich auch DANKE sagen. Ich danke Gott, dem Universum, meiner Seele, dem Leben und besonders meinem persönlichen Leben von ganzem Herzen. Ich fühle mich so unendlich reich beschenkt von meinem bisherigen Leben. So viele verschiedene und bunte Erfahrungen und Erlebnisse habe ich erleben und erfahren dürfen. Die Lebensschule war und ist mein allergrößter Lehrer.

Ich danke, dass ich in der Schule des Lebens bin und die Lehrer mich nicht vergessen haben. Sie finden immer wieder so viele Möglichkeiten, mich auf die unterschiedlichste Art und Weise zu erreichen und zu berühren. Ich werde nicht müde werden, diese Schule des Lebens bis zu meinem letzten Atemzug zu studieren und zu genießen.

In der Türkei wird jeder Fremde grundsätzlich mit Schwester, Bruder, Tante oder Onkel angesprochen. Dadurch entsteht sofort eine Verbundenheit. Das ist mir schon in meiner Kindheit besonders aufgefallen und hat mir sehr gefallen.

Wir sind alle Kinder Gottes und somit ebenbürtig und dadurch vielleicht auf anderer Ebene auch Bruder und Schwester oder Onkel und Tante. Deshalb werde ich dich hier im Buch mit „du" ansprechen.

Ich liebe die Menschen. Ich liebe es, Menschen zu beobachten und sie zu studieren. Manchmal ist das einfacher für mich, als mich selbst zu studieren, weil ich mein Brett vor meinem Kopf nicht gleich wahrnehme. Ich habe kein Psychologiestudium. Es sind meine Erlebnisse, wie ich sie durch meine Sichtweise wahrgenommen habe. Es ist meine Wahrheit. Ganz sicher und sehr wahrscheinlich haben Familienangehörige und andere Beteiligte in diesem Buch eine ganz andere Wahrnehmung und ihre ganz eigene Wahrheit. Das ist völlig in Ordnung und es ist auch gut so.

Keine Schneeflocke gleicht der anderen, obwohl sie ähnlich aussehen. Jede ist einzigartig. Auch jeder Mensch ist einzigartig. Jeder Mensch hat seinen eigenen Fingerabdruck, seine eigene DNA. Kein Mensch gleicht dem anderen. So hat jeder Mensch auch seine ganz eigene Sicht auf die Dinge. Dies ist mir sehr wichtig zu betonen und ich könnte es bei jedem Kapitel wiederholen, dass jeder Mensch seine eigene Sichtweise hat!

Wie schon erwähnt – ich liebe Geschichten. Kaiserin Sissi und ihr Franzl haben sich sehr geliebt. Dennoch hat es keiner von beiden geschafft, die Welt mit den Augen des anderen zu sehen, was vielleicht sowieso unmöglich ist.

Inzwischen haben wir uns alle weiterentwickelt. Wir könnten, wenn wir es wollten, dennoch versuchen, auch den Standpunkt von unserem Gegenüber wahrzunehmen. Uns einmal für einen Augenblick in seine Rolle zu versetzen. Wie bewusst sind wir mit unseren Gedanken und unseren Worten? Alles, was man denkt und fühlt, auch ganz heimlich, still und leise vor sich hin, hat seine Auswirkungen im Leben. Und immer wirkt es auch auf unser Gegenüber und auf alle Mitmenschen um uns herum. Ist dir das bewusst?

Wir Menschen bestehen ungefähr zu 70 Prozent aus Wasser. Der japanische Wissenschaftler Masaru Emoto ist bekannt durch seine Wasserexperimente. Er hat Flaschen mit Wasser beschriftet und anschließend eingefroren. Er hat zum Beispiel auf eine Flasche „Danke" geschrieben und auf die andere Flasche „Krieg". Die Eiskristalle, die dadurch entstanden sind, hat er fotografiert und konnte aufgrund des Aussehens der Kristalle auf die Qualität dieses Wassers schließen. Er hat bewiesen, dass Wasser die Einflüsse von Gedanken und Gefühlen aufnehmen und speichern kann. Das Wasser aus der DANKE-Flasche hatte vollkommene Kristalle und in der KRIEG-Flasche nur unvollkommene, tote Kristalle. Das hat natürlich Folgen auf den Zustand des Wassers.

Wenn wir alle zu 70 Prozent aus Wasser bestehen, gilt dieses Experiment auch besonders für uns Menschen! Jeder Satz, den wir an Kinder sagen, ist eine direkte „Hypnose" und wird gleich als absolute Wahrheit gespeichert, achtest du darauf? Achtest du wirklich besonders bei Kindern auf das, was du sagst und was du vorlebst? Oder lebst du bereits so integer, dass es irrelevant ist, ob Kinder oder Erwachsene dich beobachten?

Wenn ich heute auf mein bisheriges Leben zurückblicke, hatte ich schon immer einen roten Faden in meinem Leben, auch wenn er mir in den ersten Jahrzehnten nicht so bewusst war. Mir geht es schon immer um Erkenntnis. Um Bewusstwerdung. Um Verstehen. Immer wollte ich es irgendwie verstehen: Was ist da? Warum ist es so? Was steckt dahinter? Wozu kann es dienen? Warum reagiert jemand so und der andere anders? Ich wollte hinter die Fassade schauen. Mit den Jahren und Jahrzehnten konnte ich immer besser die Beobachterin sein. Ich stellte mir immer viele Fragen.

Seit meiner Kindheit gibt es einen Teil in mir, der wie Pippi Langstrumpf denkt: „Ich mache mir die Welt, widewide wie sie mir gefällt!" Ich hatte schon immer einen aus mir, aus meiner Seele herauskommenden Glauben, dass ich die Dinge in meinem Leben „machen" kann. Dass das Leben nicht einfach so ist, wie es ist, und ich damit irgendwie klarkommen muss. Sondern dass ich aus meinem Leben etwas machen kann. Und am allerbesten nicht das, was alle anderen erwarten, sondern das, was ich möchte, was ich für gut und richtig empfinde. Was meinen inneren Werten entspricht.

Einer dieser inneren Werte ist, dass alle Menschen an dem Punkt gleich sind, dass sie eine Seele haben. Dass sie alle auf dem Weg sind. Dass sie alle nach etwas suchen.

Ich hatte schon immer einen Glauben an das Wesen von Entwicklung. Sonst hätte ich mich als Kind einfach so hingegeben und aufgegeben. Ich wäre sonst viel braver und viel angepasster gewesen.

Ein Baum wächst, solange er lebt. Ein Mensch, der aufhört, innerlich zu wachsen, beginnt zu sterben.

Ich hatte schon immer eine innere Ausrichtung auf Entwicklung. Entwicklung heißt für mich, immer wieder aus dem Zimmer hinauszugehen, in dem ich gerade bin. Immer wieder die Struktur aufzubrechen und zu verändern. Manchmal musste ich eben etwas länger suchen. Wo ist hier ein Fenster? Wo ist hier eine Tür? Aber ich habe gesucht und gesucht und früher oder später auch gefunden!

Was ist Leben für mich? Für mich ist das Leben eine Chance von Bewusstseinsentwicklung. Es wäre doch ganz großartig, wenn man am Ende seines Lebens dasteht und dazugelernt hat. Und nicht nur einfach sagen kann: „Oh, ich habe es geschafft, irgendwie durch dieses Leben zu kommen." Eigentlich kann man noch nicht einmal so richtig sagen, ich habe es geschafft zu überleben, denn jetzt kommt der Tod. Also wozu sollte das Ganze dienen? Wie möchte ich am letzten Tag meines Lebens dastehen? Was ist mir dann das Wichtigste?

Ich möchte Spuren im Herzen der Menschen hinterlassen. Vor allem Spuren der Liebe. Bei den Begegnungen mit meinen Mitmenschen möchte ich, dass sie danach etwas größer, etwas fröhlicher, etwas leichter, etwas glücklicher, etwas zufriedener, etwas friedlicher, etwas toleranter, etwas mutiger oder etwas entspannter von mir gehen, als ihr Zustand vorher war. Ich möchte Liebe und Freude verbreiten.

Obwohl mir die Natur, besonders mit den vier Jahreszeiten, und die Kinder ständig vorleben, dass das Leben stetige Veränderung ist, war ich früher sehr in meinen Vorstellungen gefangen, wie die Welt zu funktionieren hat. Mein ganzes Umfeld hat mir erzählt und vorgelebt, dass immer alles so bleiben soll, wie es bisher war, und vor allem wie sie sich mein Leben vorstellen. Seitdem ich innerlich flexibler und offener geworden bin, muss mir das Leben mit großen Dramen und Schicksalsschlägen nicht mehr nachhelfen, damit ich mich bewege. Natürlich bekomme ich immer noch Hinweise von den Lehrern aus der Schule des Lebens, die mich auf bestimmte Dinge hinweisen. Heute höre ich auf meine Herzensstimme und suche zur richtigen Zeit den nächsten Raum oder das offene Fenster.

Ich habe erfahren, dass das Leben tatsächlich stetige Veränderung ist, und zwar immer Veränderung zum Besseren. Wenn dir Gott etwas nimmt, dann nur, weil er dir etwas Besseres gibt! Einen anderen Grund gibt es nicht – auch wenn ich, also mein Kopf, es manchmal nicht gleich oder gar nicht erkennen kann.

Und wie ganz nebenbei öffnet sich dabei immer eine neue Tür! Auf einmal kommt Freiheit, Freude und pure Lebensfreude zum Vorschein. Echte Freiheit. Echte Freude, die einfach so da ist. Die manchmal auch ganz still ist.

„Das, was hinter uns liegt, und das, was vor uns liegt, ist nichts im Vergleich zu dem, was in uns liegt." Diesen Satz habe ich irgendwo gelesen. Und das ist auch meine Wahrheit.

Heute kann ich mein Leben selbst als ein Märchen sehen. Heute erzähle ich dir mein eigenes Märchen. Meine persönliche „Drei Nüsse für Aschenbrödel"-Story. Obwohl ich bisher mehr als drei Nüsse „zu knacken" hatte.

Ich möchte dich auf eine Reise mitnehmen. Auf meine bisherige Reise zu mir selbst.

Leben tun wir vorwärts
verstehen tun wir rückwärts!

Sören Kierkegaard

Vertrauensbrüche

Heute weiß ich, dass ich bisher immer zur richtigen Zeit am richtigen Ort war und bin. Dass ich genau die richtigen Erfahrungen gemacht habe. Ich bekam zwar nicht immer das, was ich wollte, doch ich bekam das, was ich brauchte. Das, was ich für meinen nächsten Schritt brauchte. Meine Seele kennt den Plan und führt mich. Das habe ich inzwischen erkannt.

Heute weiß ich: Das, was ich verdrängt habe, das beherrscht mich aus dem Untergrund. Wie auf Autopilot geschaltet übernimmt mein Unterbewusstsein die Führung, wenn ich mir meine Verletzungen nicht angeschaut habe oder Gefühle nicht fühlen konnte oder wollte. Auch Erfahrungen, die nicht zu Ende gebracht wurden. Hier ein Beispiel dazu:

Bis zu meinem 35. Lebensjahr dachte ich, ich hätte eine ganz normale Kindheit gehabt. Die meisten Details hatte ich verdrängt und wollte es gar nicht mehr so genau wissen. Mein Motto war: Ich will das Glück und schaue nach vorne und niemals zurück!

Es war das Jahr 1998 und mein damaliger Mann und ich waren seit sieben Jahren glücklich verheiratet. Mein Mann war als Unternehmensberater in den neuen Bundesländern viel beschäftigt und nur am Wochenende zu Hause. Ich war der Finanzminister bei uns. Meistens habe ich die Kontoauszüge für uns beide geholt. An diesem

Tag im Jahr 1998 habe ich auf dem Kontoauszug meines Mannes einen großen Betrag entdeckt. Er hatte 2000 Deutsche Mark an eine Frau überwiesen. Ich war sehr überrascht, dass er mir bei einer so großen Summe nichts gesagt hatte. Es stellte sich heraus, dass er der Frau diese Summe geliehen hatte. Einer Frau, die in Geldnot war. Er hat das Geld nie zurückbekommen. Also hat er dieser Frau 2000 DM geschenkt. Ich war fassungslos. Ich dachte: Das weiß doch jeder, dass es keine Hilfe ist, jemandem Geld zu geben. Sinnvoller ist es doch, ihm das Fischen beizubringen, statt ihm zwei Fische zu geben.

Mit meinem damaligen Weltbild, mit dem ich unterwegs war, war ich wohl etwas größenwahnsinnig. Ich glaubte, nur weil ich seit sieben Jahren mit ihm verheiratet war, hätte ich einen Anspruch darauf, bei seinen Entscheidungen mitzubestimmen. Und weil es in diesem Fall nicht so war, hatte ich das Gefühl, er hätte mein Vertrauen missbraucht.

Wir waren weder Tochter noch Sohn von Beruf. Wir hatten jeweils nur unser gutes Monatsgehalt. Deshalb hatten wir unsere Eigentumswohnung vollfinanziert. Sieben Jahre vorher, im Jahr 1991, lag der Zinssatz extrem hoch, bei neun Prozent. Unsere wenigen Ersparnisse hatten wir für Notargebühren, die Einrichtung und Sonstiges ausgegeben. Wir hatten immer noch sehr große Schulden bei der Bank. Ich war sehr genügsam. Für mich selbst gab ich kaum Geld aus. Für diese 2000 DM müsste ich viele Wochen arbeiten, dachte ich damals. Das war unsere erste Ehekrise. Ich habe gar nicht nach Details gefragt, wie nah er dieser Frau wirklich gekommen war, dass er ihr gleich so einen hohen Betrag geschenkt hatte. Ich habe ihm blind vertraut. Ich hätte mir sehr gut vorstellen können, dass er einfach so, ohne Grund, jemandem 2000 Mark schenkt. Er hat ein großes Herz und ist sehr großzügig und sehr hilfsbereit. Aber in mir ist damals etwas zerbrochen. Mein Vertrauen war gebrochen. Mein Vertrauen war missbraucht. Wir haben viele Gespräche geführt. Es dauerte Monate, bis ich das Gefühl hatte: Jetzt ist alles wieder in Ordnung. Jetzt kann ich wieder weitergehen. Jetzt kann ich wieder nach vorne schauen.

Aber womit ich noch mehr überfordert war, dass exakt in dieser Zeit verstärkt Bilder aus meiner Kindheit in mir hochkamen, in denen mein Vater mich verprügelt hatte. Was sollte das? Das war doch schon über 20 Jahre her und erledigt! Oder vielleicht doch nicht? Warum kamen ausgerechnet jetzt diese alten Erinnerungen wieder hoch? Ständig waren diese Bilder in meinem Kopfkino und ich konnte es nicht ausschalten. Was wollte das Leben mir damit sagen? Ich wusste es nicht und habe es damals nicht verstanden.

Das Nudelholz heißt im Türkischen Oklava. Es ist aus Holz, ungefähr einen Meter lang und hat einen Durchmesser von fast drei bis fünf Zentimetern. Es sieht aus wie ein langer Stab. Mein Vater hat drei solcher Nudelhölzer auf meinem Kinderhintern kaputtgeschlagen. Das heißt, dieser stabile Holzstab ist auf meinem kleinen Kinderhintern auseinandergebrochen. Meistens auf meiner rechten Pobacke. In seiner Wut konnte er mit viel Kraft auf mich einprügeln. Er war jähzornig und ein Choleriker, eine emotional tickende Zeitbombe, unkalkulierbar und unberechenbar in seinen Emotionen. Was ich sagte, hatte keine Bedeutung für ihn. Nur sein Weltbild war richtig und hatte eine Berechtigung!

Ich lebte ständig in Angst. Ich war mir nie sicher, wann es plötzlich wieder losgehen würde. Angst wurde mit der Zeit zu meiner Zwillingsschwester, ohne dass es mir bewusst war.

Mein Vater ist Schreiner. Nachdem das erste Nudelholz auseinandergebrochen war, habe ich mich gefreut und dachte mit meiner kindlichen Naivität: Das hört jetzt endlich auf! Er kam gleich am nächsten Tag mit einem neuen Nudelholz nach Hause, das er selbst geschreinert hatte.

Meine Mutter ging bei diesen Aktionen immer weg. Sie sagte, sie kann mein Schreien nicht ertragen, und weg war sie. Sie hat mich in diesem Moment alleine gelassen! Sie hat mich nie beschützt! Ist das nicht eigentlich die Aufgabe einer Mutter, ihr Kind zu schützen? So klein und so ganz allein gelassen, war ich ihm und seiner Willkür hilflos ausgeliefert.

Unsere Dreizimmerwohnung war sehr übersichtlich. Ich konnte nur um den Wohnzimmertisch laufen. Kurz bevor es losging, hat er immer seine großen Augen noch größer aufgerissen, seine Zunge herausgestreckt, mit seinen Zähnen auf seine Zunge gebissen und ist auf mich los. Er schrie mich an: Eşoleşek! Das heißt übersetzt: Du Sohn eines Esels! Das ist im Türkischen ein böses Schimpfwort. Es ähnelt dem Deutschen „A-Wort".

Mit meinen Kinderhänden habe ich instinktiv meinen kleinen Kinderhintern geschützt. Das war der Grund, dass viele Schläge meine Hände getroffen haben. Größtenteils meine rechte Hand. Mein Vater musste nicht immer hinter mir herlaufen, um mich zu treffen. Er konnte mich direkt über den Tisch hinweg erwischen und verprügeln. Meine Finger sind anschließend immer grün und blau angelaufen und dick angeschwollen.

Wenn ich nachts im Bett lag, musste ich still sein. Weinen durfte ich nicht, denn das haben meine Eltern nicht ausgehalten. Mit diesen total geschwollenen Händen hätte ich am nächsten Morgen unmöglich in die Schule gehen können. Ich hätte nicht einmal schreiben können, so dick waren meine Finger angeschwollen. Meine Mutter kam nachts an mein Bett. Sie band mir meine Hände mit Alkohol ein, damit die Schwellungen über Nacht zurückgingen und ich am nächsten Morgen wieder in meine geliebte Schule gehen konnte.

Ich glaube, meine beiden jüngeren Schwestern haben jeweils einmal eine Ohrfeige bekommen. Ich bin mir aber nicht sicher. Eine Schwester hatte nach dieser Ohrfeige sehr stark Nasenbluten. Als sie erschrocken das viele Blut sah, schrie sie wie am Spieß. Sie schrie ganz laut und weinte viel. Das konnten meine Eltern kaum ertragen. Sie haben sie angeschrien, dass sie endlich still sein soll. Die Kleine erwiderte immer wieder auf Türkisch (wir haben damals ausschließlich Türkisch zu Hause gesprochen): „Ich kann aber nicht still sein!" „Sei still!" „Ich kann aber nicht still sein!" „Sei endlich still!" „Ich kann aber nicht still sein!"

Ich glaube, das war ihr Glück. Ich kann mich nicht erinnern, dass sie auch mit dem Nudelholz verprügelt wurde.

Als kleines Kind ist es überlebenswichtig, Aufmerksamkeit und Zuwendung zu bekommen. Mit den Eltern in Beziehung zu gehen. Meine Eltern waren sehr mit sich selbst beschäftigt oder mit ihren Streitereien oder mit meinen beiden jüngeren Schwestern, die jeweils drei und sechs Jahre jünger sind als ich. Mich gab es einfach nicht. Ich wurde weder gesehen noch wahrgenommen. Ich war die Große und ich hatte viele Pflichten zu erfüllen. Ich musste einfach funktionieren. Ich war für die Betreuung meiner beiden jüngeren Schwestern verantwortlich. Ich kann mich noch sehr gut daran erinnern, dass ich oft die Windeln von meiner jüngsten Schwester gewechselt habe. Ich war schließlich schon sechs Jahre älter als sie. Ich fühlte mich meinen Schwestern gegenüber mit den Jahren immer mehr als ihre emotionale Mutter statt als ihre Schwester. Das ist bei vielen türkischen Familien ganz normal. Ich glaube auch bei ganz vielen anderen Familien auf der ganzen Welt.

So habe ich eben auf meine Art versucht, Aufmerksamkeit zu bekommen. Ich habe einen Radiergummi aus dem Fenster geworfen oder ich habe gelogen. Ich habe einmal die Unterschrift meines Vaters gefälscht. Sie war wirklich sehr schwer zu fälschen. Ich habe es sehr gut hinbekommen. Dann bekam ich meine Aufmerksamkeit – in Form von Schlägen. Doch das ist für ein Kind immer noch besser, als ignoriert zu werden.

Ich war immer auf der Hut. Damals habe ich als Überlebensstrategie angefangen, alles unter Kontrolle haben zu wollen. Ich konnte nicht wirklich wissen, wann es wieder losgeht. Ich hatte keine Sicherheit. Ich wollte vorbereitet sein. Auf meine Mutter konnte ich mich leider gar nicht verlassen, denn mir fehlte ihr Schutz.

Diese Erfahrungen sind in mein System eingraviert und wirken bis heute. Auch heute noch bin ich extrem schreckhaft. Ich bin sogar so schreckhaft, dass ich mich manchmal selbst über meinen Schreck erschrecke! Diese plötzlichen Wutausbrüche waren immer ein großer Schock für mich.

Nicht nur durch die Gene, sondern vor allem durch das Umfeld, in dem ich aufgewachsen bin, hat mein ganzes System – also mein ICH – eine Prägung bekommen. Ich habe oft die Luft angehalten, vor Schreck, vor Angst oder weil ich mich gar nicht getraut habe, mich auszudehnen, mir Platz zu nehmen. Als Kind habe ich, um mich zu schützen und nicht aufzufallen, ganz flach geatmet oder eben die Luft angehalten. Doch das ganz natürliche Bedürfnis, der Wunsch eines Kindes, wahrgenommen und gesehen zu werden, der Wunsch gehört zu werden und dass man mit ihm in Beziehung geht, blieben natürlich.

Meine Mutter sagte mir in meiner Kindheit einmal, dass ich adoptiert sei. Als ich daraufhin sehr geweint habe, war sie überrascht, dass ich das geglaubt habe. Sie sagte, dass dies nur ein Spaß gewesen sei. Was für ein Spaß ist das, der seinem Kind Angst macht? Kinder glauben einfach alles. Sogar an den Weihnachtsmann. Und das ist auch gut so!

Ich habe es viele Monate trotzdem glauben wollen, weil es für mich wenigstens eine Erklärung dafür war, warum sie ihren ganzen Hass auf mir abluden. So fühlte es sich für mich zumindest an. Es war wie im Märchen, wo die Stiefeltern die Bösen sind. Ich konnte es mir einfach nicht vorstellen, dass man in dieser Art und Weise mit seinem eigenen Fleisch und Blut umgeht.

In meiner Erinnerung war das eine Phase in meinem Leben zwischen meinem achten und zwölften Lebensjahr. Wir waren erst kurz vorher von einer Zweizimmerwohnung in diese Dreizimmerwohnung umgezogen. Meine Eltern waren wahrscheinlich überfordert. Auch finanziell. Irgendwann hörte mein Vater von sich aus auf, mich zu verprügeln. Er hörte auf, seine Themen auf diese Art auf mich zu projizieren.

Heute weiß ich: Der erste Mann in meinem Leben – also mein Vater – hat mein Vertrauen missbraucht. Das Trauma saß tiefer, als ich dachte. Kein Wunder, dass ein türkischer Mann keine wirkliche Chance als Partner in meinem Leben hatte.

Meine beiden Eltern, die Menschen, die mir von Gott als Eltern zur Verfügung gestellt wurden, haben mein Vertrauen missbraucht. Sie haben mich körperlich und emotional missbraucht. Als Kind habe ich einen Schock erhalten, von jenen, die mich eigentlich hüten und schützen sollten, denen ich blind vertraut habe, ausgerechnet von ihnen kam etwas Gefährliches und Bedrohliches. Damals fing ich an, Dinge abzuspalten, sie nicht mehr zu fühlen und zu spüren. Das war mein Überlebenskonzept.

Meine Mutter hat mich nicht nur nicht vor meinem Vater beschützt. Sie hat mich auch wie ein Schutzschild für sich selbst benutzt. Sie hat mir immer vorgeworfen, dass ich sie nicht vor ihrem Mann beschützen würde. Ein Sohn, der hätte sie bestimmt beschützt. Das sagte sie und dachte sie und das war ihre Vorstellung. Aber ich war ja nur ein Mädchen. Das hat sie mir viele Jahrzehnte enttäuscht und ständig wie ein Mantra vorgeworfen.

Meine Mutter hat früher selbst Angst gehabt. Später ist diese Angst dann verloren gegangen, dadurch, dass sie merkte, dass sie doch auch eine Macht hat, nämlich über uns Kinder. Aber früher hatte sie Angst vor ihrem Mann. Es ging viel um Macht und Ohnmacht in meiner Familie.

Mein Vater hat seine Macht bei seiner Frau und seinen Kindern ausgelebt. Meine Mutter hat ihre Ohnmacht meinem Vater gegenüber in Macht über uns Kinder umgewandelt und ausgelebt.

Vor einigen Jahren war ich in Istanbul und habe meine Eltern besucht. Als ich morgens sehr früh in die Küche zu meiner Mutter kam, bombardierte sie mich direkt wieder mit Vorwürfen. Das ist normal bei uns. Sie lebt sehr in ihrer Vergangenheit und hat eine ganz spezielle Wahrnehmung der Realität. Sie warf mir wieder vor, dass ich sie nie beschützt hätte damals vor ihrem Mann. Ein Sohn – ja – der hätte sie bestimmt beschützt. Aber ich eben nicht. Sie sei sehr enttäuscht von mir. Es war noch sehr früh am Morgen, ich war noch gar nicht richtig wach – und ich war inzwischen 48 Jahre alt. Sie sprach von einer Situation, die 40 Jahre her war! Ich war überfordert. Ich war wie gelähmt. Ich habe – wie immer – nichts gesagt.

Am gleichen Abend habe ich mich in der Stadt mit meinen Freundinnen getroffen. Als ich ihnen meine absurde morgendliche Erfahrung erzählte, kam mir beim Sprechen die Erkenntnis: „Halt, stopp! Das sind doch die falschen Rollen! Ich bin doch das Kind. Ich bin doch die Kleine! Ich hätte eine Mutter gebraucht, die mich unterstützt hätte und nicht umgekehrt!" Diese Erkenntnis hat mir sehr geholfen, mich leichter zu fühlen.

Es gibt so viele Kinder auf der ganzen Welt, die in ihrer Kindheit von ihren Eltern und von Lehrern verprügelt wurden. Ob mit Stock oder Ledergürtel oder mit der starken Hand. Auch wenn es nur eine einzige Ohrfeige ist, ist es ein großes Trauma für das Kind. Es ist ein ganz großer Schock für ein Kind, das den Eltern vertraut.

Dann ist es ganz selbstverständlich, dass sich bei diesen Kindern viel Wut, Trauer, Ohnmacht und Ärger ansammelt. Das kenne ich bei so vielen Kindern, egal welcher Herkunft. Seit vielen Generationen ist es ganz normal, dass Kinder ihre Gefühle runterschlucken. Wenn man in einem Land aufwächst und vielleicht die Wut gegen die Regierung oder das Regime nicht ausdrücken darf, entwickelt sich das gleiche Drama. Ich habe meine Gefühle in mir unterdrückt und runtergeschluckt. Wenn man diesen Unfrieden nicht aussprechen darf, verstecken sich diese Gefühle und explodieren Jahrzehnte später. Manchmal bei den eigenen Kindern, wenn man selbst Eltern wird. So gibt man es von Generation zu Generation weiter, vielleicht in ganz harmlosen Situationen. Wer ist dann so bewusst und erkennt die Zusammenhänge, woher diese Wut wirklich kommt? Was ist wirklich die Ursache und nicht der Auslöser, der mir gerade gegenübersteht? Welcher ist der Teil, der mich an meinen alten Schmerz aus der Kindheit erinnert, und welcher ist der Teil, der tatsächlich zur aktuellen Situation gehört?

Mein Vater hat mir immer dieses türkische Sprichwort gesagt: „Wer seine Tochter nicht schlägt, wird sich später auf sein Knie schlagen!" Das heißt übersetzt: Er wird es bereuen! Für mich hörte es sich so an wie: „Ich kann nicht anders. Das ist mein Job. Das wird von mir erwartet. Das gehört sich so." Und so weiter. Warum geben die Menschen solch einen Satz von Generation zu Generation weiter? Warum überprüft niemand, was für einen Schwachsinn er da erzählt? Oder gehört es einfach dazu, das Weltbild weiterzugeben, dass Frauen etwas Minderwertiges sind?

Meine Auffassung ist: Eltern sind dazu da, die Kinder aufzubauen, ihnen zu geben, das Leben auch noch im weiteren Sinne zu schenken und nicht, sie einzusperren.

1998 habe ich sehr viele Gespräche mit meinem Mann geführt und so seinen Vertrauensbruch verarbeitet, aufgelöst und geheilt. Dann, irgendwann, dachte ich mir: Eigentlich ist es doch wurscht. Es geht mich doch gar nichts an, was er mit seinem Gehalt macht. Es ist sein Geld. Nur weil ich seit sieben Jahren mit ihm verheiratet bin, brauche ich nicht zu denken, ich weiß, was er tun soll oder nicht, was er mit seinem Geld machen soll oder nicht. Er ist doch nicht mein Besitz. Er ist doch ein freier Mensch! Ich kannte es so gut von zu Hause, dass die anderen immer glauben zu wissen, was gut für mich ist. Mein Vater hat es mit physischer Gewalt versucht, meine Mutter mit physischer und emotionaler Gewalt und meine Schwester mit verbaler Gewalt. Anscheinend hatte ich dieses Gen inzwischen auch in mir. Klar, da ich in dieser Familie aufgewachsen bin und es mir so vorgelebt wurde, wurde es irgendwann, zwangsläufig und automatisch, auch zu meiner Wahrheit. Das war mir bisher gar nicht bewusst gewesen! Ich dachte: „Lächle und sei froh – es könnte schlimmer kommen." Und ich lächelte und war froh, und es kam schlimmer. Die Details erzähle ich später.

Heute weiß ich, das war ein Gruß des Lebens. Ich bin in der Schule des Lebens, in dieser Universität, und die Lehrer haben mich nicht vergessen und schicken mir meine Lehren. Dieses Mal stellte sich mein geliebter Ehemann zur Verfügung. Alles hat zwei Seiten und nichts ist so, wie es scheint. Der Vertrauensbruch von meinem Mann war eine Chance und Möglichkeit für mich, den ursprünglichen Vertrauensbruch sichtbar zu machen. Ich konnte jetzt als Erwachsener klarer sehen, was zwischen meinem Vater und mir gelaufen war. Ich konnte ganz anders damit umgehen als damals – als achtjähriges Kind. Dadurch, dass ich es erkennen und verstehen konnte, kamen die alten Gefühle endlich in Fluss. Dadurch konnten sich die alten Verletzungen auflösen und heilen. Es kam etwas in Bewegung. Ich konnte loslassen. Der erste Schritt war getan. Ich konnte verzeihen und vergeben lernen und üben. Erst dadurch wurde ich frei davon.

In der Schule des Lebens halten die Lehrer für jeden Menschen persönliche Lehren bereit. Der eine will durch Krankheiten lernen – oder auch nicht. Der andere durch Erfahrungen des Verlustes, zum Beispiel durch den Tod. Manchen, die schon relativ offen und flexibel sind, reichen kleine Botschaften, zum Beispiel ein Buch oder ein Film, damit sie sich bewegen. Jeder hat seinen eigenen Seelenplan. Ich komme aus einer Familie, in der wir sehr starke Zeichen brauchen, um uns zu spüren und uns zu bewegen.

Es waren Baby-Schritte, die ich gemacht habe. Es hat nach diesem Erkennen noch viele Jahre gedauert, aber heute kann ich ehrlich sagen und fühlen: Ich bin mit meinem Vater im Frieden. Dafür habe ich nicht mal mit ihm darüber sprechen und diskutieren müssen, was in meiner Familie sowieso unmöglich und nicht gewünscht ist.

Für mich war diese Krise mit meinem Mann ein Geschenk des Himmels. Sie hat mir gedient und mich wachsen lassen. Ich habe keine Vorwürfe und keine Wut mehr gegen meinen Vater. Deshalb bin ich nicht mehr von meinen Urteilen ihm gegenüber abhängig, die sich im Unterbewusstsein jahrzehntelang versteckt hatten. Sie haben nur auf mich gewartet, bis ich sie angeschaut habe. Durch das Verzeihen und Vergeben kam ich in die Freiheit. Das heißt nicht, dass ich alles gut und richtig finde, so wie es damals geschehen ist.

In allen Religionen steht etwas über das Verzeihen. Aber mit dem Lesen und mit dem bloßen Wissen um das Verzeihen wird nicht einfach ein Schalter in uns umgelegt. Ich hätte nicht verzeihen und dadurch mein Herz öffnen, erfahren und erleben können, ohne vorher die große Verletzung und den großen Schmerz zu erleben. Am meisten können uns diejenigen wehtun, die uns das Liebste und Wichtigste geworden sind.

Meine Eltern hatten keine bösen Absichten. Sie haben es nur gut gemeint. Heute werde ich nicht müde zu sagen: Das Gegenteil von gut ist gut gemeint! Meine Eltern haben sich keine Gedanken darüber gemacht, welche Folgen ihr Handeln in mir auslöst. Was es mit mir macht. Welche Samen sie bei mir säen. Sie waren eben sehr mit sich selbst beschäftigt. Sie wussten es nicht anders.

Viele Menschen wünschen sich Frieden auf Erden, bis auf die, die vom Unfrieden profitieren. Wenn ein großer Teil der Weltbevölkerung schon in der Kindheit mit Gewalt konfrontiert wird, welche Folgen entstehen daraus? Gewalt durch Krieg. Gewalt durch einen Diktator. Gewalt durch die Regierung. Gewalt durch das Kinderheim. Gewalt durch die Schule. Gewalt durch die Vertreter der Religionen. Gewalt in der DDR. Gewalt ausgerechnet von den eigenen Eltern oder Bezugspersonen? Gewalt ausgerechnet von Menschen, denen sie als Kind bedingungslos vertraut haben?

Wir ernten, was wir säen. Das ist ein Gesetz. Es wird so viel Potenzial gelegt für neue Gewalt, wenn seit Generationen Gewalt und unterdrückte Gefühle als normal angesehen werden. Wo lernt man, mit seinen unterdrückten Verletzungen umzugehen? Warum dürfen die Gefühle nicht fließen, genau in dem Augenblick, wenn die Verletzung entsteht? Das würde viel schneller gehen, dass wir wieder frei davon sind, als wenn wir sie, in unsichtbaren Rucksäcken verpackt, noch Jahrzehnte mitschleppen. Warum wundern wir uns, wenn jemand ein Amokläufer wird oder ein Frauen-Hasser oder ein Männer-Hasser? Meistens sind das Familien, bei denen scheinbar alles harmonisch war. Alles musste einfach unterdrückt werden. Nichts durfte ausgesprochen werden.

Ich kenne so viele Menschen in meiner Verwandtschaft und im Freundeskreis, die mit ihrem Bruder oder ihrer Schwester nicht mehr sprechen, keine Beziehung zu dieser Person leben. Interessanterweise geben sie das von Generation zu Generation so weiter. Dadurch, dass sie es so vorleben, wird es von den Nachkommen übernommen. Ich sage nicht, dass man alles gut und richtig finden muss. Aber wie soll das gehen mit dem Frieden, wenn so viele Familien in Unfrieden sind? Sie leben viele Jahrzehnte so, als ob es diese Person nicht wirklich gäbe, und sehr viele sterben sogar in Wut und Groll gegen diese Person.

Auch bei meinen Eltern und Schwiegereltern gibt es keinen Kontakt zwischen einigen Geschwistern. Wir alle fünf Mitglieder meiner Herkunftsfamilie hatten jeder für sich unzählige Möglichkeiten, die Beziehung zu einem anderen Familienmitglied ganz abzubrechen. Meistens waren es Meinungsverschiedenheiten. Sie waren der Grund für Streit. Einer hatte eine andere Meinung als der andere. Das war der Grund für Familienzerwürfnisse. So habe ich es gelernt und vorgelebt bekommen. Bisher haben wir es immer wieder geschafft, einen Weg zu finden und nicht diesen letzten Schritt zu gehen. Den Schritt von „Aus, Schluss, vorbei!". Wie auch immer es gelingt, ich weiß es nicht, doch jeder bemüht sich auf seine eigene Art und Weise, dass wir in Beziehung bleiben.

Der Weltfrieden kann nur eine Realität werden, wenn jeder Mensch anfängt, die inneren Spaltungen und Trennungen in seinem Geist und seinen Gefühlen aufzudecken und aufzuklären, damit innere Versöhnung geschehen kann und wir so wahrhaftigen Frieden mit uns selbst und in uns selbst finden.

Heute bin ich so dankbar, dass mein Vater noch lebt. Nachdem ich von zu Hause ausgezogen war und mit örtlichem und zeitlichem Abstand besser Beobachterin sein konnte, habe ich mir endlich mein eigenes Bild von ihm gemacht. Ich habe nicht mehr einfach blind die Meinung von meiner Mutter übernommen und mich von ihrer Meinung beeinflussen lassen.

Mein Vater hat sich in den letzten 25 Jahren verändert und entwickelt. Ich habe angefangen, selbst mit meinem Vater zu sprechen. Früher gingen die Gespräche ausschließlich über meine Mutter. Wenn er vor 25 Jahren gestorben wäre, hätte ich gedacht, ein Monster sei gestorben. Er ist inzwischen Großvater von drei bezaubernden Damen. Ich glaube, seine drei Enkelinnen haben es geschafft, durch ihre kindliche, echte, bedingungslose Liebe sein Herz zu berühren. Und er hat zugelassen, sein Herz ein wenig zu öffnen. Er ist Rentner und etwas entspannter, als er es noch 40 Jahre zuvor war. Er wurde immer weicher. Wenn meine Schwestern nur ihre Stimme gegen ihre Töchter erhoben haben, bekam er schon Tränen in den Augen. Es ist eine Gnade für mich, dass ich das erleben darf.

Heute weiß ich, er hätte selbst nur Liebe und Aufmerksamkeit gebraucht. Jeder will einfach nur geliebt werden. Wie war seine Kindheit? Da hat er nie darüber gesprochen. Was weiß er überhaupt noch genau darüber? Er war der erstgeborene Sohn. Somit hatte er automatisch eine wichtige Position. Wie waren seine Eltern emotional zu ihm? Er wurde von seiner Frau nicht geliebt. Das hat sie immer wieder betont. Die beiden sind verheiratet worden. Was hat so eine Art Zwangsheirat für Folgen für alle anderen unschuldigen Beteiligten? Gibt es da Untersuchungen darüber? Wir drei Mädchen wurden von meiner Mutter immer gegen den Vater, der abwesend war, manipuliert und aufgehetzt. Sie hat in seiner Abwesenheit immer schlecht über ihn gesprochen. Ich konnte damals als Kind nicht klar sehen, dass es eigentlich die Opfer sind, die ihre Position missbrauchen und somit die eigentlichen Täter sind. Wir haben immer die Mutter unterstützt, weil sie auf ihre spezielle Art ihre Dramen aufgeführt hat. Wir waren als Kinder auch gegen den Vater. Schade eigentlich! Heute weiß ich: Gerade die, die so laut und bunt und grell sind, die sind besonders unsicher. Gerade die schreien nach Aufmerksamkeit und Zuwendung. Aber – das ist sein Leben. Das ist seine Geschichte. Das ist seine Angelegenheit. Es hat nichts mit mir zu tun. Es hatte nie etwas mit mir zu tun. Das war mir nur total verkehrt mit der Muttermilch beigebracht worden.

Heute lebt er eigentlich den Gegenpol von damals. Er ist ein weicher, alter Mann.

Ich bin unendlich dankbar, dass ich auch die andere Seite, diese weiche Seite, von meinem Vater habe sehen und beobachten dürfen. So geschieht Entwicklung.

MEINE ERKENNTNIS:

Die Beziehung zu den Eltern ist der Grundstein und der Spiegel für alle anderen Beziehungen in unserem Leben. Schwierigkeiten mit den Eltern können sich in allen Bereichen des Lebens niederschlagen: zum Beispiel in den Finanzen, am Arbeitsplatz, in der Partnerschaft, gegenüber Behörden und vieles mehr. Doch warum ist es so schwer, die Beziehung mit den Eltern in Ordnung zu bringen?

Echte Liebe bedeutet, die Seele zu sehen. Sich nicht von einer Summe von Dingen im Äußeren aufhalten zu lassen.

Ohne Freiheit und Toleranz ist eine Beziehung in Liebe nicht möglich!

Mama und Papa
Ich verneige mich vor euch in unendlicher Dankbarkeit für den
göttlichen Akt der Liebe, mir das Leben zu schenken mit allem,
was dazugehört. Damit habt ihr die Aufgabe als meine Eltern erfüllt.

Ich hatte mir vieles anders gewünscht, doch ich kann jetzt in allem
und mit allem, was war, eure Liebe im göttlichen Sinne erkennen
und euch dafür danken – auch wenn es wehgetan hat. Es hat mich
zu der Person wachsen lassen, die ich jetzt bin.

Ich verneige mich vor eurem Schicksal, eurem Leben. Ich verneige
mich vor euch als Kind. Ihr seid die Großen und ich bin die Kleine.
Ihr gebt und ich empfange. Durch euch und durch eure Vorahnen
fließt die göttliche Lebenskraft zu mir und durch mich.

Mama, Papa, euch zur Ehre mache ich was aus meinem Leben.
Ich verneige mich vor dem größten Geschenk aller Geschenke:
dem L E B E N, das durch euch zu mir fließt.

Lex van Someren

Mein Start

Jetzt ein wenig Hintergrundwissen, wie es dazu kam, dass ich als Gastarbeiterkind in Deutschland aufgewachsen bin.

Meine Eltern stammen beide aus Anatolien in der Zentraltürkei. Meine Mutter ist in einem kleinen Dorf aufgewachsen. Sie war glücklich mit ihren Ziegen. Sie fühlte sich frei wie Heidi in dem Kinderfilm.

Meine Eltern sind sich in Istanbul einmal begegnet und haben dann geheiratet. Meine Mutter ist das jüngste Kind von sechs Geschwistern. Mein Vater ist der Älteste von sechs Geschwistern. Er hatte gemeinsam mit seinem Freund eine eigene Schreinerei in Istanbul.

Als meine Mutter 15 Jahre jung war, wurde sie verheiratet. Ein halbes Jahr vorher wurde Verlobung gefeiert. Mein Vater ist neun Jahre älter als sie. Für meine Mutter, als 15-jähriges Kind damals, war er ein alter Mann, den sie weder kannte noch liebte. Weil das seit Generationen so getan wird, ist es normal. Sie hatte nicht das Gefühl, dass sie eine Wahl gehabt hätte oder einen eigenen Willen. Sie kam gar nicht auf die Idee, Nein zu sagen. Ein NEIN gab es nicht. Schon damals hatten die Frauen einen Sprachfehler. Sie konnten und durften kein NEIN sagen. In Deutschland ist Kinderehe verboten. Dafür bin ich so dankbar!

Es ist entwürdigend, wenn man den Partner nicht selbst aussuchen darf oder kann!

Im Juni 1961 war großes Hochzeitsfest. Das schwarz-weiße Hochzeitsbild meiner Eltern sieht sensationell aus. Meine Mutter wirkt nicht wie ein 15-jähriges Kind, sondern eher wie eine erwachsene Frau. Sie sieht aus wie eine hübsche Prinzessin mit ihrem schönen, weißen Brautkleid und ihren hochgesteckten schwarzen Haaren. Auf ihrem Kopf trägt sie ein Diadem und daran einen weißen, langen Schleier.

Mein Vater sieht aus wie ein Schauspieler bei der Oskar-Verleihung. Er trägt einen eleganten, schwarzen Anzug und hat schwarze Haare, ganz große Augen und einen Schnurrbart. Ihm haben früher viele Menschen nachgesagt, er würde Clark Gable ähnlich sehen. Seine grünen Augen schimmern sogar auf diesem Schwarz-Weiß-Bild.

Damals war die Schulpflicht in der Türkei fünf Jahre. Meine Eltern waren jeweils fünf Jahre in der Schule gewesen. Nicht alle Frauen in meiner großen Verwandtschaft können lesen und schreiben.

Zwei Jahre nach der Hochzeit, im Juli 1963, wurde ich in der Millionenmetropole Istanbul geboren. Meine Eltern hatten einen Sohn erwartet. Sie hatten sich einen Sohn gewünscht. Schon mit meiner Geburt hatte ich zum ersten Mal die Erwartungen meiner Eltern nicht erfüllt. Von der ersten Sekunde an war mir klar, ich störe und ich bin falsch und bin ein Mensch zweiter Klasse, weil ich eben nur ein Mädchen bin. Zuerst habe ich laufen und sprechen gelernt und danach musste ich stillsitzen und den Mund halten.

Als in Deutschland nach Gastarbeitern gesucht wurde, kam mein Vater 1964 als einer der ersten Gastarbeiter nach Bad Ditzenbach, Landkreis Göppingen. In einem der schönsten Täler der Schwäbischen Alb liegt dieses kleine Dorf. Damals war die Einwohnerzahl ungefähr 3000. In einer Möbelfabrik wurden Schreiner gesucht.

Mein Vater hatte Meinungsverschiedenheiten mit seinen Eltern. Er wollte seine eigenen Erfahrungen machen. Für ihn war die Flucht nach Deutschland seine Lösung. Sein ganzes Eigentum war in einem kleinen Koffer, als er in Deutschland ankam. Dies war sein Start in eine unbekannte und neue Zukunft voller Hoffnung.

Meine Mutter und ich haben während dieser Zeit bei seinen Eltern gelebt. Das war so üblich. Meine Eltern haben sich gegenseitig Briefe geschrieben. Mein Vater hat in Deutschland alles in die Wege geleitet und meine Mutter hat in der Türkei die Papiere organisiert, damit wir zu ihm nach Deutschland reisen konnten.

Ein halbes Jahr später durften wir zu meinem Vater. Die Augen meiner Mutter leuchten noch heute voller Stolz, wenn sie erzählt, wie sie damals eigenständig mit meinem Vater Briefkontakt hatte. Somit hatten ihre Schwiegereltern keine Kontrolle darüber. Somit konnte sie sich frei von den ganzen Zwängen fühlen.

Meine Mutter hat viele Jahrzehnte damit gehadert, dass sie nach Deutschland gegangen ist. Sie wäre lieber in der Türkei geblieben. Das hat sie oft gesagt. Ich hoffe für sie, dass sie auch das Gute daran sehen kann, dass sie 35 Jahre in Deutschland gelebt hat.

Wir Menschen schätzen meistens erst dann etwas, wenn wir es verloren haben. Heute ist meine Mutter über 70 Jahre alt. Sie sind zurück in die Heimat. Sie leben schon viele Jahre wieder in Istanbul. Ich habe das Gefühl, inzwischen kann sie ihren Deutschland-Aufenthalt und die Geschenke, die ihr diese Jahrzehnte gebracht haben, etwas mehr wertschätzen und erkennen.

Im Jahr 1965 sollte oder wollte meine Mutter arbeiten und Geld verdienen. Daraus habe ich geschlossen, dass ich unwichtig bin. Das Geld war wichtiger als ich, dachte ich. Im März 1965 brachte sie mich allein mit dem Zug nach Istanbul und fuhr ohne mich wieder zurück nach Deutschland. Sie konnte weder Deutsch noch sonst eine Fremdsprache sprechen. Damals hatten wir kein Telefon. Am Bahnhof in Geislingen wusste sie noch nicht einmal, dass „Taxi" in Deutschland und „Taksi" in der Türkei die gleiche Bedeutung haben. Irgendwie hat sie es geschafft!

Was für ein Wunder! Was für ein Mut! Ganz ehrlich, ich weiß nicht, wie sie das damals gemacht hat. Sie sagt, sie weiß es selbst nicht mehr so genau. Vielleicht mit dem Orient-Express? Die Zugfahrt ging über 2000 Kilometer und durch viele Länder.

Meine Mutter hat mir immer erzählt, dass mein Vater schuld daran sei, dass sie mich wieder in die Türkei gebracht hat. Ich habe ihr das viele Jahrzehnte geglaubt. Heute wundere ich mich über diese Aussage. Mein Vater war doch gar nicht dabei! Er war in Deutschland bei seiner Arbeit. Warum sollte er schuld sein an dem, was meine Mutter getan hat? Meine Mutter war doch diejenige, die mich hingebracht hat! Warum trägt sie nicht selbst die Verantwortung für das, was sie tut? Vielleicht hatte mein Vater entschieden, dass sie wieder arbeiten soll? Im Weltbild meiner Eltern und meiner Kultur war Gesetz, dass die Frau immer das macht, was der Mann will. Meine Mutter hatte damals (noch) nicht das Selbstbewusstsein, „Nein!" zu sagen.

So bin ich aufgewachsen. In unserer Familie war niemand selbst für seine Taten verantwortlich. Weder für das, was er tat, noch für das, was er nicht tat. Jeder war immer in der Ohnmacht. Die anderen waren immer schuld und hatten somit auch die Macht.

Ich war fast 20 Monate auf der Welt, als meine Mutter mich in die Türkei gebracht hat. Ich wurde nicht auf diese Situation vorbereitet. Eltern denken wahrscheinlich, kleine Kinder bekommen nichts mit. Woher sollte ich wissen, ob ich diese Eltern jemals wiedersehen werde? Ob ich diese Mutter jemals in meinem Leben wiedersehen werde? Das konnte ich nicht wissen. Wie dieser Schock und diese Zeit auf mich gewirkt haben, erzähle ich später ausführlich.

Ich war bei den Großeltern väterlicherseits untergebracht. Im März 1966 erblickte meine Schwester das Licht der Welt. Nach 16 Monaten in Istanbul wurde ich im Juli 1966 also wieder nach Deutschland geholt, da meine Mutter mit Baby erst einmal zu Hause bleiben musste.

Im Juli 1969 wurde unsere jüngste Schwester geboren. Da sie auch wieder „nur" ein Mädchen war, ist mein Vater nicht ins Krankenhaus gegangen. Er hat weder seine Ehefrau besucht noch seine frisch geborene, gesunde Tochter! Was für ein Willkommen für diesen neuen Erdenbürger, für diese Seele? Was für ein Schock für meine Mutter? Vielleicht Schuldgefühle?

Für meine Eltern war ganz klar, wir bleiben ein paar Jahre hier in Deutschland, dann gehen wir alle gemeinsam wieder nach Hause. Zuhause – das war immer die Türkei. Das waren ihre Erwartungen. Das war der Plan. Einen Plan B gab es nicht. An dieser Vorstellung haben sie immer festgehalten. Vielleicht gab ihnen diese Vorstellung auch eine gewisse Sicherheit?

Es kam natürlich anders als geplant. Heute leben meine Eltern wieder in Istanbul und ihre drei Töchter leben in Deutschland. Das hatten sie anders erwartet.

Als meine Eltern nach Deutschland kamen, waren sie noch sehr jung. So steif, starr und eingefahren waren sie eigentlich noch gar nicht. Einerseits haben sie sich entschieden, dort in etwas Neues zu gehen, um mit ganz veränderten äußeren Umständen konfrontiert zu sein. Trotzdem haben sie sich jeden Tag aufs Neue entschieden, das zu leben, was ihre Ahnen schon lebten, was dort gelebt wurde, woher sie kamen. Das, was ihre Gewohnheiten im Denken und Handeln bisher waren. Dennoch wurde der Same gesät. Sie konnten eine andere Lebensphilosophie erleben und erfahren. Sie konnten sehen, dass zwar die gleichen Worte zum Beispiel für „Demokratie" benutzt werden, sie aber in beiden Ländern doch anders gelebt wird. In ihrer Art und Weise versuchten meine Eltern, soweit wie möglich eine Balance zu schaffen, zwischen dem Neuen und der Tradition.

In Deutschland herrschte große Aufbruchsstimmung. Auch bei meinen Eltern. Heute erkenne ich: Es gab eine Zeit, in der meine Eltern wirklich sehr mutig waren, sich auf Neues eingelassen haben und nach Deutschland ausgewandert sind. Und das im Jahr 1964, wo kein WhatsApp, Skype und nicht einmal ein Telefon zur Verfügung standen! Bis ein Telegramm mit der Todesnachricht eines Verwandten ankam, war die Beerdigung schon vorbei. Bei Moslems wird am gleichen Tag beerdigt. Ein Brief dauerte damals zehn Tage zwischen Deutschland und der Türkei. Heute ist das unvorstellbar.

Meine Eltern wussten damals auch, dass es nicht einfach wird. Sie haben diese Entscheidung getroffen, obwohl es ihnen immer so wichtig war, was die anderen sagen und ob man anerkannt und angenommen wird. Sie hatten keine Garantie, dass sie nach einem Umzug nach Deutschland noch von allen gemocht und anerkannt werden würden.

Ich kann ganz eindeutig sagen, dass mein Leben ein ganz anderes geworden wäre, ohne diesen mutigen Schritt meiner Eltern. Es ist ein großes Geschenk und eine große Bereicherung für mein Leben, dass ich in Istanbul geboren und in Deutschland aufgewachsen bin. Dafür bin ich unendlich dankbar!

MEINE ERKENNTNIS:

Ich stehe mit jeweils einem Bein in einem anderen Kulturkreis. Was bringe ich damit zusammen? Die Fähigkeit großer Ehrfurcht und emotional empfundenen Glaubens und einer Liebe hin zu Gott, die nicht erklärbar und beschreibbar ist. Und die Qualitäten von Deutschland wie Freiheit, Wissen, Frieden und Weisheit. Verschiedenstes Wissen und die Freiheit, sich unterschiedlichste Aspekte, Anschauungen und Sichtweisen aneignen zu können.

Sind so kleine Hände, winzige Finger dran,
darf man nie darauf schlagen, die zerbrechen dann …

… Sind so kleine Münder, sprechen alles aus,
darf man nie verbieten, kommt sonst nichts mehr raus.

(aus einem Liedtext von Bettina Wegner, 1976)

Kindheit und Jugend oder so etwas Ähnliches

Auf Hawaii sagt man, die Kinder sind „Keikis", Blumen unseres Herzens. Eine Blume schreit man nicht an, um sie zum Wachsen zu bringen. Man hegt sie und pflegt sie. So einfach ist das.

Keiki ist das hawaiianische Wort für Kind und für junge Pflanze. Im ozeanischen Sinne wird ein Kind in der Tat wie ein Sämling gesehen. Auf Hawaii ist es das Wichtigste, dass man den Keikis zeigt, wie man liebt und wie man Liebe teilt!

Heute ist mir bewusst, in welcher Kälte und Einsamkeit ich aufgewachsen bin. Es war emotional total beziehungslos. Es ging nur um Vorstellungen, nur um zu erfüllende Pflichten. Alle Gefühle waren tabu. Alles, was menschlich war, war tabu. Das war nicht nur in unserer Familie so. Vielleicht wurde es die letzten 1000 Jahre in vielen Familien auf der ganzen Welt so gelebt? Vielleicht sind wir die erste Generation, die dem Leben neue Zutaten hinzufügt? Nämlich Freude und Genuss?

Es gab ein paar ungeschriebene Gesetze in unserer Familie, und viele Jahrzehnte dachte ich, dies seien türkische Gesetze:

§§ 1 bis 10: Der Mann hat immer recht und hat die Macht.

§§ 11 bis 20: Die Eltern haben immer recht.

§§ 21 bis 30: Die Mutter hat immer recht und hat die Macht.

§§ 31 bis 40: Alle anderen und alle Behörden haben immer recht und haben die Macht, wie zum Beispiel Ärzte, Lehrer, Anwälte, Vorgesetzte, Polizisten und alle Behörden!

§§ 41 bis 50: Alle anderen, die älter sind als du, wissen, was gut und richtig für dich ist, auch wenn sie nur einen Tag älter sind. Du selbst bist machtlos. Du selbst hast keine Ahnung!

Als ich auf die Welt kam, hatte ich keine Gebrauchsanweisung für dieses Spiel des Lebens dabei. Beziehungsweise hatte ich vergessen, dass es in meinem Herzen versteckt ist und nur darauf wartet, dass ich mich auf die Suche mache. Die beiden Menschen aus der Türkei, die mir von Gott als Eltern zur Verfügung gestellt wurden, hatten auch keinen wirklichen Plan. Für sie war das Leben eine reine Pflichterfüllung. Es gab keine Kür. Es gab nur „müssen" und kein „wollen" oder „können". Jedes zweite Wort in meiner Kindheit war „vazife" – Pflicht. So viel Pflichten kann kaum ein Mensch bewältigen, wie wir alle Menschen angeblich haben. Die meisten Pflichten waren Tätigkeiten, damit die anderen uns für gut halten. Andere Pflichten waren Pflichten gegenüber Gott. Ich habe viele Jahre gebraucht, um mit diesem Wort – vazife – wieder in Frieden zu kommen.

Auch Kochen war für meine Mutter eine Pflicht, dabei war sie eine begnadete Köchin. Sie versorgte uns täglich mit vorzüglichen Gerichten, die uns immer sehr gut schmeckten. Doch sie hat nicht gerne gekocht. Sie hat nichts, was unsere Familie betraf, gerne gemacht, so kam es mir zumindest vor, sondern sah es eher als ihre Pflicht an, die getan werden musste.

In türkischen Familien kann man wirklich erfahren, dass Liebe durch den Magen geht. Was da alles an köstlichen Gerichten und

Speisen aufgetischt wird, ist unglaublich. Die Gastfreundschaft steht über allem. Das Essen war irgendwie das Wichtigste in meiner Kindheit und in unserem Alltag. Wir hatten immer genug zu essen, aber es war keine Zeit für die Liebe.

Mein Vater kam in seiner Mittagspause zum Essen nach Hause. Sein Arbeitsplatz war nur zehn Minuten Fußweg entfernt. Bis heute kann ich sagen, dass das Essen das Wichtigste in seinem Leben ist.

Vielleicht dachten sie, dass sie durch das Essen ihre Liebe geben? Ich weiß es nicht. Wenn ich nichts zu essen wollte, weil ich bereits satt war, nahmen sie es persönlich. Vielleicht hörten sie „Ich will eure Liebe nicht" statt „Ich will das Essen nicht."?

Ich fühlte mich von klein auf für meine Mutter und meine beiden kleinen Schwestern verantwortlich. Mein Vater kümmerte sich um das Wesentliche. Nämlich um sich selbst. Er hatte mit der Kindererziehung nichts zu tun. Für ihn und sein Weltbild waren Frauen grundsätzlich etwas Minderwertiges. Interessant, dass ausgerechnet er drei Töchter und keinen Sohn bekam. Heute denke ich, vielleicht war das eine schöne Gelegenheit, vom Leben gegeben, sein Weltbild den Frauen gegenüber zu verändern. Wissen Männer wie er überhaupt, wer sie geboren hat? Es sind doch Frauen, die diese Götter auf die Welt bringen und erziehen, oder etwa nicht? Wie kann eine minderwertige Person, also eine Frau, einen Gott erziehen? Nur Göttinnen können Götter gebären, oder nicht?

In unserem Umfeld waren meine Eltern die ersten türkischen Gastarbeiter weit und breit. Später sind viele andere Türken in unser Dorf und in die umliegenden Dörfer und Städte gekommen. Die anderen Türken konnten natürlich noch kein deutsch sprechen. Meiner Mutter waren Freiheit und Unabhängigkeit auch immer sehr wichtig. Sie hatte die deutsche Sprache gelernt. Jetzt waren ihre

Hilfe und Unterstützung als Übersetzerin sehr gefragt. Bei Schulfragen, Arztbesuchen, Anwaltsterminen und Sonstigem. Wenn meine Mutter nicht bei der Arbeit war, dann war sie ständig unterwegs, um die Welt zu retten. Ich hatte das Gefühl, dass sie eigentlich ganz froh darüber war, eine Gelegenheit zu haben, offiziell weg von zu Hause sein zu können. Wie schon gesagt, zu Hause, das war für sie nur ihre Pflicht. Sie kam zum Kochen nach Hause. Diese Pflicht war ihr sehr wichtig, sonst hätte sie sich in jedes Taxi setzen und zum Fahrer sagen können: „Fahren sie mich irgendwohin, ich werde überall gebraucht!" Jeder hätte ihr geglaubt. Sie selbst und ich haben es auch geglaubt.

Meine Mutter kam 1964 nach Deutschland und hatte damals ein Kopftuch auf. Sie beobachtete, dass die deutschen Frauen kein Kopftuch tragen. Im Sommer 1965 war es sehr heiß und ein junger Mann hatte sich über meine Mutter lustig gemacht, da sie in der Hitze mit Kopftuch herumlief. Obwohl sie damals die Sprache noch nicht konnte, hatte sie seine Botschaft klar verstanden.

Sie kam wütend nach Hause, hat ihr Kopftuch in die Ecke geworfen und in Deutschland nie mehr getragen. Mein Vater hat ihren Willen respektiert und akzeptiert. Da keine Verwandtschaft hier war, die sich einmischen konnte, hatten sie die großartige Freiheit und Möglichkeit, ihre eigenen Erfahrungen und Entwicklungen zu machen. In der Türkei hatte sie ein Kopftuch nur auf, wenn sie ihre Eltern und Schwiegereltern besuchte.

Ich bin mir absolut sicher, dass, wenn wir in der Türkei geblieben wären, mein Vater das nicht ganz so gelassen hätte akzeptieren können. Auch meine Mutter hätte sich bestimmt nicht gewagt, sich gegen die Erwartungen der Verwandtschaft und der Gesellschaft zu stellen.

Daran kann ich sehr gut erkennen, dass es stimmt, dass das Neue und andere Kulturen einen Einfluss haben und Veränderung bringen – doch es kann zum Segen sein. Es muss bei Weitem nicht zum Nachteil sein, wenn man offen und flexibel für das ist, was der andere lebt!

Wir drei Schwestern hatten oft viel Spaß, wenn wir zusammen gespielt haben. Manchmal konnten wir so viel lachen, bis uns die Tränen liefen. Dann unterbrach uns die Mutter und erklärte mit erhobenem Zeigefinger, dass es eine Sünde sei, so viel zu lachen! Es war komisch, dass alles, was Spaß gemacht hat, eine Sünde sein sollte.

Meine Mutter hat (gefühlt) jeden Tag gesagt, es wäre viel besser gewesen, sie wäre auf die Toilette gegangen und hätte ihr großes Geschäft erledigt, statt uns drei Töchter auf die Welt zu bringen. Das habe sie wirklich nicht verdient! Ich habe dieses Mantra mehrere Tausend Mal gehört.

Einerseits war ich mir absolut sicher, dass der Storch die Kinder bringt, und anderseits habe ich trotzdem ihre Botschaft ganz klar verstanden. Mich als kleines Kind, mich als kleine Kinderseele hat dieser Satz bis aufs Mark und bis in jede Zelle hinein getroffen und mir ganz klar gesagt: „Du bist ein Stück Mist und du störst und du bist nichts wert und ich will dich nicht!" Diesen Satz fast täglich zu hören, war wirklich schrecklich für mich. Ich wusste ja, dass sie sich einen Sohn gewünscht und erwartet hatte.

Heute weiß ich, dass sie damals wahrscheinlich mit allem überfordert war. Aber als Kind kann man das nicht wissen!

Heute weiß ich, dass es sehr viele Mütter auf der ganzen Welt gibt, die sich einfach permanent überfordert fühlen.

Wie ich schon erzählt habe, wurde meine Mutter verheiratet. Doch „ein bisschen Interesse haben", „den anderen nicht ganz so schlecht finden" oder „ganz attraktiv" ist weit entfernt von einer wirklichen Liebe und einer guten Grundlage für eine Ehe. Sie war in einer Ehe und doch völlig allein. Ich wollte ihr helfen, damit sie nicht mehr allein ist. Ich wollte, dass sie durch mich eine Verbündete hat. Wenn sie schlecht über meinen Vater sprach – wenn er nicht da war –, wollte ich ihr helfen und schlug mich auf ihre Seite.

Wenn eine meiner Schwestern nicht da war, ließ sie gegenüber den anderen beiden ihren Unmut oder ihre Enttäuschung über diese Tochter aus. In solchen Momenten war ich als Kind immer besonders irritiert. Ich denke heute, sie hätte solche Dinge mit anderen Freundinnen oder Erwachsenen besprechen sollen. Wenn ich zurückschaue, ist es sehr interessant, wie wir in unserer Familie miteinander umgegangen sind: Wir haben nie wirklich miteinander gesprochen, sondern übereinander.

In den Augen meiner Mutter wirkte ich auch sehr schnell undankbar, ohne dass ich das wollte. Als ich 38 war, war ich bei meinen Eltern zum Essen eingeladen. Weil die anderen Gabeln in der Spülmaschine waren, gab es nur noch eine kleine Kuchengabel für mich. Mir war es völlig unwichtig, mit welcher Gabel ich esse. Während ich noch aß, nahm mir meine Mutter meine Gabel aus der Hand und gab mir eine große Gabel, die gerade frisch aus der Spülmaschine kam. Ich fand das übergriffig und dachte: Ich bin jetzt in einem Alter, wo ich langsam selbst entscheiden will, mit welcher Gabel ich esse. Zumal ich beobachtet hatte, dass meine Nichte, also ihre Enkelin, schon mit drei Jahren selbst entscheiden durfte, wann sie satt war. Bei mir ging das nicht.

Über Wochen und Monate nahm meine Mutter diese Gabel-Geschichte zum Anlass, um sich bei meinem Vater und meinen Schwestern über mich zu beschweren. In ihren Augen war ich eine schlechte und undankbare Tochter. Wie ich es wagen konnte, mich ihr zu widersetzen. Sie hätte es doch nur gut gemeint und schließlich müsste man mit der großen Gabel essen. Natürlich hat keiner sich getraut, ihr zu widersprechen, sonst wäre er selbst in den nächsten Wochen der Sündenbock gewesen!

Heute weiß ich: Es ging natürlich nicht um die Gabel. Es ging um ihren Willen, um ihre Macht. Sie wollte einfach ihren Willen durchsetzen.

Auch in dieser Situation zeigt sich deutlich, welcher Mechanismus all diesen Momenten zugrunde lag: Meine jüngste Schwester fuhr nach dem Abitur mit ihrer Freundin auf eine längere Reise. Meine Mutter brachte meine Schwester am Tag der Abreise zu ihrer Freundin hin. Als die Freundin die Tür öffnete, freuten sich beide Mädchen sehr und fielen sich um den Hals. Meine Mutter bekam anscheinend nicht die Aufmerksamkeit, die sie erwartet hatte. Dieser Moment war wochen- und monatelang ein großes Thema bei uns. Überhaupt wurde jedes Thema wochenlang ausgedehnt – wie ein Mantra. Meine Mutter wiederholte immer wieder, was für eine schlechte Tochter das sei, die in so einem Augenblick der Freundin mehr Aufmerksamkeit schenkt als der eigenen Mutter. Schließlich hätte sie doch ihre Tochter dorthin gefahren, sonst hätte sie gar nicht auf diese Reise gehen können usw. Das hat sie teilweise auch so verdreht dargestellt, dass wir anderen beiden Schwestern dann wirklich denken konnten: Was für eine böse Schwester ist unsere Jüngste!

Heute habe ich erkannt, dass unsere Mutter selbst wohl als Kind nicht die Aufmerksamkeit von ihren Eltern bekommen hat, die ein Kind braucht. Das lebt sie in unserer Familie und agiert emotional immer noch eher wie ein junges Mädchen. Sie holt vielleicht bei ihrem Mann oder ihren Kindern nach, was sie früher nicht bekam. Sie schien immer in dem Glauben zu leben, dass sie andere ein bisschen manipulieren oder etwas verschweigen müsse, um zu bekommen, was sie möchte. Aber als Kind ist man über solches Verhalten natürlich sehr irritiert.

Heute weiß ich, dass es viele Mütter gibt, die so leben, wohl auch in einer Art Angsthaltung, weil sie glauben, dies sei der einzig mögliche Weg. Oder weil sie es sich in ihrer Kindheit so angeeignet haben und nie einen anderen Impuls oder ein anderes Bewusstsein erlangt haben.

Mein Vater hat nie schlecht über meine Mutter gesprochen. Im Gegensatz kann ich mich nicht erinnern, dass meine Mutter jemals etwas Gutes über ihn gesagt hat. Sie hat entweder uns Töchter gemeinsam gegen ihn manipuliert – wenn er abwesend war – oder zwei ihrer Töchter gegen die dritte Tochter, die gerade abwesend war.

So entstand mit der Zeit ein Keil zwischen uns allen. Ich habe immer meiner Mutter geglaubt. Ich konnte nicht erkennen, dass die Mutter uns nur manipuliert, statt diese Themen mit ihrem Mann oder mit anderen Erwachsenen zu besprechen. Emotional hat sie uns Kinder als ihren Partner gesehen, da sie sich in ihrer Ehe so allein gefühlt hat. Wir waren emotional der Partnerersatz. Einer hatte immer recht, und das war meine Mutter, und alle anderen waren somit im Unrecht und automatisch der Gegner oder der Feind.

Früher waren die Männer im Krieg und die Mütter hatten ihre Kinder als Partnerersatz. Dann waren viele Hundert Jahre die Männer zwar körperlich anwesend, aber emotional abwesend. Da haben viele Frauen auf der ganzen Welt ihre Kinder als Partnerersatz hergenommen – auch unbewusst natürlich. Kinder konnten nicht wirklich Kind sein über weite Strecken.

Auf diese Art konnte meine Mutter ihre ICH-Kraft entfalten und entwickeln. In der Familie und hinter verschlossenen Türen. In der Gesellschaft und im Außen war es offiziell einer türkischen Frau nicht wirklich möglich, sich zu entfalten. Doch wie ist es, wenn die rechte Hand gegen die linke Hand kämpft? Kann es da einen Sieger geben? Gehören sie nicht beide zusammen zu einem Körper? Zu einer Familie? Wie wirkt sich das auf eine Familie aus, wenn sich alle als Gegner betrachten? Wenn eine Familie gegeneinander kämpft, wer soll da gewinnen? Kann es dabei wirklich einen Sieg geben? Auch das ist nicht nur in unserer Familie so gewesen.

Wir erleben es auch im großen Globalen, in der Wirtschaft, in der Politik. Und wir erleben es auch im Kleinen und Privaten. Nur weil der Partner, die Kinder, der Arbeitgeber, die Lebensumstände, die Eltern, die Freundin, die Schwester, der Ex-Partner sich so und so verhalten, erscheinen sie uns als Gegner. Der andere oder die andere macht dies so und so – und das ärgert uns. Wie viele Töchter oder Frauen wurden von ihren Männern oder Brüdern deshalb umgebracht? Und zur Tarnung wird das Wort Ehrenmord missbraucht. In allen Religionen steht, du sollst nicht töten!

Aus der wunderbaren Fähigkeit, dass ein Mensch in seinem Gegenüber die Möglichkeit hat, das eigene ICH und was es eben NICHT ist, erkennen zu können, wird dann die verdrehte Vorstellung, dass das Gegenüber, der Herausforderer, ein Feind ist. Auf einmal sind die anderen Menschen nicht mehr Helfer oder Trainingspartner, das eigene ICH erfahren zu können, sondern sie sind wie die Bedroher des ICHs.

Aber vielleicht können wir uns an dieser Stelle bewusstmachen: Ohne das DU könnten wir niemals ICH sagen. Jeder für sich sollte sehr achtsam sein, ob er dabei mitmacht, die anderen Menschen im nahen Umfeld oder am anderen Ende der Erde als eine Bedrohung und als Feinde zu sehen – oder ob er aus diesem Spiel aussteigt.

Wir sind alle Kinder Gottes. Göttlichkeit ist Göttlichkeit. Göttliches, vollkommenes Selbst ist göttliches, vollkommenes Selbst. Da gibt es nicht das eine, das besser ist als das andere. Da gibt es nichts, was stärker oder schwächer ist. Vollkommen ist vollkommen. Auf jedem Teil dieser Erde.

Ich habe letzte Woche ein schönes Beispiel für die Begriffe „vollkommen" und „perfekt" gehört. Wenn ein neues Smartphone auf den Markt kommt, ist es vollkommen. Man kann damit alles machen, was zur heutigen Zeit passt. Wenn es perfekt wäre, würde es nicht weiterentwickelt und es würde nicht das nächste Modell auf den Markt kommen.

Wir fünf Menschen haben fast drei Jahrzehnte in einer Wohnung als eine Familie zusammengelebt. Wir haben alle die gleiche Religion. Wir drei Schwestern haben die gleichen Eltern. Dennoch gab es bei uns keine echte Gemeinschaft. Es gab kein WIR! Es gab kein Miteinander. Das gab es nur, wenn meine Mutter ihre „Spiele" aufgeführt hat und wir dann in Gruppen Gegner und Feinde waren. Es wurde ständig verglichen, was und wer jetzt richtig war – und somit der andere der Falsche. Es gab nur ein Entweder oder ein Oder. Mir wurde gedroht, dass, wenn ich mich nicht anpasste, ich aus dieser Familie ausgestoßen werde.

Wir haben uns sogar als Konkurrenten gesehen. Heute denke ich: Wie absurd ist das? Konkurrenz unter Müttern und Töchtern, unter Frauen im Allgemeinen, ist gegen die Natur. Auch wenn es bei vielen Frauen anders gelebt wird. Die Frau steht für das WIR und somit für die Gemeinschaft. Heute versucht man nicht nur in der Türkei, auch einen Keil zwischen uns Frauen zu schieben. Frauen mit Kopftuch sind gegen die Frauen, die ohne Kopftuch sind, oder umgekehrt. Frau ist Frau. Egal ob mit oder ohne Kopftuch. Ein Kopftuch sagt nicht unbedingt aus, dass diese Frau im Inneren unfrei ist. Genauso sagt es auch nicht aus, dass jede Frau ohne Kopftuch per se sehr fortschrittlich, flexibel und offen ist.

Natürlich ist es genial, wenn außen und innen identisch sind. Wenn die Software mit der Hardware zusammenpasst. Das kann jeder erkennen. Dann wirkt er oder sie einfach authentisch und integer.

Es ist eine Kunst, sich als ICH zu erleben und am WIR eine Freude zu haben. In dieser Zeit ist es eine Meisterleistung, das WIR und all das, was aus dem WIR kommt, nicht vorrangig als Bedrohung zu sehen. Gemeinsam sind wir stark. Gemeinsam geht es leichter. Wir wissen das zwar, aber was leben wir? Was hast du in deiner Kindheit vorgelebt bekommen? Was wird uns täglich in den Medien vorgelebt?

Nach 51 Jahren war ich zum ersten Mal mutig und habe zum ersten und einzigen Mal versucht, mit meinen Eltern darüber zu reden, wie ich mich gefühlt habe, als ich von meinem Vater verprügelt wurde. Auch wie ich mich fühlte, als ich wieder in die Türkei geschickt wurde. Wir waren zu viert. Eine Schwester, meine Eltern und ich. Ich habe mir sehr viel Mühe gegeben, dass meine Worte nicht als Vorwurf ankamen, denn das war nicht meine Absicht. Ich bin bei mir geblieben. Mein Vater ist ruhig geblieben und hat zugehört und sogar ein wenig dazu gesagt. Ansonsten war er irgendwie im Altersschutz. Er hat friedlich gelächelt. Vielleicht Altersmilde? Er wirkte auch, als ob er dachte: Was erzählt sie da? Das hat alles nichts mit mir zu tun.

Meine Mutter hörte ein paar Sätze zu und meinte dann (auf mich wirkte es beleidigt): „Dann liebst du deine Eltern nicht!" Und außerdem sei es gar nicht so schlimm gewesen. Viel schlimmer wäre es, dass meine Schwester, die an dem Tag zufällig nicht anwesend war, sie kürzlich zu wenig beachtet hätte ...

Ich verteidigte meine abwesende Schwester und merkte an, dass jeder seine eigene Sichtweise hat. Meine Schwester hätte sicher ihre eigene Sicht und Erklärung für diese Situation.

Meine Mutter reagierte verärgert und meinte: „Man wird doch wohl noch die Wahrheit sagen dürfen?" Eigentlich meinte sie aber „Jeder hat ein Recht auf meine Meinung." Das ist ein großer Unterschied! Natürlich darf sie das. Das gilt dann aber auch für alle anderen Familienmitglieder. Jeder hat seine eigene Wahrheit und es ist wichtig, eine Möglichkeit zu finden, dass alle verschiedenen Wahrheiten nebeneinander existieren dürfen und gleichwertig sind. Wenn wir das nicht einmal in unserer kleinen Familie leben können oder wollen, wie soll es dann erst in der ganzen Welt geschehen?

Schließlich ist doch jeder davon überzeugt, dass seine Sicht der Dinge die richtige ist. Da alles im Leben zwei Seiten hat, wie eine Münze, gilt das auch für Wahrheiten.

Bei dem Gespräch, das ich gesucht hatte, war es wieder so wie immer: Um mich ging es eigentlich nicht. Unsere Mutter bekam die Aufmerksamkeit. Trotzdem fühlte ich mich danach besser. Ich fühlte mich leichter. Und ich hatte ja nicht wirklich irgendwelche Erwartungen an dieses Gespräch gehabt. Ich hatte auch keine Erfahrungen, denn so ein Gespräch hatte bisher noch nie stattgefunden.

Vier Wochen später traf sich meine Schwester, die bei diesem Gespräch dabei war, mit mir und wollte ihrerseits ein klärendes Gespräch. Sie fragte mich vorwurfsvoll, wie ich so ein Gespräch mit meinen Eltern habe führen können, dass die Schläge damals doch wirklich nicht so schlimm waren und dass es schließlich viel schlimmer sei, die Unterschrift des Vaters zu fälschen. Es sei viel schlimmer, so eine Tochter zu haben. Sie ist jünger als ich und kann diese Situation mit den Schlägen nicht in Erinnerung haben. Meine Eltern haben zu der Zeit drei Wochen bei ihr gewohnt, als sie zu Besuch waren. Mir war sofort klar, dass der eigentliche Absender dieser Anklage meine Mutter war. Wieder hatte sie erfolgreich eingegriffen.

Mit meinem Vater habe ich die ersten 40 Jahre gar nicht direkt gesprochen. Unser Austausch ging hauptsächlich über meine Mutter. Wie bei dem Spiel „Stille Post": Der eine sagt dem anderen etwas. Dies wird, wie an einer Kette, von einem Menschen zum nächsten weitergegeben. Was ganz am Schluss rauskommt, hat nichts mehr mit dem ersten gesagten Satz zu tun, weil jeder etwas anderes weitergegeben hat. Wahrscheinlich war es deshalb bei uns auch so, wie es war, einfach ein Durcheinander. Nicht in der Ordnung!

Erst nachdem mein Vater Rentner wurde, hat es so langsam angefangen, dass ich direkt mit ihm gesprochen habe, und inzwischen führen wir sogar kleine Gespräche. Es fing ganz langsam an. Schritt für Schritt, in Baby-Schritten. Eigentlich erst, als er wieder in der Türkei gelebt hat. Meistens finden diese seltenen, kleinen, echten Gespräche am Telefon statt, wenn meine Mutter zufällig gar nicht zu Hause ist. Sonst gibt er immer gleich den Hörer weiter oder sie mischt sich in alle Gespräche ein. Die Gewohnheit der letzten Jahrzehnte.

Heute wundere ich mich selbst darüber, dass ich über 40 Jahre nicht wirklich direkt mit ihm gesprochen habe. Heute kann ich das auch weder als typisch türkisch noch als typisch deutsch sehen – sondern als typisch menschlich. Es ist etwas, das viele Kinder in der Interaktion mit ihren Eltern erleben können: Der Vater sagt etwas – und doch auch nichts. Oder: Der Vater sagt: „So oder so wird es gemacht!" Bei mir war es wenigstens offensichtlich, dass der Vater nicht mit mir spricht.

Auch zwischen meinen Eltern haben keine echten Gespräche stattgefunden, sondern nur Streit und Kampf. In meiner damaligen Vorstellung als Kind und mit meinem damaligen Weltbild spielten sie „Krieg und Frieden" – wobei ich den Frieden nicht gespürt habe. Vielleicht war es der Krieg der Geschlechter? Es fehlen mir die Worte, um zu beschreiben, wie es für mich als kleines Kind war, wenn sich die Eltern immer streiten und sich gegenseitig anschreien. Oder wenn mein Vater mitten in der Millionenmetropole Istanbul wütend und schreiend unseren Ford Transit verließ und meine Mutter und uns Kinder alleine im Auto ließ. Er hatte meiner Mutter immer verboten, dass sie in dieser Großstadt auch Autofahren darf – und jetzt haute er einfach ab? Es war jedes Mal ein Weltuntergang für mich. Ich hatte große Angst um meine Mutter, um mich, um mein Leben und mein Überleben. Mein Leben war doch davon abhängig, dass es meinen Eltern gut ging. So denken Kinder, oder etwa nicht? Ich war ständig in großer Angst. Angst wurde zu einem festen Freund von mir. Ich fühlte mich so abhängig von meinen Eltern.

Ich habe mir so oft innerlich gewünscht, dass sich meine Eltern endlich scheiden lassen. Damals dachte ich in meiner kindlichen Naivität und später in meiner jugendlichen Vorstellung, dann wäre endlich Frieden, dann wäre endlich Ruhe. Ich wollte so sehr Frieden und Harmonie.

Heute habe ich schon erkannt, dass mit der Scheidung alleine, auf dem Papier, noch gar nichts geregelt ist. Die meisten Familien leben nach der Scheidung genau das, was ich in meiner intakten, ganz normalen Familie erlebt habe, nämlich Manipulation, Einflussnahme und das Aufhetzen der Kinder gegen den Partner, Streit und Krieg!

Irgendwann habe ich gelernt, dass die Kinder nicht von den Störchen kommen. Da war ich geschockt. Ich war mir absolut sicher, dass dies nur für die anderen sieben Milliarden Menschen gilt – und es bei meinen Eltern ganz sicher anders war. Da war ich mir absolut sicher! In der Tat konnte ich mir nicht vorstellen, dass meine Eltern sich einmal nahe waren. Ich konnte mir gar nicht vorstellen, dass sie auch mal lieb und nett miteinander waren. Aber vielleicht haben sie auch da ihre Pflichten erfüllt, wer weiß? Und grüne Häkchen gesetzt? Ehe ohne Liebe war früher möglich. Wer untersucht die Folgen davon? Was hat das für Auswirkungen auf die nächsten Generationen?

Man erntet das, was man sät. Eigentlich muss man sich nur seine Ernte anschauen, dann kann man, wenn man will, seine eigene Saat erkennen. Heute ist meine Mutter überrascht, dass ihre drei Töchter nicht wirklich eine harmonische Schwesternschaft leben. Sie hat vergessen, dass sie es selbst war, die den Samen dazu gesät hat. Natürlich sind wir inzwischen alle drei erwachsen und könnten, wenn wir es wollten, anders damit umgehen. Ich beobachte auch, wie Muster und Gewohnheiten unserer Familie so machtvoll wie unsichtbare Fäden wirken. Wie ein Stempel ist diese Prägung ganz tief in jedem eingraviert. Ich habe erkannt, dass zwischen wollen, wissen, können und leben manchmal bei mir Jahrzehnte dazwischenliegen. In einem Bruchteil von Sekunden funktionieren die alten Gewohnheiten und die alten Muster.

Wenn die Mutter – also die wichtigste Person einer Familie – energetisch nicht auf dem richtigen Platz steht, bricht die ganze Familie auseinander. Dann steht niemand mehr auf seinem richtigen Platz. Dann ist ein großes Durcheinander. Das konnte ich in unserer Familie erfahren und erleben. Ich wünsche mir, dass es wieder in die göttliche Ordnung kommt. Dass jeder wieder energetisch auf seinem richtigen Platz steht.

Wenn man ein Essen oder einen Kuchen auf den Tisch stellt, kann man relativ sicher sein, wie es ungefähr schmecken wird. Wenn man ein Kind in die Welt setzt, ist das etwas anderes. Da kann niemand im Vorfeld wissen, in welche Richtung dieses Kind gehen wird. Es sei denn, man macht dieses Kind zu seinem Sklaven. Aber auch das ist keine Garantie und wird am Ende nicht aufgehen. Das Leben macht sich seinen eigenen Weg. Den Fluss des Lebens kann man auf Dauer nicht aufhalten!

Der Hauptgrund, dass mein Vater als Gastarbeiter nach Deutschland wollte, war, dass er Abstand zu seiner Familie suchte. Interessanterweise gab es meistens Streit wegen seiner Familie, die über 2000 Kilometer entfernt lebte. Abstand alleine ist also auch keine Lösung. Heute weiß ich: Du nimmst dich immer mit, egal wohin du gehst. Wenn du noch keinen Frieden gemacht hast, mit wem auch immer, wirkt das wie Klebstoff, den du am Hintern hast. Du schleppst es unbewusst wie einen Rucksack mit dir mit, ob du es willst oder nicht. Ob du daran glaubst oder nicht.

Meine Eltern glaubten, so ist meine Wahrnehmung, dass ich ihr Besitz und Eigentum bin. Heute weiß ich, ich komme von Gott und ich gehe wieder zu Gott. Ich bin nur für ein paar Jahrzehnte als Gast zu meinen Eltern gekommen. Eigentlich eine relativ kurze Zeit. Es ist nur ein Wimpernschlag in der Geschichte der Evolution. Wie sollte man mit einem Gast umgehen?

Als Kind bei meinen Eltern war es für mich emotional eher das Leben eines Sklaven als das Leben eines Kindes, das für ein paar Jahrzehnte zu Gast in dieser Familie ist. Ich hatte zu denken und zu handeln, wie meine Eltern mir befahlen. Dann war ich in Ordnung.

Ich hatte nie das Gefühl, dass ich in Ordnung bin, da ich es einfach nicht geschafft habe, die Erwartungen meiner Eltern zu erfüllen und sie glücklich zu machen oder zufriedenzustellen. Egal, was ich getan habe, es war zu wenig oder es war falsch. Ihre Erwartungen waren andere. Ich hatte keine glücklichen Eltern. Wenn ich nicht wie ein Sklave funktioniert habe, bekam ich die verdiente Bestrafung, meistens in Form von Prügel.

Ich erinnere mich an einen Sommertag, als meine Schwester und ich beim Rollschuhfahren gestürzt sind. Unsere schönen weißen Strumpfhosen haben dabei Löcher bekommen und unsere Knie waren aufgeschürft. Meine Schwester ist drei Jahre jünger als ich und ich war noch keine zehn Jahre alt. Ich war die Hauptangeklagte, da ich die Verantwortung über meine jüngere Schwester hatte. Meine Mutter hat uns beschimpft, weil unsere Strumpfhosen aufgerissen waren, und uns gedroht, dass wir später richtig Prügel bekommen würden, wenn der Vater von der Arbeit nach Hause kam. Wir beide mussten ganz still auf dem Sofa sitzen und eine Ewigkeit warten, bis er nach Hause kam und es die „verdienten" Prügel gab. Wir saßen nebeneinander und haben uns nicht getraut, einen Piep miteinander zu sprechen. Innerlich habe ich vor Angst gezittert und fast in die Hosen gemacht. Das Warten auf die Strafe war eine Folter für mich. Ich wurde immer kälter in meinem Körper, als ob sich das ganze Blut verabschiedet hätte. Ich hatte große Angst. Das lange Warten auf die Prügel und die Angst davor waren viel schlimmer als nachher die Schläge selbst.

Einmal hat meine Mutter mit dem großen Brotmesser auf meine Finger geschlagen. Unglücklicherweise traf die scharfe Messerkante auf meinen Finger. Plötzlich hat das ganze Blut in der Küche herumgespritzt und wir beide waren so erschrocken und wussten nicht, ob der Finger überhaupt noch dran war. Wir sind sofort zum Arzt und ich war voller Wut und wollte endlich mal jemandem meine Wahrheit sagen, aber habe mich nicht getraut. Er war aufmerksam und wollte schon ganz genau wissen, was geschehen war. Meine Mutter trickste mit der Wahrheit herum, so wie immer, und ich habe, wie immer, meine Wut in mir heruntergeschluckt. Mein rechter Ringfinger wurde genäht. Die Narbe ist heute noch sichtbar und ein Andenken an diesen Vorfall.

Meine Mutter hat mir auch ein paarmal gedroht, mich auf die heiße Herdplatte zu setzen. Sie hat es nie getan. Ich war inzwischen so groß, dass ich ganz genau wusste, der Herd ist sehr heiß. Sie hat meine Hose heruntergezogen und wollte mich mit meinem blanken Hintern daraufsetzen. Allein durch diese Angst vor der Herdplatte war ich außer mir. Das war die reine Folter für mich!

Ich bin so aufgewachsen, dass es mich eigentlich gar nicht gibt und ich nichts wert bin. Nur die anderen, also alle anderen, sind wichtig im Leben. Ich hatte nicht mal eine Pubertät. Ich habe seit dem Kindergarten nur funktioniert und immer brav versucht, alle meine vielen Pflichten zu erfüllen.

Mit 16 Jahren habe ich meine Menstruation bekommen. Obwohl ich schon so alt war, hatte ich keine Ahnung, was mit mir passiert, und war sehr unsicher. Ich habe mich meiner Mutter anvertraut und sie hat mir eine heftige Ohrfeige gegeben. Aua, das tat echt weh! Ich war total irritiert und habe geweint. Ich war zwar gewohnt, grundlos geschlagen zu werden, dennoch war ich jedes Mal wieder geschockt. Sie sagte, sie habe dies nur getan, damit ich gescheit werde.

Welche Frage hätte ich ihr stellen sollen, damit diese Antwort passt? Ich besuchte die neunte Klasse einer Realschule. Ich hatte bisher noch nicht gehört, dass eine Frau in eine Führungsposition kam, weil sie zur rechten Zeit eine heftige Ohrfeige bekommen hat, also gescheit wurde. Es hat damals einfach nur wehgetan und war komplett überflüssig. Es hat niemandem gedient. Vielleicht ihr selbst, damit sie eine weitere Gelegenheit hatte, ihre Macht auszuspielen.

Heute habe ich Verständnis für meine Mutter der Kindheit. Aber die 16-jährige Sacide, die Jugendliche, war mit dieser Situation komplett überfordert. Und eigentlich ist es mir egal, aus welchem Grund ich diese Ohrfeige bekam. Es war einfach eine Ohrfeige zu viel! Ich wusste damals trotzdem nicht, was mit meinem Körper passiert. Was war falsch mit meinem Körper? Ich hatte Angst. Die Reaktion meiner Mutter hat mir nicht geholfen, meinem Körper gegenüber ein gutes Verhältnis zu entwickeln. Meine Mutter hatte selber kein gutes Verhältnis zu ihrem Frauenkörper. Sie selbst wäre viel lieber ein Junge gewesen. Sie hat uns ständig gesagt, dass sie viel lieber ein Mann wäre. Sie wollte nie eine Frau sein.

Über unsere Körper wurde in unserer Familie auch nicht gesprochen. Das Thema war tabu, wie viele andere menschliche Themen auch.

Alles, was menschlich war, war tabu. Es war nicht nur emotionslos, es fühlte sich irgendwie unlebendig an, wie tot. Es ging um Abläufe und Pflichten. Es ging um Vorstellungen. Es ging darum, die Erwartungen der anderen zu erfüllen. Lebendig haben wir uns nur gefühlt, wenn wir beim Essen waren. Das Essen war das einzig Sinnliche, was wir erlebt haben und erleben durften in meiner Familie.

Genauso wie ich es schreibe, genauso gefühllos und emotionslos war meine Kindheit und Jugend, war unser Familienleben. Der einzige Augenblick, wenn Gefühle zum Vorschein kamen, war, wenn mein Vater das Oklava, das Nudelholz, hinter der Küchentüre hervorholte und er seiner Wut freien Lauf ließ. Oder wenn meine Mutter ihre Dramen aufführen konnte.

Meine Eltern hatten oft Streitigkeiten wegen Geld. Sie mussten immer Geld sparen, auch um damit in der Türkei ihr Eigentum zu bezahlen. Sie haben für ihre Rückkehr vorgesorgt. Meine Mutter hatte eine Schneiderausbildung in der Türkei absolviert. Sie hat fast alle unsere Kleidungsstücke für uns drei Schwestern selbst genäht.

Ich habe meinen Eltern nicht nur nicht widersprochen, weil ich zu blindem Gehorsam erzogen wurde, sondern auch weil ich in der Liebe bleiben wollte und ihnen damit immer wieder eine Chance geben wollte, es dieses Mal anders zu machen.

Ich habe noch nicht einmal den großen Kampf begonnen. Ich bin nicht in eine riesige Revolution gegangen. Ich habe mich mehr unbewusst als bewusst an Glaube und Hoffnung festgehalten, dass auch etwas anderes möglich ist.

Eine meiner Schwestern war als Kind der Rebell. Das war ihre Art und ihre Strategie, um Aufmerksamkeit und Zuwendung von den Eltern zu bekommen. Heute erkenne ich: Durch das Dagegensein lebt man eben den anderen Pol. Man verbindet sich dadurch sogar noch mehr mit dem, was man nicht will. Das kann ich auch in meinem Umfeld beobachten. Diejenigen, die als Kinder der Rebell waren, sind als Erwachsene eigentlich Kopien der Eltern. Eben in der Software, im Inneren. In den Gewohnheiten zu denken und zu fühlen. Auch wenn sie äußerlich scheinbar ein ganz anderes Leben führen. Das ist weder gut noch schlecht. Es ist eine großartige Möglichkeit. Aber wirkliche Veränderung findet nur in der Mitte statt.

Als wir noch zu Hause gewohnt haben, musste alles so funktionieren, wie es die Eltern wollten. Mit einer meiner Schwestern habe ich es geschafft, heute, nachdem wir etwas Abstand von zu Hause hatten, in kleinen Baby-Schritten etwas an unserer Beziehung zu ändern. Wir leben inzwischen eine wertschätzende, gegenseitig unterstützende und eine liebevolle Verbundenheit in unserer Schwesternschaft und Beziehung. Jeder lässt den anderen so, wie er ist, und akzeptiert den anderen so, wie er ist. Keiner fordert etwas von dem anderen. Keiner hat Erwartungen. Keiner muss nett sein oder an den anderen denken oder irgendetwas für den anderen tun – NICHTS! Wir lieben uns – ganz einfach. Das ist neu für mich. Dafür bin ich sehr dankbar, zu leben und zu erfahren, dass dies möglich ist.

Unsere Beziehung ist keine Pflicht für uns, nur weil wir aus der gleichen Familie kommen.

Das konnten mir meine Eltern weder beibringen noch vorleben. Sie können nichts geben, was sie selbst nicht entwickelt haben. Das haben unsere Seelen mitgebracht und konnten es erst entfalten, als wir etwas Abstand von zu Hause hatten.

Heute weiß ich, dass die Balance im Leben wichtig ist. Die Natur strebt immer nach einem Ausgleich. Wenn im Ozean auf der einen Seite Ebbe ist, herrscht auf der anderen Seite die Flut, damit es im gesamten System einen Ausgleich gibt.

Meine Mutter spricht bis heute sehr viel. Mein Vater sprach früher fast gar nichts und inzwischen immer noch viel weniger als meine Mutter. Wenn jede Familie wie ein geschlossenes System wirkt, liegt in mir die Frage nahe: Vielleicht hat meine Mutter auch oft ausgesprochen, was mein Vater so still und heimlich vor sich hin gedacht hat? Oder vielleicht hat sie auch ausgesprochen, was unser Umfeld von uns erwartet hat? Wer weiß das so genau? Sehr oft müssen die Kinder automatisch in den Familien etwas ausleben, was die Eltern nicht leben. Was die Eltern unterdrücken. Was die Eltern nicht aussprechen. Damit wieder ein Ausgleich, eine Balance hergestellt ist. Dann wundern sich die Eltern und merken gar nicht, dass sie in ihren eigenen Spiegel schauen.

Ich bin sicher, meine Mutter war davon überzeugt, dass sie mir nur hilft, ein Mensch zu werden, von dem sie die Vorstellung hatte: „So soll eine Tochter, eine junge Frau sein!"

Und was hat wiederum sie geprägt? Ich denke, ihr ganzes Umfeld. Wem ging es jemals um meine Mutter? Sie weiß nicht, wann ihr Geburtstag ist. Da war nicht einmal der Augenblick ihrer Geburt von großer Bedeutung. Das geht übrigens vielen Türken so! Da wir Türken so kreativ sind, wurde bei vielen der erste Januar als Geburtstag eingetragen, wenn sie Monate oder Jahre später auf dem Amt waren. Es kann ein Jahr oder mehrere Jahre vor oder nach der Geburt sein. Das kann heute leider niemand mehr mit Sicherheit prüfen. Meine Mutter war fast eine Generation jünger als ihre älteste Schwester. Die Eltern hatten eigentlich die Familienplanung schon abgeschlossen. Meine Mutter hatte keine wirkliche Beziehung zu ihrer Mutter. Für sie war ihre Mutter bereits eine alte Frau. Als sie ungefähr zehn Jahre alt war, ist ihre ältere Schwester sehr jung gestorben. Ihre Mutter war sehr mit ihrer Trauer und mit der Tochter, die sie nicht mehr hatte, beschäftigt. Sie hat die Tochter, die sie noch hatte, die noch lebendig war, gar nicht mehr wahrgenommen. Und irgendwann im Laufe ihres Lebens hat meine Mutter versucht, dann eben selbst auszugleichen, was fehlte. Was sie von ihren Eltern nicht bekam. Dann hat sie es übernommen, dass es um sie geht, um ihre Meinung, um ihre Anschauung, um das, was sie für gut und richtig empfindet. Später in ihrer Ehe fühlte sie sich auch allein. Und hat automatisch so weitergemacht.

Wenn die eigene Mutter keine bestimmten Werte weitergibt, dann ist man offen dafür, was in der Gesellschaft passiert. Und wie sich dort in der Gesellschaft alles ständig ändert, das erleben wir in der heutigen Politik: Vor einigen Jahren waren es Werte in der Türkei, dass die Frauen ihre Kopftücher ablegen, zur Schule gehen und selbstständig werden. Heute ist es wieder ein Wert, dass sie die Kopftücher anlegen, nicht zur Schule gehen und möglichst unselbstständig sind. Mal ist es so und mal ist es so. Und die Gesellschaft prägt.

Und macht sich dann jemand nicht auf die Suche, mehr in die Verbindung mit der eigenen Seele zu gehen als mit dem äußeren Umfeld, dann ist das, was er an andere weitergibt, eben nur das, worin er oder sie auch geprägt wurde. Man kann nichts weitergeben, was man selbst nicht in sich entwickelt hat.

Heute weiß ich, dass ich es persönlich genommen habe. Mein ganzes Leben lang habe ich alles, was meine Eltern zu mir gesagt oder getan haben, persönlich genommen. Ich dachte, das hat etwas mit mir zu tun. Sie hatten ja schließlich auch behauptet, ich sei schuld. Ich habe mich zum Betroffenen gemacht, obwohl ich nur Beteiligte war. Das ist die Gefahr, wenn man schon als kleines Kind in solch einem Umfeld lebt. Kinder sind symbiotisch mit ihrem Umfeld verbunden.

Heute weiß ich, das Ganze hatte nie wirklich etwas mit mir zu tun. Ich war nur zufällig in diesen Augenblicken da, als sie ihre Emotionen auf mich projiziert und ausgelebt haben. Das ist ganz natürlich, dass man sich als Kind verantwortlich fühlt. Die Kinder wollen ihre Eltern immer retten und ihnen helfen. Ein Kind nimmt alle Urteile und Verurteilungen persönlich.

Gerade in Familien und Partnerschaften werden oft noch am allermeisten Abhängigkeiten und Einengungen gelebt. Hier ist der Glaube von Besitz und von Anspruchsdenken lebendig. Hier herrscht der Glaube, dass einer ein gewisses Recht hat, das Verhalten, die

Entscheidung des anderen mitbestimmen zu dürfen. All das kann aber nicht wirklich in Freiheit führen.

Wenn wir drei Schwestern, jede einzeln, unsere Eltern beschreiben sollten, würde es sich so anhören, als ob wir drei verschiedene Eltern hatten. Denn jeder hat eine andere Sichtweise und eine andere Wahrnehmung, obwohl wir die ersten 25 Jahre alle fünf Familienmitglieder gemeinsam in einer Wohnung gelebt haben. Die Eltern haben auch bei jeder ihrer Töchter anders reagiert. Wenn ich mit meiner Schwester telefoniere und es geht um unsere Mutter, sage ich oft zum Spaß: „Ich weiß, du hast eine andere Mutter."

Viele Jahrzehnte dachte ich, meine Kindheit ist eben türkisch. Heute weiß ich: Nein, sie war nicht türkisch, sie war – menschlich. Das gibt es in allen Kulturen. Das gibt es überall auf der Welt.

Es ist ein Familienmuster, und wir alle drei Schwestern haben die gleiche Verletzung. Nur hat jede von uns einen anderen Mechanismus entwickelt, damit umzugehen.

Die eine hat als Strategie entwickelt, immer die Lustige, die Positive, die Starke, die alles Machende und die Lachende zu werden.

Die Strategie der anderen wurde, alles zu übernehmen, um im System zu bleiben. Einfach die Tochter zu sein, die sich die Eltern wünschten.

Meine Strategie war, in meinem Willen stark zu werden. Ohne dass es mir bewusst war, habe ich meinen Willen trainiert. Und in dieser Art und Weise konnte ich wenigstens mich auch einmal durchsetzen und meine eigenen Wege gehen. Wenn es sein musste, konnte ich mich damit auch abgrenzen. Manchmal war es einfach nur mein Dickkopf.

Aber verletzt sind wir alle drei in gleicher Art und Weise. Es gibt also nicht nur Unterschiede, sondern auch Gemeinsamkeiten.

MEINE ERKENNTNIS:

Wenn man in einer Familie oder Ehe nur in seinen Vorstellungen lebt, kann man die andere Person nicht mehr erfahren. Damit stirbt die Beziehung. Vielleicht geben die Vorstellungen eine Sicherheit, doch es ist keine lebendige Beziehung, die sich entwickeln und wachsen kann!

Als ich fünf Jahre alt war
hat meine Mutter mir immer gesagt,
dass es das Wichtigste im Leben sei,
glücklich zu sein.

Als ich in die Schule kam,
baten sie mich aufzuschreiben,
was ich später einmal werden möchte,
ich schrieb auf: glücklich.

Sie sagten mir, ich hätte die Frage
nicht richtig verstanden.
Ich antwortete ihnen, dass sie das Leben
nicht richtig verstanden hätten.

John Lennon
(1940–1980)

Meine schöne Schulzeit

Meine Schulzeit ist für mich ein wunderschönes Beispiel dafür, dass Toleranz und Freiheit ein guter Nährboden für Wachstum sind. Die Schule war nie eine Pflicht für mich. Erwartungen zu erfüllen, Pflichten und Aufgaben hatte ich nur zu Hause. Die Schule war eine Kür und pure Freiheit für mich.

Ich war sechs Jahre alt und sollte in die Schule gehen. Bisher hatten wir in unserer Familie ausschließlich Türkisch gesprochen. Mein Vater war der Einzige, der ein paar deutsche Wörter konnte, die sich in den folgenden 50 Jahren leider nicht vermehrten.

Damit ich noch schnell ein bisschen Deutsch lernen konnte, ging ich für neun Monate in den Kindergarten. Da wir in einem kleinen Dorf lebten, ging es mir anders als den Gastarbeiterkindern in Berlin oder anderen großen Städten: Ich war in jeder Klasse immer das erste und einzige türkische Mädchen.

Meine Schulzeit war eine geniale Phase in meinem Leben. Ich war jeden Tag froh und dankbar, dass ich weg von zu Hause sein konnte. Es ging mir also im Prinzip wie meiner Mutter: Sie hat auch immer nach Gründen gesucht, um offiziell weg von zu Hause sein zu können.

Jeden einzelnen Schultag habe ich geliebt. Wenn ich wegen Krankheit mal nicht in die Schule gehen konnte, war das schrecklich für mich.

Dass Eltern ihren Kindern bei den Hausaufgaben helfen, kenne ich von keiner türkischen Familie der ersten Generation. Die Schule hatte gefühlt Priorität Nummer 237. Das Wissen und das Wissenwollen hat in Deutschland, im Land der Dichter und Denker, eine große Wertigkeit. In der Schule fühlte ich mich frei. Das war der einzige Bereich, in dem meine Eltern keine Erwartungen an mich hatten, auch keinen Zugriff darauf. Die Schulzeit war ein großes Geschenk für mich. Sie war mein eigener Bereich. Der Same des Wissens war gesät. Ich habe später angefangen, Dinge zu hinterfragen. Die Frauen in meiner Ahnenreihe waren nicht so gesegnet mit Schulbildung. Obwohl das Leben selbst in meinen Augen immer noch die beste Schule und die beste Universität für mich ist, ist es für mich eine Grundvoraussetzung und eine Selbstverständlichkeit, dass alle Frauen auf der Erde zur Schule gehen sollten, damit sie nicht mehr von der Meinung anderer abhängig sind. Interessant finde ich: Bei Jungen stellt sich diese Frage überhaupt nicht.

Bis ich in der vierten Klasse war, konnte meine Mutter noch kein Deutsch. Meine Eltern hatten kein Interesse an meinem Stundenplan und keine Ahnung, was ich lernte. Sie hatten ihre eigenen Probleme und Herausforderungen. Ich ging die ersten vier Schuljahre bei jedem Wetter, egal ob Regen oder Schnee, in die erste Schulstunde, auch wenn mein Unterricht manchmal erst in der dritten Stunde begann. Ich war einfach nur glücklich, wenn ich einen offiziellen Grund hatte, weg von zu Hause zu sein, auch wenn ich dann noch ein oder zwei Stunden im Schulhof die Zeit überbrücken musste.

In der Grundschule war ich bei jedem Elternabend dabei. Ich war die einzige Schülerin, die anwesend war. Es gab noch eine Jugoslawin in meiner Klasse, aber ihre Eltern konnten Deutsch und gingen zum Elternabend. Wir waren also nur zwei Ausländer, wie wir damals genannt wurden. Ich habe meiner Mutter die Elternabende so übersetzt, wie ich es wollte. Das war lustig. Jetzt war ich diejenige, die Macht über diese Situation hatte.

Da war zum Beispiel ein Tag der offenen Tür, an dem alle Eltern eingeladen waren, unsere Schule kennenzulernen. Ich wollte meine Eltern nicht dabeihaben und habe es nicht übersetzt.

Als ich in der zweiten Klasse war, wurde einem Mitschüler Geld gestohlen. Ich wurde verdächtigt, da ich die Ausländerin und somit eine Fremde war. Meine Eltern wurden zum Gespräch in die Schule eingeladen. Ihnen war klar, dass die Lehrer recht hatten. Ich weiß gar nicht, ob sie mich überhaupt gefragt haben, ob ich es tatsächlich war. Mein Vater hat mich so heftig geschlagen, dass zwischen meinen Zähnen und dem Kiefer viel Blut geflossen ist. Irgendwann hat sich der Fall aufgelöst und man hat den Täter gefunden. Ein Lehrer hat meinen Eltern erzählt, dass ich es anscheinend doch nicht gewesen bin. Meine Eltern hatten aber bereits ihr Urteil gefällt und sogar schon vollstreckt.

Mir war, als ich auf die Welt kam, klar: Ich bin ein Mensch zweiter Klasse, denn ich bin nur ein Mädchen. Jetzt war ich auch noch ein Gastarbeiterkind. Gibt es Menschen dritter Klasse?

In der vierten Klasse der Grundschule schrieben wir Prüfungen, um zu erkennen, welche weiterführende Schule die passende für jeden war. Für mich war klar, dass ich auf das Gymnasium gehen würde, denn ich hatte einen Durchschnitt von eins Komma irgendwas. Meine Mutter konnte inzwischen Deutsch. Als meine Eltern das Gespräch mit dem Rektor hatten, kamen sie zu der Entscheidung, dass ich auf die Realschule gehen darf!

Ich war fassungslos. Der Rektor hatte zu meinen Eltern gesagt, er könnte es sich nicht vorstellen, dass ich eine gute Schülerin im

Gymnasium sein werde, aber eine gute Realschülerin würde ich auf alle Fälle. Ich war traurig. Ich war wütend. Mein Traum war wie eine Seifenblase zerplatzt.

Ich wusste nicht, wie ich mit meinen Gefühlen umgehen sollte, mit meiner Wut. Gefühle gab es in unserer Familie offiziell nicht. In der Schule wurde mir dazu auch nichts beigebracht. Ich wollte und sollte immer ein braves Mädchen sein. Dazu gehörte es auch, nichts zu sagen und alle Gefühle einfach herunterzuschlucken.

Meinen Eltern war ganz klar, dass nur der Rektor weiß, was gut und richtig für mich ist. Gegen meine Eltern wagte ich nichts zu sagen. Das wäre Höchststrafe, den Eltern zu widersprechen. Das war Gesetz! Ich wusste ja auch, dass die Eltern immer recht haben. Das war bis in die letzte Zelle in meinen Körper eingeimpft.

Mein Vater hat an mir besonders geschätzt, dass ich ihm nie widersprochen habe. Das war sein Maßstab, was eine gute Tochter, eine gute Frau wirklich ausmacht.

Heute sehe ich rückblickend vieles anders. Der Rektor hat ja nur die Wahrheit, eben seine Wahrheit gesagt. Er könnte sich das nicht vorstellen. Ich war die erste und einzige Türkin bisher in diesem Dorf und auf dieser Grundschule. Vorher gab es dort ausschließlich deutsche Kinder. Wie hätte es sich dieser Rektor vorstellen können, dass türkische Mädchen auch so klug sein können wie die deutschen Kinder? Was wusste er damals – 1974 – von der Türkei? Damals gab es kein Internet. Der Verstand ist, wie schon gesagt, rückwärts orientiert. In der Vergangenheit gab es eben nur deutsche Kinder in dieser Schule. Es kommt auch gar nicht so darauf an, was der Rektor gesagt hat, sondern wie meine Eltern und ich damit umgegangen sind.

Innerlich habe ich die Entscheidung damals nicht akzeptiert. Meine Wut und meinen Ärger habe ich in mich hineingeschluckt und gegen mich selbst gerichtet. Ich habe mich nicht getraut, meinen Eltern zu sagen: „Ich will aber auf das Gymnasium! Ich will!" Mein Wille war in dieser Familie total unwichtig. Es interessierte niemanden. Vielleicht war gerade das der Plan, in der Schule des Lebens mir meinen Willen zu entwickeln?

Heute habe ich drei Nichten. Sie sind alle drei sehr verschieden und jede auf ihre eigene bezaubernde Art und Weise einzigartig. Für mich sehen alle drei aus wie Germany's next Topmodel. Sie sind heute 20, 23 und 24 Jahre alt. Ich glaube, keine von ihnen hätte im Alter von elf Jahren einfach so hingenommen, in welche Schule sie gehen sollen. Egal, was der Rektor oder die Eltern gewollt hätten, sie hätten zumindest versucht, auf ihre eigene Art ihrem eigenen Willen eine Stimme zu geben, auch wenn es vielleicht von den Eltern später anders entschieden worden wäre. Meine Nichten sind für mich großartige Lehrer und ich kann dadurch wenigstens im Rückblick erkennen, dass es auch anders geht, dass ich damals doch eine Wahl gehabt hätte, anders mit dieser Situation umzugehen, statt es einfach als eine Ungerechtigkeit viele Jahrzehnte als unsichtbaren Rucksack auf meinen Schultern zu tragen! Ich bin meinen Nichten und dem Leben sehr dankbar dafür.

Viele Jahrzehnte habe ich damit gehadert, dass ich nicht auf das Gymnasium gehen durfte. Das hat mich viel Kraft und Energie gekostet. Warum habe ich mich gegen den Fluss des Lebens gestellt?

Im Jahr 1974 kam ich auf die Realschule nach Deggingen und nach meiner mittleren Reife dort bin ich weiter auf das Wirtschaftsgymnasium nach Geislingen gegangen und habe dort 1983 mein Abitur erfolgreich geschrieben. Erst viele Jahrzehnte später habe ich meinen Frieden damit gemacht, als ich erkannte, wie vollkommen das Leben ist und wie perfekt es ist, dass ich dadurch so viel über

Betriebswirtschaft gelernt habe. In der Realschule gab es ein buntes und vielfältiges Angebot an zusätzlichen Fächern, die man freiwillig als AG, als Arbeitsgemeinschaft, belegen konnte. Ich habe Stenographie und Schreibmaschine blind mit zehn Fingern schreiben gelernt. Das gab es auf dem Gymnasium gar nicht.

Wenn ich klug bin, kann ich wirklich in jeder Situation etwas Gutes für mich finden oder meine Erkenntnisse bekommen. Heute weiß ich: Das Leben ist so spannend. Es hat ständig und überall etwas zu bieten. Jeder kann, egal wo er ist und in welchen Lebensumständen er ist, Erkenntnis und Erfahrung gewinnen. Vielleicht sogar Wachstum. Jede Situation dient zu etwas. An allem kann man ein Geschenk erkennen, wenn man will und wenn man offen dafür ist.

Heute weiß ich: Das Leben hat immer recht. Heute weiß ich: Es gibt keine Fehler im Universum. Das Leben legt einem nichts vor die Füße, womit man nicht umgehen kann. Du bekommst nicht mehr, als du fähig zu tragen oder ertragen bist. Das ist Gesetz. Heute weiß ich, wir leben vorwärts und verstehen rückwärts. Ich alleine entscheide, zu was ich Dinge mache. Mit meiner Einstellung dazu.

Deggingen war drei Kilometer entfernt und ich musste ab 1974 mit dem Bus in die Realschule fahren. Ich habe selbst alle Formalitäten für die Monatsfahrkarte ausgefüllt. Meine Eltern mussten nur noch unterschreiben. Ich bin alleine mit dem Fahrrad nach Deggingen gefahren und habe mir selbst mit elf Jahren diese Fahrkarte gekauft. Bezahlt haben sie meine Eltern. Danach bekam man die Fahrkarte automatisch für den nächsten Monat weiter. Vielleicht haben mir Situationen wie diese geholfen, dass ich heute sehr eigenständig bin, da ich bereits in sehr jungen Jahren meine Dinge selbst regeln musste und selbst dafür verantwortlich war.

Meine Eltern haben immer betont, wie schwer sie für ihr Geld arbeiten müssen. Durch das viele Gejammer über Geld bekam ich Mitleid. Ich war immer sehr bemüht, meinen Eltern nicht zur Last zu fallen und sie zu entlasten. Ich hatte niemanden, der mich im SUV zur Schule oder sonst wohin fährt und wieder abholt. Ich hatte niemanden, der mich bei den Hausaufgaben oder bei anderen schulischen Dingen unterstützt hat. Im Gegenteil. Ich musste täglich meinen beiden jüngeren Schwestern bei ihren Hausaufgaben helfen und meine Mutter im Haushalt unterstützen. Meine Eltern waren immer noch sehr mit sich selbst und mit ihren Streitereien beschäftigt. Aber das war auch gleichzeitig mein größtes Glück. Denn das ist die andere Seite der Medaille: Dadurch, dass ich zwar als Kind schon Aufgaben hatte, die mich komplett überfordert haben, wurde ich mit den Jahren immer eigenständiger.

Das große und schwere Thema für meine Eltern, dass sie nie einen Sohn bekommen hatten, blieb. Anscheinend haben wir das auch nach außen gespiegelt, denn sogar fremde Deutsche sprachen uns beim Einkaufen an und bemitleideten meinen Vater, dass er „nur" drei Töchter habe und keinen Sohn. Mit meiner Mutter waren wir vier Frauen und ein Mann! Das betonten sie. Wir hatten diese Leute gar nicht um ihre Meinung gefragt!

Ich war ungefähr 14, als wir in der siebten Klasse in Biologie die Vererbungslehre durchnahmen. Ich lernte, dass der Mann das Geschlecht des Kindes bestimmt. Das Y-Chromosom entscheidet über das Geschlecht. Ich freute mich sehr darüber, dass ich jetzt meinem Vater endlich helfen konnte, ein Missverständnis aufzulösen. Er sagte ja immer, meine Mutter sei schuld, dass er keinen Sohn habe.

Als ich meinem Vater mutig erklärte, was ich an diesem Tag in Biologie gelernt hatte, war er fassungslos! Was lernte ich da für einen Schwachsinn in der Schule. Er hätte nur fünf Jahre die

Schule besucht und wüsste es besser! Jedes kleine Kind würde doch schließlich wissen, dass die Frau die Kinder auf die Welt bringt und somit schuld daran sei, wenn es kein Junge würde! Er hätte unzählige Beispiele, dass Männer sich dann eine andere Frau genommen hätten und danach gleich einen Sohn bekommen hatten. Das hätte mein Vater so nicht getan, er sei trotzdem meiner Mutter treu geblieben. Aus seiner Sichtweise hatte er recht. Es ist immer nur eine Sichtweise!

Damals war ich total enttäuscht und irritiert. Ich fühlte mich wieder klein und falsch. Ich hatte die deutschen Lehrer immer bewundert und angehimmelt, weil sie scheinbar so viel wussten.

Ich wurde unsicher, ob das, was diese klugen deutschen Lehrer sagten, auch für die Türkei und für die Türken galt. Meine Eltern waren wie Gott für mich. Alles, was sie sagten und taten, war die absolute Wahrheit für mich. Ich habe meine Eltern viele Jahrzehnte nicht hinterfragt. Ich war mir aber nicht mehr ganz so sicher, ob die Vererbungslehre für alle Menschen auf dieser Erde ihre Gültigkeit hatte.

Von der siebten bis zur zehnten Klasse hatte ich Französisch-AG. Eine Stunde pro Woche freiwillig, immer dienstags. Meine jugoslawische Schulkameradin nahm nicht daran teil. Jeden Dienstag traf ich meinen Vater auf meinem Heimweg. Er war um 12:50 Uhr auf dem Weg von seiner Mittagspause wieder zu seinem Arbeitsplatz. Jeden Dienstag fragte er mich neben seinen Kollegen vorwurfsvoll, warum ich erst jetzt nach Hause komme, denn Snjezana sei schließlich schon vor einer Stunde nach Hause gekommen. Jeden Dienstag sagte ich, dass ich noch Französisch-AG hatte und Snjezana nicht daran teilnimmt. Das hat er wirklich drei Jahre lang jeden Dienstag bei unserer Begegnung gefragt. Immer die gleiche Frage. Immer die gleiche Antwort. Es war über viele Jahre das einzige Gespräch, das zwischen uns beiden stattfand.

In meiner Schulzeit war ich oft Klassensprecherin und übernahm auch immer sehr gerne andere zusätzliche Aufgaben. Ich liebte die Schule so sehr. Hier wurde ich wertgeschätzt und wahrgenommen. Hier bekam ich Zuwendung und Aufmerksamkeit. Hier fühlte ich mich frei.

Als ich in der siebten Klasse war, wurde ich zur Fest- und Feierausschuss-Vorsitzenden gewählt. Ja, diesen Posten gab es wirklich! Eine der Aufgaben war, dass ich die Realschul-Disco organisieren und planen durfte. Welcher Lehrer wann Aufsicht hat, welcher Schüler wann an der Kasse sitzt, wer Getränke und belegte Brötchen verkauft und auch, wer diese Brötchen belegt und wer für die Musik zuständig ist. Ich hatte eine große Freude daran, das alles bis ins Detail zu planen und zu organisieren. Diese Realschul-Disco war geplant von 18:00 Uhr bis 22:00 Uhr und ausschließlich für die Schüler der siebten bis zehnten Klasse dieser Schule gedacht.

Als ich am Montag zuvor meine Mutter fragte, ob ich am Donnerstag zur Disco gehen darf, sagte sie: „Frag deinen Vater." Und mein Vater sagte: „Frag deine Mutter." (Nein, meine Eltern sind nicht geschieden. Sie lebten in einer scheinbar ganz normalen Ehe.) Sie wollten sich am Donnerstag kurzfristig entscheiden. Das war mir eigentlich zu spät für eine Erlaubnis. Ich wollte planen können und wollte eine Sicherheit haben. Am Donnerstag dann die knappe Antwort: „Nein." Sie glaubten mir nicht, dass dies eine Schulveranstaltung sein sollte. So spät am Abend, das konnten sie sich damals nicht vorstellen. In eine normale Disco hätte ich sowieso nie dürfen, das war mir klar. Dafür hätte ich auch gar nicht gefragt. Was würden denn die Nachbarn denken, wenn ich als Mädchen noch abends unterwegs bin? Aber Schule war doch eigentlich in Ordnung und bisher wichtig gewesen.

Damals gab es kein Handy und wir hatten nicht einmal ein Festnetztelefon. Das hatten 1977 nur wenige Menschen bei uns im Dorf.

Ich als Vorsitzende und Hauptorganisatorin durfte nicht auf diese Schulveranstaltung gehen? Das war ein Schock für mich! Das war ein Trauma für mich! In diesem Fall fühlte ich mich sogar noch schuldig und verantwortlich den Lehrern und allen Schülern gegenüber. Alle in dieser Schule hatten mir vertraut und sich auf mich verlassen. Ich konnte niemanden in der Schule informieren. Ich hatte sehr große Angst, dass ich, wenn ich trotz Verbots dahingehe, wieder Prügel bekommen werde.

Es war mir so peinlich. Dieser Abend war eine Folter für mich. Die Stunden und Minuten in dieser Nacht gingen einfach nicht vorbei. Zu Hause sitzen und warten zu müssen und mein Versprechen nicht einlösen zu können, war echt ein großes Trauma für mich!

Damals habe ich mich nicht getraut, trotzdem in die Disco zu gehen. Es war doch eigentlich egal, ob ich einmal mehr oder weniger Schläge bekam. Warum bin ich nicht trotzdem gegangen? Ich war so sehr von klein auf zu blindem Gehorsam erzogen worden, dass ein Nein reichte, dass ich es gar nicht erst versuchte. Ich fühlte mich gefangen, obwohl ich keine sichtbaren Fesseln hatte. Ich fühlte mich emotional gefesselt. Die Fesseln waren nicht zu sehen und haben dennoch gewirkt.

Diese Disco hatte allen sehr gefallen und sie war anscheinend sensationell. Alle Lehrer waren total begeistert, wie großartig und perfekt ich alles organisiert hatte und wirklich an alle Details gedacht hatte. Aber keiner der Lehrer glaubte mir, dass meine Eltern mir verboten hatten, daran teilzunehmen! Das konnte sich ein deutscher Lehrer

1977 nicht vorstellen! Sie dachten, ich sei auf dem Frühlingsfest in Geislingen gewesen.

Darauf war ich nicht vorbereitet. Das hat mich so tief getroffen! Es war wie ein Stich in mein Herz! Ich war sprachlos und fassungslos. Und es war mir peinlich! Wie konnten sie denken, dass ich einfach nicht komme? Ich, die so pflichtbewusst war? Wir – unsere Familie – haben doch die Pflicht erfunden! In mir ist damals etwas zerbrochen. Ich konnte es nicht fassen. Erst verbieten mir meine Eltern, teilzunehmen, und dann glauben mir meine Lehrer nicht einmal! Ja, die Wahrheit ist nicht immer logisch, lernte ich. Ich hatte Angst, dass mein Ansehen in der Schule dadurch etwas angekratzt war. Ich konnte nichts fühlen. Alles in mir zog sich zusammen, wieder einmal in Schockstarre. Ich fühlte sie oft, diese Schockstarre in meiner Kindheit.

Als ich meine Mutter viele Jahre später darauf ansprach, wie tief diese Verletzung immer noch in mir sitzt, sagte sie nur: „Dann hast du uns das nicht richtig erklärt." Übernimmt sie damit Verantwortung für ihr Handeln?

Ich liebe Geschichten und zu dieser Sache fällt mir eine Geschichte ein: Wenn ein Elefantenkind noch sehr klein ist und es wird an einer großen Kette an einen Baum gefesselt, dann versucht es mehrere tausend Male zu fliehen und schafft es nicht. Wenn dieser gleiche Elefant ausgewachsen ist und mit einer Schnur an einen Ast gebunden wird, wird er gar nicht mehr versuchen zu fliehen. Er ist inzwischen sehr kraftvoll und könnte ganze Bäume ausreißen und müsste eigentlich nur sein Bein heben. Das weiß er aber nicht. Unterbewusst ist etwas anderes gespeichert in ihm: Er weiß ganz genau, das klappt nicht. Er hat es ja Tausende Mal in seiner Kindheit versucht. Diese Erfahrungen sind eingebrannt und als Wahrheit gespeichert. Dieser gigantisch große Elefant kommt gar nicht mehr auf den Gedanken, dass er mit dieser Schnur gar nicht wirklich gefesselt ist und schon lange frei ist. Er fühlt sich innerlich noch unfrei.

So ähnlich wie dem Elefanten ging es mir damals, als ich gar nicht versucht habe, doch auf die Disco zu gehen. Oder zu sagen, dass ich doch aufs Gymnasium möchte.

Ich dachte immer: „Ich kann nicht anders." Ich dachte immer: „Ich habe nur eine einzige Möglichkeit – ich muss das tun, was meine Eltern sagen."

Heute bin ich dankbar, dass ich es wenigstens im Rückblick anders sehen kann.

Grenzen schützen nicht nur, schaffen nicht nur Halt und Geborgenheit. An den Grenzen erfährt ein Mensch auch seine Willenskraft. An den vielen Grenzen in meinem Leben bin ich gewachsen. Grenzen fordern heraus. Jedes Mal geht es um die Frage: Was tun wir mit diesen Grenzen? Fühlen wir uns als ein Opfer? Glauben wir: Ich kann sowieso nichts ändern? Fügen wir uns ohne eigenen Willen ein? Oder inspiriert uns gerade das, was uns einschränkt und begrenzt? Ist gerade dies die Motivation, nach Wegen und Möglichkeiten zu suchen, es zukünftig anders zu tun?

Wir hatten Englisch als erste Fremdsprache ab der siebten Klasse. Meine Freundin, die Klassenbeste war, und ich hatten immer die gleichen Noten in den Klassenarbeiten. Im Sommer 1978 gab es Zeugnisse und meine Freundin bekam eine Eins in Englisch und ich bekam eine Zwei. Ich fand es sehr ungerecht und war sprachlos wie so oft in meinem Leben. Ich habe meinen ganzen Mut zusammengenommen und habe meine Englischlehrerin darauf angesprochen, warum sie die Arbeit so benotet hat. Sie sagte wörtlich: „Für sie (meine Freundin) ist das ihre erste Fremdsprache und für dich ist es deine zweite Fremdsprache, da du schon Deutsch gelernt hast. Und somit hast du es leichter gehabt!"

Ich war am Boden zerstört. Ich fühlte mich total ungerecht behandelt. Ich war sprachlos und wütend und wusste wieder einmal nicht, wie ich mit meinen Gefühlen umgehen sollte. Wieder einmal war ich in Schockstarre und habe nichts weiter gesagt und meinen Ärger, meine Wut und meine Trauer in mir heruntergeschluckt. Zu meinen Eltern brauchte ich damit nicht zu gehen. Die Lehrerin hätte recht gehabt. Du erinnerst dich?

Ungefähr 20 Jahre später hatten wir ein Klassentreffen und die Lehrer von damals waren auch eingeladen. Ich habe mich total gefreut, dass ich diese Lehrerin endlich noch einmal persönlich ansprechen konnte, wie sehr mich ihre damalige Entscheidung und Begründung verletzt hatte und dass ich es damals ungerecht fand. Sie schaute mich ganz überrascht und unschuldig an. „Nein, so etwas habe ich nie gemacht und nie gesagt", war ihre Antwort. Da stand ich nun und war wieder sprachlos und auf mich alleine gestellt. Was war hier los? Hatte die Lehrerin alles vergessen? Ich war die erste türkische Schülerin damals. Inzwischen hatte sie viele Schüler mit Migrationshintergrund. Hatte sie vergessen, wie es angefangen hat? Ich konnte ihr natürlich nicht entgegnen: „Ihre Erinnerung ist falsch." Aus dieser Situation habe ich wieder gelernt. Vielleicht hätte ich mich 20 Jahre früher ganz offiziell beschweren sollen – oder für immer schweigen. Es ist so, wie es ist.

Heute weiß ich es besser. Entweder man klärt die Dinge gleich – oder man schweigt für immer. Das macht man bei Kindern ja auch am besten so. Bei Tieren erscheint uns das gleiche Prinzip auch völlig logisch, dass zum Beispiel ein Hund nicht mehr weiß, was er gestern getan hat. Und bei uns Menschen?

Doch mir ging es nach diesem Gespräch viel besser. Ich hatte diesen unsichtbaren Rucksack der Ungerechtigkeit nach 20 Jahren abgelegt und war dadurch endlich frei davon.

Ich war eine sehr gute Schülerin. Meine Noten wurden sogar von der siebten bis zehnten Klasse von Jahr zu Jahr immer besser. Interessanterweise war dies genau die Zeit, in der mein Vater von sich aus aufgehört hatte, mich zu verprügeln.

Das schreibe ich als Beispiel dafür, dass mit Liebe, Freiheit und Toleranz die besten Ergebnisse erzielt werden können.

Dadurch, dass meine Eltern keine Ahnung und kein Interesse an meinen schulischen Dingen hatten, fühlte ich mich total frei in diesem Bereich. Es war mein einziger Bereich, wo sie keinen Zugriff hatten. Es hat mir gedient. Wie ich schon sagte, ich bekam dafür aber auch keinen Druck von ihnen. Somit konnte ich mich in diesem Bereich frei entwickeln. Ich werde nicht müde werden, ihnen dafür dankbar zu sein!

Ich habe zu Hause so gut wie gar nicht gelernt. Ich habe einfach im Unterricht aufgepasst, meinen Lehrern an ihren Lippen gehangen und mir alles gemerkt. Zu Hause war nicht mehr viel Zeit für Hausaufgaben neben der Betreuung meiner beiden Schwestern, der Unterstützung ihrer Hausaufgaben und der Hilfe für meine Mutter im Haushalt.

In der neunten Klasse habe ich beim Landeswettbewerb für Deutsch teilgenommen. Mit meinem Aufsatz „Gastarbeiterkinder zum Außenseiterdasein verdammt" habe ich, und dadurch unsere Realschule, zum ersten Mal einen ersten Platz und einen Goethe-Preis bekommen.

Bei der mittleren Reife habe ich in der Matheprüfung eine eins Komma null geschrieben. Mein Lieblingsmathelehrer kennt heute nach 38 Jahren immer noch meinen Vornamen und meinen damaligen Nachnamen. Dieser Name war damals für deutsche Zungen kaum auszusprechen.

Beim Abschlussball war ich die Einzige, die vier Mal nach vorne durfte, um ihr Abschluss-Zeugnis, einen Preis für einen sehr guten Notendurchschnitt, ein Geschenk für die Fest- und Feierausschuss-Vorsitzende und den Goethe-Preis offiziell verliehen zu bekommen. Meine Eltern waren zum ersten Mal (und vielleicht das einzige Mal) mächtig stolz auf mich. Danach hat mir mein Vater ein Set von einem Lamy-Füller und -Kugelschreiber geschenkt. Das war sehr teuer und kostete damals fast 100 Deutsche Mark. Es ist das einzige und auch das teuerste Geschenk, dass ich je von meinem Vater bekommen habe.

Ich kenne kaum eine Mutter in meinem Umfeld, die zu ihrem Kind sagt: „Es ist mir egal, ob du eine Eins oder eine Sechs nach Hause bringst. Ich liebe dich so, wie du bist. Du bist ein Geschenk Gottes für mich. Du bist ein einzigartiges Wesen, so wie du bist." Viele Mütter machen sich selbst so viel Druck mit der Schule ihrer Kinder und geben diesen Druck an ihre Kinder weiter. Druck erzeugt immer Gegendruck, das ist ein physikalisches Gesetz. Und es kostet sehr viel Kraft für alle Beteiligten!

Ich habe eine Freundin, die ihre Töchter sogar getröstet hat, wenn sie enttäuscht und traurig über ihre schlechten Noten waren. Wenn die Freundinnen der Töchter bessere Noten hatten, sagte sie im Spaß: „Dafür sen ihr scheener." Das ist schwäbisch und heißt übersetzt „Dafür seid ihr viel hübscher".

Meine Schulzeit ist ein wunderschönes Beispiel für mich, dass es eigentlich gar nicht darum geht, was ich mache, sondern wie ich es mache. Ob ich es gerne und aus Liebe und mit Freude mache oder es eher als Pflicht erfülle, mit Druck und Erwartungen an ein bestimmtes Ergebnis.

Ich habe bereits mit 14 angefangen, in den Schulferien zu arbeiten. Mit türkischem Pass und deutscher Aufenthaltserlaubnis brauchte ich eine Arbeitserlaubnis, damit ich mich für einen Ferienjob bewerben konnte. Da wir in einem Kurort gewohnt haben, gab es eine Kurklinik, die von den barmherzigen Ordensschwestern geführt wurde. Ich habe in dieser Kurklinik und in einer Gaststätte bedient. Später, während der drei Jahre des Wirtschaftsgymnasiums, habe ich auch während des Schuljahres fast jedes Wochenende bei Hochzeiten in einer Gaststätte bedient und teilweise sogar unter der Woche zusätzlich.

Ich bin seit meinem 16. Lebensjahr finanziell unabhängig. Ich habe vom ersten Fotoapparat bis zur ersten Jeanshose, meinen Schullandheimaufenthalten und meinem ersten Auto alles selbst bezahlt. Meine Mutter sagt, sie hätte mir zum Führerschein 500 Deutsche Mark dazugegeben. Das habe ich wohl vergessen.

Mein Ziel war immer, dass ich meinen Eltern nicht zur Last fallen wollte. Dass ich nicht stören wollte. Dass ich sie entlasten wollte.

Sie stritten ja so oft wegen Geld. Es war für mich auch ein Zeichen von Freiheit, finanziell unabhängig zu sein.

MEINE ERKENNTNIS:

Druck erzeugt immer Gegendruck – das ist ein physikalisches Gesetz.

Erzieht man einen Knaben,
erzieht man eine Person.

Erzieht man ein Mädchen,
erzieht man ein ganzes Volk.

Sprichwort der TUAREG

Tuareg = zu den Berbern zählendes Volk in Afrika,
das mit Kamelen und Karawanen durch die Wüste zieht.

Hochzeit oder weiter auf die Schule?

Auf der Autobahn der Vorstellungen und Erwartungen, die in meiner Ahnenreihe so herrschten, kam ganz automatisch der nächste Schritt auf mich zu: Als ich ungefähr 16 Jahre jung war und meine mittlere Reife kurz bevorstand, kam das Thema Hochzeit in unsere Familie. Eine türkische Familie, die zwei Söhne hatte, kam zu Besuch und hielt ganz offiziell um meine Hand an. Die Eltern waren Freunde meiner Eltern. Ich kannte sie von klein auf und mit den beiden Jungs hatten wir viel zusammen gespielt. Ich glaube, sie wollten gar nicht mich persönlich! Es ging nie um mich persönlich. Sie wollten nur die älteste Tochter dieser guten und angesehenen Familie. Das war sehr wichtig, dass ich, die Älteste, als Erste gehe, damit sich das „Kizmet", also das Schicksal oder die Bestimmung, für meine jüngeren Schwestern öffnet. Es war sehr wichtig, dass diese Reihenfolge eingehalten wird. Warum? Wahrscheinlich weiß das niemand mehr so genau, aber da es schon immer so war, ist es Tradition, ist es gut und richtig und wichtig, also lebenswichtig! Vielleicht sollte ich auch nicht immer alles hinterfragen? Aber ich will verstehen.

Hatice Akyün hat es in ihrem Buch „Einmal Hans mit scharfer Soße" humorvoll dargestellt, dass die Reihenfolge eingehalten werden und die Erstgeborene zuerst heiraten muss. Das Buch ist 2014 als Kinofilm erschienen.

Es wäre gar nicht möglich und erlaubt, mich zu übergehen und gleich um die Hand meiner jüngeren Schwester zu bitten! Sie war die Hübschere in unserer Familie. Sie hat grüne Augen und eine helle Haut. Meine jüngste Schwester und ich haben braune Augen und unsere Haut ist etwas dunkler. Die Türken waren alle fasziniert von den grünen Augen meiner Schwester und das haben sie auch bei jedem Besuch mehrmals gesagt. Also haben wir es in meiner Kindheit Millionen Mal hören dürfen, da wir immer sehr viel Besuch hatten. Wir alle haben es geglaubt und ich habe es dann selbst als die einzige und absolute Wahrheit übernommen.

Interessanterweise fanden die Deutschen wiederum meine jüngste Schwester und mich hübscher, da wir etwas anders als die Deutschen waren, weil wir eben dunkler waren und braune Augen hatten. Die türkische Meinung war aber die wirklich wichtige in unserer Familie und dadurch automatisch auch bei mir. Ich wollte als Kind einfach nur dazugehören. Ich wollte auch nicht, dass meine Schwestern oder ich anders als die jeweils andere sind. Wir sind doch Schwestern und keine Feinde.

Interessant ist, dass wir Menschen immer urteilen und verurteilen. Wem ist wirklich bewusst, was für ein Gift er damit bei seinem Gegenüber als Samen legt? Egal, ob wir laut in Worten oder leise in Gedanken urteilen und verurteilen, es spielt keine Rolle. Das Gift verteilt sich so oder so. Und treibt einen Keil dazwischen.

Und nun also Hochzeit. Seit meiner Geburt war ich auf diesen wichtigen Zeitpunkt indirekt vorbereitet worden. Mädchen sind ja nur auf der Welt, um zu heiraten und Kinder zu bekommen. Da ich diesen Gedanken wie ein Mantra viele Tausend Mal gehört habe, in meiner Familie und im gesamten Umfeld, und es mir auch so vorgelebt wurde, habe ich es irgendwann selbst geglaubt. Ich hatte total vergessen, dass es gar nicht mein eigener Gedanke war.

Also habe ich im Jahr 1979 mein Gesicht auf den Boden gesenkt und dabei gleichzeitig Tee und Kaffee serviert, gelächelt und meine Klappe gehalten. Ich habe keine Fehler gemacht.

Aber ich wollte weiter auf die Schule gehen und war wirklich sehr verzweifelt, wie ich das hinbekommen könnte. Ich wusste und es war wie in Stein gemeißelt, dass ich heiraten muss. Das war die Vorstellung von allen anderen. Ich hatte bisher nie meinen Eltern widersprochen oder offen einen eigenen Wunsch geäußert. Mein Wünschen und Wollen musste ich immer unterdrücken. So muss es Sklaven ergangen sein, habe ich manches Mal gedacht. Ich hatte panische Angst, dass ich jetzt heiraten muss, weil es in einem türkischen Prospekt so steht – und weil die „Autobahn" der Vorstellungen und Erwartungen es so vorschreibt.

Obwohl meine Mutter seit ihrer Hochzeit damit gehadert hat, dass sie jemanden heiraten musste, den sie nicht kannte und nicht liebte, hat sie doch sehr stolz immer wieder erzählt, dass sie schon mit 15 geheiratet hat und dann mit 17, 20 und 23 Jahren jeweils ihre Töchter geboren hat. Hätte sie keine Kinder bekommen, dann hätte man zu ihr geschaut und gefragt: „Was ist da los? Was ist sie für eine Frau?" Als ich auf die Welt kam, war es eine Möglichkeit für sie, sich als Frau zu fühlen. Meine Mutter wollte „wer sein". Da hatte sie etwas geleistet im Leben. Sie hatte ein Kind empfangen und zur Welt gebracht.

Ich war fast 16 Jahre alt und immer noch nicht verheiratet. Ich war also eigentlich schon zu spät dran! Doch ich habe meiner Mutter erzählt, dass ich weiter auf die Schule gehen möchte und wie wichtig und ernst mir das ist. Und, oh Wunder, oh Freude, sie hat es irgendwie geschafft, damals meinen Vater davon zu überzeugen! Ich durfte weiter auf die Schule gehen! Ich glaube, das Ansehen und die Ehre meiner Eltern waren etwas angekratzt, denn man sagt nicht Nein, wenn jemand um eine Hand anhält in der eigenen Familie. Ich hätte ja auch eigentlich froh sein können, dass sich überhaupt jemand für mich interessiert, oder nicht?

Das war wirklich, wirklich positiv, dass meine Mutter mich weiter auf die Schule hat gehen lassen, was sie selbst auch gewollt hätte. Denn meine Mutter ist eigentlich eine intelligente Frau. Ich glaube, sie ist sogar intelligenter als mein Vater. Aber das ist etwas, was sie nie erfahren hat und nie entfalten und leben konnte.

Obwohl meine Eltern immer so auf Traditionen beharrten, hat dann doch das deutsche Umfeld Einfluss auf sie gehabt. Wären wir in der Türkei gewesen, hätte sich meine Mutter ganz sicher nicht dazu entschieden, dass ich weiter auf die Schule gehen darf.

Auch diese Entscheidung ist für mich wieder ein wunderbares Beispiel dafür, dass das Neue, dass andere Kulturen einen Einfluss haben und Veränderung bringen, zum Guten.

Auch wenn dieser Augenblick – aus meiner Sicht – damals in meinem Leben vielleicht der einzige Akt meiner Mutter war, mir echtes Muttersein zu zeigen und zu leben, war es doch ein ganz großer und wichtiger Augenblick in meinem Leben! Sie hat mir gezeigt, ich bin ihre Tochter und sie glaubt an mich und sie wünscht mir mein Glück und meine Entwicklung! Ich darf weiter auf die Schule und muss nicht exakt den gleichen Weg wie meine Mutter gehen. Mein Leben wäre definitiv ganz anders verlaufen, wenn sie mich damals nicht unterstützt hätte.

Allein durch diesen Augenblick hat sich schon das ganze Leben bei dieser Familie gelohnt. Das ist für mich ein ganz großer Beweis des Lebens, dass ich doch die richtige Mutter und doch die richtigen Eltern habe!

Meine Eltern haben ihre Entscheidung viele Jahrzehnte bitter bereut, dass sie mich weiter auf die Schule gehen ließen. Sie haben es sehr bereut, dass sie mich nicht zu dieser Hochzeit damals gezwungen hatten. Sie merkten mit den Jahren, dass sie immer mehr Macht über mich verlieren und sie mich nicht mehr mit Angst kontrollieren können. Aber ich werde nicht müde werden, ihnen dafür dankbar zu sein! Es war eine GNADE für mich, dass ich weiter auf die Schule gehen durfte. Mein Leben heute wäre ein ganz anderes, wenn ich damals diesen Türken hätte heiraten müssen, damit ich meine Pflicht erfülle. Das ist mir sehr bewusst.

Ich bin von Herzen unendlich dankbar dafür!

MEINE ERKENNTNIS:

Stehe zu dir! Wenn es mit Demut und reinem Herzen geschieht, können Wunder folgen.

Glaub an dich

Wissenschaftler haben festgestellt,
dass die Hummel zu schwer ist und
zu kurze Flügel hat, um fliegen zu können.
Die Hummel weiß davon nichts – und fliegt!

Unbekannt

Zukunftsvisionen eines Mädchens

Da ich in meiner Kindheit und Jugendzeit nur „funktioniert" habe, war ich auch in meinen Vorstellungen sehr eingeschränkt. Wie schon gesagt: Der Verstand ist rückwärts orientiert. So speisten sich auch meine Vorstellungen eben nur aus der Vergangenheit heraus oder aus Beispielen meines Umfelds und der Gesellschaft. Ich war dementsprechend nicht flexibel und offen für etwas anderes oder etwas Neues.

Meine Mutter war nicht nur meine Mutter, die alles gern unter Kontrolle hatte, sie war auch die Keuschheitsbeauftragte unserer Familie.

Ich wusste von klein auf, wie wichtig, wie lebenswichtig, wie überlebenswichtig es ist, als Jungfrau in die Ehe zu gehen. Das ist die größte und wichtigste Pflicht, die eine Muslima hat, so dachte ich viele Jahrzehnte. Es war auch ganz klar, das war auch Gesetz bei uns, dass ein Mädchen sich vor der Hochzeit mit keinem jungen Mann treffen oder reden darf außer mit den Schulkameraden in der Schule.

Bei sehr vielen türkischen Familien ist die Keuschheitsfrage der Tochter oder der Schwester wichtiger – lebenswichtiger –, als wenn der Sohn oder Bruder wegen Drogen oder Mordes im Gefängnis sitzt! Ist das nicht total verschoben? Ist es tatsächlich viel schlimmer und straffälliger, wenn zwei Menschen ihre Liebe körperlich leben? Mord, Totschlag und Drogen scheinen dagegen total normal und alltäglich zu sein. Steht nicht in allen Religionen, du sollst nicht töten?

Als ich ein junges Mädchen war, waren wir auf einer Hochzeit in der Türkei. Wir waren auf vielen Hochzeiten zu Gast, aber eine spezielle habe ich noch besonders in Erinnerung: Nach dem Hochzeitsfest haben einige Verwandte des Bräutigams, so auch meine Mutter und ich, vor der Schlafzimmertür des Brautpaares gesessen. Wir waren über 20 Personen und hatten Wache, was bedeutete: Wir haben auf das Leintuch gewartet. Dass die Braut noch Jungfrau war, sollte mit einem Blutfleck bewiesen werden. Das war das Zeichen, dass die Ehre der Brauteltern gerettet war.

Meine Güte, war mir das peinlich! Warum war die Ehre von anderen Menschen abhängig? Warum war nicht jeder selbst für seine Ehre verantwortlich? Ich war wütend – auf wen eigentlich? Erst darf die Frau keinen Mann anschauen, dachte ich, dann soll sie gleich in der ersten Nacht mit diesem fremden Mann ins Bett, nur weil er per Unterschrift jetzt ihr Ehemann ist. Und was für einem Druck werden die beiden ausgesetzt, wenn dann noch die halbe Verwandtschaft vor der Tür sitzt und auf das Ende des „ersten Akts" wartet? Das Leben der Frau hängt davon ab, wie das Leintuch nachher aussieht! Da kann doch im Zimmer gar nichts mit Freude getan werden. Da kann es doch – wieder einmal – nur um eine Pflicht gehen!

Vielleicht war es damals auch meine eigene Angst, die mich so aufwühlte? Ich wusste, es gibt viele Frauen, die ohne Jungfernhäutchen geboren werden, oder dass es beim Sport zerreißen kann oder sie schlichtweg beim ersten Sex nicht bluten. Damals war ich sehr sportlich. Es gab also sehr viele große Unbekannte und es ging um Leben und Tod!

Oh je, oh je! Ich betete zu Gott und wünschte mir für meine Zukunft einen Ehemann, der bei unserer Hochzeit mit mir und einer Flasche Ketchup ins Schlafzimmer geht. Wir könnten auf das wichtige Leintuch entweder einen Fleck Ketchup tröpfeln oder in meine Finger schneiden und echtes Blut darauf tropfen lassen ... überlegte ich. Dann würden alle, die unsere Schlafzimmertür bewacht hatten, ganz beruhigt verschwinden. Und wir beide könnten, irgendwann, ganz entspannt, wenn wir uns besser kennen würden und wir beide es wollten, das tun, wofür wir beide bereit waren. Vielleicht war das etwas naiv, aber so habe ich es mir damals vorgestellt!

Freiheit war mir schon immer sehr wichtig, da ich mich in meiner Kindheit so unfrei gefühlt habe. Geht es um Religion oder geht es um Traditionen oder geht es um Macht? Männer haben kein Jungfernhäutchen, bei Männern kann man nichts beweisen, aber diese Dinge gelten doch eigentlich auch für Männer, oder etwa nicht? Allah – also Gott – unterscheidet doch nicht zwischen Mann und Frau. War es wirklich Gott, der Sex vor der Ehe verboten hat? Oder wollen die Männer seit Generationen ihre Macht auf diese Art ausspielen? Sie konnten damit sehr wirkungsvoll die Kontrolle über die Frau ausüben, so viel war klar. Warum hatten (haben?) die Männer so viel Angst vor der Eigenständigkeit der Frauen? Vor der Macht der Frauen? Vor Frauen überhaupt?

Für alle gilt gleichermaßen: kein unehelicher Sex. Ich weiß nicht, ob ich die Einzige war, die damals solche Gedanken hatte. Ich weiß nicht, ob sie alle es gut und richtig fanden, was da so passierte. Aber diese Hochzeit habe ich nie vergessen!

Damals war die absolute Freiheit, die ich mir für meine Zukunft vorstellen konnte, dass ich irgendwann einen Ehemann haben würde, der mir erlaubt, dass ich vielleicht bis 19:00 Uhr oder sogar bis 19:30 Uhr noch bei Freundinnen sein darf, ohne dass es Streit, Drama und Prügel danach gibt. Das war meine damalige Vorstellung von absoluter Freiheit!

Heute gibt es für mich nur eine Freiheit der Gedanken und Vorstellungen, die wahre, innere, echte Freiheit. Ich will immer weniger Mauern und Grenzen in meinem Kopf und in meinen Vorstellungen haben. Ich will Brücken bauen. Brücken in meinem Kopf, in meinen Vorstellungen und zu Menschen und zu ihren Herzen bauen. Ich habe viele Jahrzehnte nicht erkannt, dass ich im Gefängnis meiner Gedanken und Vorstellungen festsaß. Ich hatte zwar nicht jede Mauer selbst gebaut, aber ich habe nicht bemerkt, dass die Gefängnistür offen stand. Der Gefängniswärter war ich selbst, mit den Stimmen meiner Eltern, meiner Schwester und anderen Verwandten und Nachbarn in meinem Ohr.

Meine Eltern wollten einen türkischen Moslem als Schwiegersohn, das war klar. Einen Plan B gab es nicht. Die Erwartungen meiner Eltern wurden daher irgendwann ganz selbstverständlich zu meinen Erwartungen.

Ich war volljährig und wollte von zu Hause ausziehen. Aber als Türkin alleine leben, das war verboten. Es gab nur zwei Möglichkeiten, offiziell in Ehre aus dem Elternhaus zu gehen: entweder im weißen Brautkleid oder im Sarg. Dieser Satz wurde mir sehr oft von meinem Vater und von unserem Umfeld gesagt. Ich wollte nicht wirklich heiraten. Das, was mir meine Eltern als Beispiel vorgelebt hatten, war in meinen Augen nicht schön und ganz weit weg von dem, was ich mir gewünscht hätte. Doch wirklich konkret konnte ich es auch nicht sagen, was und wie ich es mir vorstellte. Heiraten war in meiner damaligen Weltsicht wieder ein Gefängnis und eine Abhängigkeit für mich. Ich wollte aber Freiheit.

Binde zwei Vögel zusammen, sie werden nicht fliegen können.
Obwohl sie nun vier Flügel haben.

Rumi
Persischsprachiger Dichter des Mittelalters
(1207-1273)

Hochzeit mit Verwandtschaft oder nicht?

Bisher hatte ich nicht klar erkannt, welch großen Einfluss die Erwartungen meines Umfelds auf mich hatten. Es war mir nicht bewusst, dass das Wünschen und Wollen der Eltern und der Kultur so mächtig auf mich wirkten, obwohl ich in Deutschland lebte und obwohl alle meine Verwandten 2000 Kilometer weit weg waren.

Ich war schon 24 Jahre alt und immer noch nicht verheiratet. Die Tatsache, dass ich als Frau doch nur auf der Welt eine Daseinsberechtigung hatte, wenn ich heirate und Kinder bekomme, das hatte ich nie infrage gestellt. Ich war daher sehr verzweifelt, denn meine Mutter erzählte uns immer noch stolz, wie früh sie schon verheiratet und Mutter war. Ich spürte den Druck und fühlte mich dafür verantwortlich, dass sich erst danach der Weg für meine Schwestern öffnen konnte.

Eines Nachts betete ich zu Gott voller Verzweiflung und voller Scham, dass ich zu alt war, um noch jemanden kennenzulernen und zu heiraten. Wer sollte mich denn mit 24 überhaupt noch wollen? Das habe ich damals wirklich gedacht. Heute kann ich das selbst kaum glauben – aber es war wirklich so!

Meine Mutter war in diesem Alter bereits fast zehn Jahre verheiratet und Mutter von drei Töchtern. In dieser Nacht träumte ich von einem großen, schlanken, jungen, blonden Mann im weißen Anzug, den ich nicht kannte. Meine Träume waren mir schon immer sehr wichtig. Am nächsten Morgen hatte ich wieder etwas Zuversicht durch diesen Traum. Irgendwann habe ich im Alltag nicht mehr daran gedacht.

Wenn man jemandem etwas oft genug sagt, wirkt das wie Hypnose. Vor allem im eigenen Elternhaus. Es wirkt auf Kinder wie ein Virus, der einen Computer befällt. Nur weil meine Eltern und alle in meiner Kultur und in meinem Umfeld gedacht und gelebt hatten, dass Frauen heiraten und Kinder kriegen müssen, wurde dies auch zu meinen Gedanken. Ich konnte nicht bewusst erkennen und auseinanderhalten, dass es gar nicht meine eigenen Gedanken waren, sondern die meiner Eltern, meiner Ahnen, meiner ganzen Kultur.

Meine Wahrheit ist, dass jeder Mensch einzigartig ist. Eine Frau, die weder verheiratet ist noch Kinder hat, ist genauso viel wert wie alle anderen Frauen. Sie ist sogar genauso viel wert wie jeder Mann. Auch Kinder sind gleichwertige Wesen.

1987 wollte mein Cousin mich heiraten. Ich glaube, auch er wollte nicht mich persönlich. Es ging nie um mich persönlich. Es ging um die Pflichten und Erwartungen der anderen – ich sagte es schon und bin immer noch erstaunt, wo es überall in meinem Leben auftaucht. Wir waren eben beide im heiratsfähigen Alter und ich die älteste Tochter seiner Tante. Ich war irritiert. In der Schule hatten sie doch gesagt, dass das Inzucht ist – mit dem Cousin, oder etwa nicht?

Eigentlich wollte ich nicht, aber gleichzeitig war ich unter Druck und wusste, ich kann nicht mehr viele Ausreden anbringen. Ich vertraute mich meiner Mutter an. Sie beruhigte mich. Sie sagte, dass dies nur bei Cousins väterlicherseits so sei, aber bei Cousins mütterlicherseits wäre dies absolut kein Problem. Alles wäre in bester Ordnung und ich bräuchte mir keine Sorgen zu machen. Ich machte mir aber Sorgen! Ich wusste auch, dass sie es nur gut mit mir meinte. Ich wurde unsicher und vertraute meiner eigenen Meinung nicht mehr, obwohl ich 24 Jahre alt war. Wenn man in Hypnose lebt und keinen Abstand dazu hat, kann man die Hypnose selbst nicht erkennen!

Ich wiederhole mich zwar, aber ich werde nicht müde werden, zu sagen: Das Gegenteil von gut ist gut gemeint. Eigentlich meint es jeder aus seiner Sicht immer gut – aber wer kann mit absoluter Sicherheit wissen, was wirklich gut für einen anderen ist? Auch wenn es das eigene Kind ist? Jeder Mensch hat seinen eigenen Fingerabdruck. Seine eigene DNA. Seinen eigenen Weg. Seinen eigenen Seelenplan.

Ich war schon fast zu alt für Ehe und Kinder und eigentlich konnte ich doch froh und dankbar sein, dass mich überhaupt noch jemand wollte, aber ich wollte einfach nicht. Punkt. Ich wollte nicht mehr fremdbestimmt sein. Wenigstens bei der Hochzeit nicht. Die Liebe war mir immer schon sehr wichtig. Ich wollte einen Prinzen, der wirklich mich persönlich wollte, der um mich kämpft und mein Herz erobert. Wie in den Märchen. So hatte ich es mir vorgestellt. Ich wollte mich in meinen zukünftigen Ehemann verlieben und ihn lieben. War das zu viel verlangt? Früher war Ehe ohne Liebe möglich. Ich hatte das Beispiel meiner Eltern.

Im Herbst 1986 begann ich am Flughafen in Stuttgart bei einer großen deutschen Fluggesellschaft zu arbeiten. Ich saß am Check-in und meine Aufgabe war es, die Gäste vor ihrem Abflug zu betreuen. Es war traumhaft für mich. Der Flughafen hatte schon immer etwas sehr Magisches für mich!

Am 2. Januar 1988 stürzte ein Flugzeug einer anderen Fluggesellschaft in Izmir beim Landeanflug ab. Das Flugzeug war in Stuttgart gestartet. Das neue Jahr hatte gerade begonnen und es waren elf türkische Fluggäste und fünf deutsche Crewmitglieder, also insgesamt 16 Menschen an Bord. Alle sind gestorben. An Bord war unter anderem ein Kollege. Er war einen Monat vorher zum ersten Mal glücklicher Vater einer Tochter geworden.

Er war wirklich ein Engel auf Erden. Er war immer so nett, herzlich und hilfsbereit zu allen Menschen um ihn herum. Wir Mitarbeiter aller Fluggesellschaften und aller Abteilungen am Flughafen haben uns als eine große Familie sehr verbunden gefühlt.

Auf diesen Schock war ich nicht vorbereitet. Ich konnte mit meiner Trauer nicht wirklich umgehen. Tod war etwas Geheimes und eigentlich kannte ich damals niemanden, der offen über den Tod gesprochen hat. Dieses Thema war irgendwie tabu, bei den Türken und auch bei den Deutschen in meiner Umgebung. Obwohl der Tod ganz offensichtlich zum Leben dazugehört, wird er immer noch irgendwie ausgegrenzt. Im Alltag wird so getan, als ob es ihn gar nicht gibt.

Ich hatte auch in der Schule nicht gelernt, mit Gefühlen oder mit Trauer umzugehen. Ich hatte das Gefühl, dass ich nie-nie-nie-nie mehr glücklich an diesem Flughafen arbeiten kann. Es wird mich immer zu sehr an diesen jungen Mann erinnern und das halte ich nicht aus, waren meine Gedanken damals. So kann ich hier unmöglich weiterarbeiten oder weiterleben!

Da fiel mir plötzlich eine Lösung ein. Es gab doch noch den Cousin. Ich versprach ihm am Telefon, dass ich ihn heiraten würde. Ich würde dann nach Istanbul umziehen und wäre weg von diesem Flughafen und all diesen Erinnerungen. Ich hätte zwei Fliegen mit einer Klappe geschlagen, denn ich würde dadurch auch die Erwartungen meiner Eltern erfüllen. Vielleicht hätte ich dann endlich glückliche Eltern? Vielleicht würde ich dann endlich von ihnen geliebt?

So einfach habe ich es mir vorgestellt. Wenn ich schon einen Türken heirate, dann will ich auch in der Türkei leben und nicht mehr als Gast in Deutschland geduldet sein, dachte ich damals. Heute weiß ich: Auch das waren nicht meine eigenen Gedanken.

Bei unserem Familienurlaub im Sommer sollte Verlobung gefeiert werden.

Drei Monate später war die Trauer etwas schwächer geworden und ich konnte wieder klarer sehen und denken. Ich war fassungslos über mich selbst: Meine Güte, was hatte ich denn da am Telefon vor drei Monaten versprochen? Mir war aber auch klar, versprochen ist versprochen und das wird nicht gebrochen!

Ein Teil von mir dachte, lebte und wusste: Ich bin ohnmächtig. Ich bin ein Opfer und habe keine andere Wahl. Ich bin ein fremd-bestimmtes Wesen, da ich nur eine Frau bin. Ich kann das doch jetzt nicht rückgängig machen? Was werden dann all die anderen Leute denken? Sie gehören alle zur Familie, wie peinlich ist das denn? Aber was war denn wirklich peinlich? Dass ich eine Lüge lebte? Dass ich nicht mein eigenes Leben in Würde lebte? Dass ich nur aus scheinbarer Pflicht jemanden heiratete, damit wir beide ins Unglück rannten? Damit die anderen scheinbar beruhigt sind, weil sie selbst nicht mutig waren, ihr Leben zu leben?

Wieder stand die Ehre dieser meiner Herkunftsfamilie auf dem Spiel. Wieder war ich diejenige, die angeblich die Verantwortung dafür hatte, obwohl ich ja nur ein Mensch dritter oder vierter Klasse war, wie es sich für mich anfühlte. Also gut – Augen zu und durch, war meine Devise. Meine Mutter hatte es ja auch überlebt. Ich war fast 25 Jahre alt. Viel zu alt. Für was eigentlich? Und wer sagt das? Viel zu alt für alles! Ich dachte, ich hätte ja nichts mehr zu verlieren. Ich war bisher noch ein Nichts, also weder Ehefrau noch Mutter! Etwas anderes zählte nicht wirklich in meiner damaligen Weltsicht. Ich hielt diese Weltsicht für die aller anderen sieben Milliarden Menschen auf der Welt.

Ich kaufte mir ein schönes Verlobungskleid. Meine Eltern kauften sich ein schönes Haus am Meer bei Istanbul. Inzwischen hatte ich meine Ausbildung abgeschlossen und verdiente mein erstes, festes Gehalt. Mein Vater entschied und erwartete, dass ich auch monatlich einen Betrag dazu leisten müsste, damit dieses Haus abbezahlt wird. Das Gehalt im Reisebüro war sehr übersichtlich. Es waren nur ein paar Hundert Deutsche Mark im Monat, die ich für das Haus bezahlt habe und vielleicht nicht einmal zwölf Monate. Danach sollte ich für meine Aussteuer sparen.

Mein Vater wollte dieses Haus nur auf seinen Namen ins Grundbuch eintragen lassen. Es gab viel Streit. Ich wollte unbedingt, dass meine Mutter auch mit ins Grundbuch eingetragen würde. Naiv, wie ich war, dachte ich, dass ich auch ein wenig mitbestimmen und meine Mutter unterstützen kann. Dass ich selbst nicht mit eingetragen werde, egal wie wenig oder wie viel Geld ich dazu beigetragen habe, das war sonnenklar. Das hätte ich niemals angezweifelt.

In diesem Sommerurlaub 1988 gab es so viel Streit zwischen ihnen und auch in der ganzen Familie wie noch nie zuvor.

Das Ergebnis war, dass das Haus, wie geplant, nur auf meinen Vater im Grundbuch eingetragen wurde. Einhaltung eines ungeschriebenen Gesetzes. Doch der Same war gesät. Vielleicht war mein Vater überfordert damit, dass ich so energisch Druck gemacht hatte und meine Wünsche geäußert hatte? Auf jeden Fall haben meine Eltern ungefähr vier Jahre später zusätzlich noch eine Eigentumswohnung in Istanbul gekauft. Diese Wohnung hat mein Vater von sich aus auf sie beide eintragen lassen. Das war ein Wunder für mich. Fast unglaublich.

Parallel zum Grundbucheintrag 1988 war die geplante Verlobung mit meinem Cousin. Ich sollte mich mit ihm treffen. Er kam zu uns ins Sommerhaus. Das Haus liegt fast 80 Kilometer westlich von Istanbul. Er hat mich abgeholt und ich sollte für zwei Tage mit zu ihm fahren, also zu seinen Eltern, meinem Onkel und meiner Tante. Meine Mutter bemerkte, dass ich das Ganze nicht mehr wollte. Sie sagte zu ihm beim Abschied: „Versuch sie doch zu küssen, damit sie nicht so zickig bleibt!" Für sie war das Spaß!

Ich hatte mir ein großes, graues Kopftuch gekauft. Ich wollte bei Onkel und Tante einen guten Eindruck machen. Ich war bisher nicht einmal zu meinem Großvater mit Kopftuch gegangen. Doch meine Tante und zukünftige Schwiegermutter trug ein Kopftuch und das war ihnen sehr wichtig.

Heute weiß ich nicht, warum ich das damals so gemacht habe. Ich bin so erzogen, dass ich dienen soll. Dass ich die Erwartungen von meinem Gegenüber erahnen muss. Dass ich jedem Erwachsenen bei der Begrüßung die Hand küssen muss. Das war als Kind richtig ekelhaft für mich. Diese alten verschrumpelten Hände. Manche Hände haben gestunken. Ein Kind hat einen anderen Geruchssinn.

Als ich mit meinem Cousin in Istanbul spazieren ging und wir so nebeneinander herliefen, wollte ich testen, ob ich überhaupt seine Hand halten konnte und ob ich etwas dabei empfand. Er war ein großer, stabiler Mann, der mindestens einen Kopf größer war als ich. Er wog ungefähr 100 Kilo, hatte ganz schwarze Haare und große, dunkelbraune Augen. Seine Augen waren wie zwei große Oliven in seinem schönen Gesicht, sagte meine Mutter immer. Also ein attraktiver Mann.

Er lief rechts von mir und unsere Arme schlenkerten hin und her – und ich begann mit meinem Test. Ich bewegte meine Hand leicht nach rechts und wollte seine Hand berühren. Unsere Handrücken kamen sich immer näher und waren nur noch 20 Zentimeter voneinander entfernt. Plötzlich spürte ich einen Widerstand. Es war, als ob eine unsichtbare Betonwand dazwischen war. Es ging einfach nicht näher! Was war denn das? War das ein Zeichen?

Heute weiß ich, es war ein ganz eindeutiges Zeichen. Es bedeutete: Nein, lass es sein! Damals konnte ich noch nicht so gut im Buch des Lebens lesen. Dennoch gab es einen Teil in mir, dem war es ab diesem Zeitpunkt schon glasklar. Doch ich war so in der Ohnmacht gefangen und glaubte, dass ich keine andere Wahl hätte und dass es meine Pflicht sei und es trotzdem durchziehen musste. Ich war überzeugt, dass ich das jetzt als Opfer für unsere Familie und für die Ehre einfach tun muss. Und er? Er war auch total unter Druck der Familie und Gesellschaft. Seine Tante, also meine Mutter, hatte ihm auch noch mal Druck gemacht, dass er wirklich seinen Mann steht.

Er wohnte noch bei seinen Eltern und dort sollte ich übernachten. Das war der Plan. Am Abend wollte er noch geschwind mit mir seine Schwester besuchen, meine Cousine, die mit ihrem Mann ganz in der Nähe wohnte. Sie hatte ich schon immer sehr gern und wir haben viele gemeinsame Kindheitserinnerungen an die Sommerferien in Istanbul.

Er hatte geplant, dort bei ihr zu übernachten. Alle wussten schon Bescheid, nur ich nicht. Ich war wütend und fassungslos. Solche Geheimnisse konnte ich noch nie leiden. Na, das fängt ja interessant an, dachte ich mir. Er hatte mich weder gefragt noch vorher informiert, aber als Mann musste er das ja auch nicht. Das war normal in unserer Kultur. Doch von Deutschland kannte ich inzwischen auch eine andere Möglichkeit, wie man miteinander umgehen konnte. Ich war auf diese Übernachtung nicht vorbereitet und hatte mein Nachthemd bei meiner Tante gelassen. Das war zwar kein Problem, denn wir Türken sind für spontane Übernachtungsgäste immer bestens vorbereitet, aber mich hat es gestört. Ich hatte ihm vertraut! Und er hatte mein Vertrauen missbraucht. So fühlte es sich damals für mich an.

Heute verstehe ich es besser. Natürlich wäre es nicht in Ordnung gewesen, bei seinen Eltern zu übernachten. Das gehörte sich nicht. Da würde nach außen hin eine falsche Moral gelebt.

Er spürte natürlich, dass ich nicht wirklich bleiben wollte, aber er war selbst sehr unter Druck. Der Druck von außen, von der Familie, der Gesellschaft und der Kultur sind nicht zu unterschätzen. Dieses Wünschen und Wollen der anderen, auch wenn es teilweise nur still und heimlich und in Gedanken geschieht, hatte eine große Macht und einen großen Einfluss auf uns beide. Für ihn war es anscheinend auch Zeit zum Heiraten, glaubten die anderen zu wissen. Meine Cousine hatte mir eine Matratze in einem separaten Zimmer auf den Boden gelegt. Als ich, noch mit meinem dunkelgrünen Hosenanzug bekleidet, nachts im Zimmer auf dem Boden lag und die Decke anstarrte, machte ich mir so meine Gedanken. Was mache ich hier eigentlich? Was soll das alles hier? Plötzlich wurde ich aus meinen Gedanken gerissen, als er in mein Zimmer kam und sich sofort auf mich legte.

Ich hatte Angst, Todesangst, war wütend und komplett überfordert mit dieser Situation. Wir beide hatten unsere Kleidung an und er war mindestens doppelt so schwer wie ich. Obwohl ich 25 Jahre alt war und schon ab und zu die BRAVO gelesen hatte, hatte ich keine Ahnung von Sex. Das Thema war bei uns völlig tabu.

Was ich aber definitiv wusste, war, dass ich, wenn ich vergewaltigt werden würde, denjenigen heiraten musste. Das haben immer alle gesagt. Für einige Liebespaare war es oft die einzige Möglichkeit, über Nacht abzuhauen, wenn die Eltern gegen die Hochzeit waren. Danach mussten sie heiraten, damit die Ehre wiederhergestellt wurde, das wusste jeder. Heute weiß ich: Alles, was verboten ist, wird eben heimlich gemacht oder heimlich nach Möglichkeiten gesucht, dies zu übergehen.

Er lag also auf mir und ich hatte große Panik und das Gefühl: Ich bekomme keine Luft mehr zum Atmen. Ich dachte, ich würde ersticken. Mein ganzer Körper war zu einem Eisklotz erstarrt. Ich war wieder in der mir wohlvertrauten Schockstarre. Ich weiß heute nicht mehr, wie ich es geschafft habe, dass er das Zimmer verließ. Es war nichts passiert. Ich erinnere mich noch, dass ich mich nicht getraut habe zu schreien. Es ist ja Familie und eigentlich peinlich, dachte ich. Was wäre denn wirklich peinlich? Dass ich schreie – oder dass er mein Vertrauen missbraucht? Da war mir doch etwas total Verschobenes in die Wiege gelegt worden! Mit der Muttermilch war mir eingeflößt worden, wie wichtig es ist, den Schein zu wahren. Wie konnte er diese Situation so missbrauchen? Ich wusste auch gar nicht, was er mit dieser Aktion wirklich wollte. Ich dachte immer, Männer und Frauen dürften vor der Ehe keinen Kontakt haben. Ich hatte ihm vertraut!

Ich hätte eigentlich zwei Tage bleiben sollen, doch am nächsten Morgen sagte ich ihm ganz klar und deutlich, dass ich ihn jetzt erst recht nicht heiraten würde und ich keine Minute länger bleiben würde. Ich wollte allein zu meinen Eltern zurück. Das ging natürlich offiziell nicht. Er begleitete mich trotzdem und wollte noch nicht aufgeben. Er war voller Hoffnung, von seiner Tante Unterstützung zu bekommen, da sie ihn ja einen Tag zuvor noch ermuntert hatte, mich zu küssen. Wieder ging es um das Wollen und Wünschen eines anderen, nicht um mich persönlich.

Heute frage ich mich: Warum bin ich nicht alleine und zwar gleich in dieser Nacht, in diesem Augenblick, abgehauen? Ich stand unter Schock. Ich war durch meine Angst total gelähmt. Das kannte ich so gut. Ich fühlte nichts mehr und dachte nichts mehr. Ich konnte mich nicht mehr bewegen. Ich dachte an die anderen und wie es denn aussehen würde, für die anderen. Was die anderen dann denken würden? Ich hatte kein Gespür für mich selbst. Ich kannte mich nur fremdbestimmt.

Meine Mutter war sehr überrascht, dass wir gleich am nächsten Tag wieder zurückkamen. Als ich ihr sagte, was geschehen war, hielt sie sich heraus, mischte sich nicht ein und respektierte meinen Willen. Das fand und finde ich wirklich groß von ihr!

Ich glaube, mein Vater weiß bis heute nicht, warum erst eine Verlobung geplant war – dann doch nicht stattfand. Da der Cousin nicht aus seiner Familie stammte, sondern von der Seite seiner Frau, interessierte er sich nicht besonders dafür. Er war ja zu der Zeit mit dem Wesentlichen beschäftigt. Mit dem Grundbucheintrag seines Hauses.

Nach diesem katastrophalen Sommerurlaub sind wir alle zusammen mit dem Auto wieder zurück nach Deutschland gefahren, als ob nichts, absolut gar nichts geschehen sei. Ein wenig war die Ehre doch angekratzt, aber das Ganze war ein Tabuthema. Es wurde nicht mehr darüber gesprochen.

Der Mann hat immer recht und der Mann bekommt auch immer recht. Wenn ich anders reagiert hätte, hätte ich wahrscheinlich nur verlieren können. Es herrscht eine doppelte Moral in der Kultur, aus der ich stamme, denn es werden gewisse Sitten und Regeln vehement verteidigt, aber hinter verschlossenen Türen findet noch etwas ganz anderes statt. Die Frau ist offiziell immer noch etwas Geringes und dafür gibt es ganz offiziell Regeln, zum Beispiel dass der Mann über das Leben seiner Frau bestimmen und entscheiden darf.

Bis in die 1970er-Jahre durfte auch in Deutschland der Mann den Arbeitsplatz seiner Ehefrau kündigen, auch gegen ihren Willen. Entwicklung braucht eben immer die Zeit, die es eben braucht. Es ist immer ein Prozess, ein Werden.

Heute kann ich klar sehen, dass wir beide mit dieser Situation komplett überfordert waren. Wir beide reagierten im Grunde aus dem Einfluss von außen und nicht aus unserem Inneren heraus. Diese Ohnmacht, in der ich mich dort in dieser Zeit befand, und das, was ich auf dieser Basis gesagt und getan habe, war genauso beeinflusst und fremdgesteuert wie auch er. Eigentlich war auch er ein recht unsicherer Mann, dem auferlegt wurde, – jetzt! – ein Mann zu sein und damit der, der bestimmt und entscheidet und führt.

Woran kann man erkennen, dass die eigene Meinung die eigene Meinung ist? Dass es nicht die Meinung der Eltern, Ahnen, Nachbarn oder von sonst wem ist?

Ich hatte keine Möglichkeit, als erwachsene Frau mit meinem Cousin zu reden, wie die Gedanken und Gefühle und das Wünschen und Wollen, nicht nur unserer beiden Eltern, sondern unserer ganzen Kultur, auf uns beide gewirkt hat und uns in Ohnmacht und unter Druck gesetzt hat. Was es im Grunde mit uns beiden gemacht hat. Ich hätte mir gewünscht, dass wir beide heute über das Geschehene von damals gemeinsam lachen könnten.

Er hat zwei Jahre später geheiratet und wurde Vater einer Tochter. Als seine Tochter zwei Jahre alt war, ist er auf einer Geschäftsreise bei einem Autounfall gestorben.

Ich bin mir unsicher, ob er mich heute verstehen würde.

Freitagabends hatten wir an meinem Arbeitsplatz am Flughafen über mehrere Jahre immer bis zu fünf verschiedene Türkeiflüge zu betreuen. Ein Großteil der Fluggäste waren Gastarbeiterfamilien. Eine deutsche Kollegin fragte mich einmal, ob in der Türkei viele Menschen innerhalb der eigenen Verwandtschaft heiraten würden. Sie hätte wahrgenommen, dass so viele Familien behinderte Kinder hätten. Ich war sehr berührt über ihre Beobachtungsgabe! Denn Hochzeit innerhalb der Verwandtschaft ist bei vielen Menschen meiner Kultur noch ganz normal und wird erwartet, oft sogar gegen den Willen der Beteiligten erzwungen.

Man sieht nur mit dem Herzen gut.
Das Wesentliche ist für die Augen unsichtbar.

Antoine de Saint-Exupéry

Meine erste große Liebe

Gegen den Willen meiner Eltern habe ich im August 1991 einen Deutschen geheiratet.

Die Liebe war und ist immer schon das Wichtigste in meinem Leben gewesen. Wenn ich mit meiner Mutter Gespräche darüber geführt habe, sagte sie etwas wütend, verärgert und ins Lächerliche ziehend: „Du immer mit deiner Liebe." Denn sie traut der Liebe nicht. Sie verwechselt wünschen und wollen und machen und Macht mit Liebe.

Egal, was das Leben einem vor die Füße legt, welche Prüfungen es für einen bereithält, jeder hat immer die Wahl und Möglichkeit, sich aus der Liebe heraus oder für die Liebe zu entscheiden – oder stattdessen der Angst, Wut und Gier Platz zu geben. Angst ist die Abwesenheit von Liebe. Die Liebe hat viele Kleider und Geschwister, zum Beispiel Geduld, Langmut, Wertschätzung, Freiheit, Toleranz, Dankbarkeit, Zuhören, Hinhören und vor allem die Liebe zu sich selbst.

Jeder, wirklich jeder, hat in jedem Augenblick immer die Wahl, ob er seine Aufmerksamkeit auf die Angst oder auf die Liebe richtet. Dorthin, wo die Aufmerksamkeit ist, dorthin fließt die Energie. Und dasjenige wird mehr und wird kraftvoller und machtvoller.

Ich habe mich in einen Deutschen verliebt. Auf dem Weg,

den meine Eltern für mich vorbereitet hatten, stand das nicht im Reiseplan. Die Chance, in Deutschland einen deutschen Mann kennenzulernen, war zwar viel größer, als einen Türken kennenzulernen, aber auch ich selbst war total überrascht und leicht überfordert damit.

Ich hatte immer gesagt: Ich werde keinen Deutschen heiraten. Ich hatte nicht gesagt: Ich werde einen Türken heiraten.

Heute weiß ich, dass es einen ganz großen Unterschied macht, welchen der beiden Sätze ich sage. Worte sind sehr machtvoll! Das Gehirn kennt kein „kein/nicht/nein". Wie ich das meine? Denke jetzt bitte an *keinen* rosa Elefanten! – An was hast du gedacht? Ja, genau so funktioniert das. Automatisch taucht bei diesem Satz ein rosa Elefant vor unserem inneren Auge auf.

Dieser deutsche junge Mann und ich wollten heiraten. Christian (Name redaktionell geändert) sagte aber: „Ich kaufe die Katze doch nicht im Sack. Ich will erst einmal mit dir zusammenwohnen und schauen, ob das überhaupt passt mit uns beiden." Ich sagte: „Nein, das geht bei uns nicht! Ohne Hochzeit können wir nicht zusammenwohnen! Das ist Gesetz bei uns!" Christian kaufte einen wunderschönen, großen Blumenstrauß und fuhr zu meinen Eltern, um ganz offiziell um meine Hand anzuhalten. Ich hatte meine Eltern vorher informiert. Wir kannten uns schon über ein Jahr, hatten unsere Liebe aber bisher geheim gehalten.

Mein Vater drohte mir, als er von dem Treffen erfuhr, dass ich dann nicht mehr seine Tochter sei! Das war schon immer meine größte Angst gewesen, dass ich aus dieser Familie ausgestoßen werde und alleine nicht überleben kann. Damit konnte er seine Macht ausspielen und mich wirklich treffen. Er war nicht zu Hause, als Christian kam.

Natürlich war meine Mutter mit dieser Situation komplett

überfordert, aber das hätte sie nie zugegeben. Sie stellte sich mutig diesem Treffen und hatte sehr viele Fragen an ihn. Von einem Moment auf den anderen war Christian der Angeklagte vor Gericht, meine Mutter Richter und Staatsanwalt in einer Person. So schien es mir. Anscheinend wollte sie ihn testen, ob er mich wirklich lieb hatte und gut genug für mich war. Die erste Frage war, ob er sich beschneiden lassen wird. Und ob er mich auch heiraten würde, wenn ich ein Kopftuch trage. Sehr interessant fand ich das. Die Frau, die selbst seit Jahrzehnten kein Kopftuch trägt, die selbst nicht an die Liebe glaubt, die selbst sagt, dass sie ihren Mann nicht liebt, prüfte nun, ob jemand anderes echte Liebe empfand. Wie sollte das denn gehen? Für mich ist das etwas absurd.

Es wurde mir in die Wiege gelegt, dass es eine Sünde ist, wenn eine Muslima einen Mann heiratet, der nicht beschnitten ist. Ich dachte: Er lässt sich bestimmt mir zuliebe beschneiden und das mit der Hochzeit könnte vielleicht klappen.

Doch bei diesen Fragen und bei diesem Test fiel Christian durch.

Er war einfach ehrlich und hat nicht gelogen, um einen Schein zu wahren, meiner Mutter zu gefallen oder sie zu überzeugen. Er war einfach er selbst.

Er hat sich nicht beschneiden lassen. Diese Aktion hätte seine Beziehung zu Gott auch in keiner Weise verändert oder beeinflusst.

Heute bin ich besonders mir selbst dankbar, dass ich ihn diesbezüglich nicht manipuliert habe. Höchstwahrscheinlich hätte er sich auch damals gar nicht manipulieren lassen.

In Afrika werden Mädchen im Namen von Allah und im Namen vom Islam beschnitten. Das ist keine Beschneidung. Das ist Genitalverstümmelung. Sie haben manchmal danach große Schwierigkeiten, auf die Toilette zu gehen. Dennoch wird es von Generation zu

Generation so weitergemacht. Es wird an dieser Tradition festgehalten. Sogar von den Müttern, die selbst dieses schreckliche Trauma erlebt hatten. Wie auf Autopilot!

Was ist das für ein Gott, der seine Kinder so verstümmeln lassen möchte? Für Allah ist doch alles möglich, und wenn er wirklich gewollt hätte, hätte er Jungen oder Mädchen doch gleich beschnitten „erfinden" können, oder nicht? Was stimmt denn nun? Wie kann der gleiche Gott, der gleiche Allah, vorschreiben, dass in der Türkei die Jungen beschnitten sein müssen und in Afrika die Mädchen? Was ist die Wahrheit? Oder sind es nur die Menschen selbst, die dies fordern und von Generation zu Generation einfach übernehmen, ohne es zu hinterfragen? Hat es am Ende gar nichts mit Religion zu tun? Wer kennt die wahren Hintergründe dieser Traditionen? Als Prophet Mohammed die Lehren des Islam verkündet hat, wer konnte damals lesen und schreiben? Wer hat damals diese Verkündung wirklich exakt mitgeschrieben und weitergegeben? Geht es wirklich um Religion oder geht es um Tradition?

Wir wollten im August 1991 heiraten. Wir waren beide 28 Jahre alt. Meine Eltern waren total erschüttert, dass ich einen deutschen, ungläubigen Mann heiraten will. Dass ich – wieder einmal – nicht ihre Erwartungen erfüllte. Die Ehre dieser Familie wäre damit zerstört. Ich war die Schuldige. Es war, als ob sich alle Erwartungen und Machtspiele meiner Kindheit wie zu einem Gipfel zuspitzten.

Meine Mutter hat mir so viel Schlechtes gewünscht. Sie hat mir viele Flüche an den Kopf geworfen. Wenn nur ein Bruchteil davon in Erfüllung gehen würde, wäre mein Leben komplett zerstört. Es war wie ein riesiger Fluch für mich. Im Türkischen nennt man das „Beddua". Es ist ähnlich wie Voodoo.

Es ging über viele Tage, Wochen und Monate: Wie ich ihr so etwas antun könnte? Was würden die Leute und die Verwandten denken? Was für eine undankbare und schlechte Tochter ich sei. Was sie sich alles von ihrem Bruder hatte anhören müssen ... Heute weiß ich, ihr Bruder hat ihr nur ihre eigenen Gedanken gespiegelt. Hätte sie meinen Rücken gestärkt, wäre sie hinter mir gestanden, hätte ihr Bruder auch anders reagiert oder gar nicht reagiert.

Es wurde immer schmutziger und frecher und sie ging dabei über alle Grenzen. Sie verbot mir schon im Vorfeld, zu ihrer Beerdigung zu kommen. Sie würde mich nicht dabeihaben wollen, wenn es dann mal so weit war. Damals konnte sie mich damit sehr treffen.

Vielleicht hatte sie Angst, ihre Tochter zu verlieren durch diese Hochzeit. Meine Wahrnehmung war eher: Sie hatte mich schon vorher verloren, da ich nie wirklich Tochter sein durfte. Ich hörte ihr damals zu, wieder in meiner Schockstarre, und versuchte dennoch zu verstehen. Liebe heißt für mich auch, den anderen zu verstehen.

Was sind mütterliche Qualitäten? Unter anderem sich selbst zurückzunehmen und den anderen wahrzunehmen. Den anderen zu sehen. Den anderen zu akzeptieren, so wie er ist. Dem anderen zuzuhören und ihn bei seiner Entwicklung fördern und fordern. Echtes Zuhören ist nicht wirklich verbreitet in dieser Welt.

Wenn man selbst emotional noch Kind ist und so sehr nach Aufmerksamkeit und Zuwendung hungert, weil man sie von den eigenen Eltern nie erhalten hat, ist es schlichtweg unmöglich, mütterliche oder väterliche Qualitäten zu leben oder eine Firma nachhaltig zu führen oder ein Land zu regieren. Man kann nichts weitergeben, was man selbst nicht in sich trägt. Wenn man die eigenen Hausaufgaben in der eigenen Schule des Lebens nicht macht, dann gibt man sie an die nächste Generation weiter. Und diese gibt sie wieder an die nächste Generation weiter. Dann leben die Kinder immer die Themen aus, die eigentlich Themen der Eltern gewesen wären!

Ich habe meiner Mutter damals nicht widersprochen, obwohl ich dachte: Mit 28 Jahren kann ich doch langsam für mich selbst Verantwortung übernehmen. Ich habe meine Gefühle in mir heruntergeschluckt. Ich bin in der Liebe geblieben. Sicher mehr unbewusst als bewusst.

Ich liebe die deutsche Sprache. Sie ist so klar. In Ver-antwort-ung – steckt das Wort Antwort. Verantwortung bedeutet, trotz aller guten oder schlechten Umstände gut zu antworten. Ich war stets bemüht, gut zu antworten, egal was sie sagte. Doch ich fühlte mich wie tot. Mein Körper war in dieser Welt unterwegs und führte die Diskussionen mit ihr, aber es war niemand mehr „zu Hause", in meinem Körper. Ich weiß nicht, wo ich war. Mein Körper, der sich wie leblos anfühlte, funktionierte automatisch und übernahm alles, aber ich selbst war irgendwie weg.

Ich wusste bis zum Schluss nicht, wie das Ganze ausgehen würde. Ich war nicht mehr sicher, ob und wie wir das alles überleben würden, im wahrsten Sinne des Wortes. Mein Vater hätte auch anders reagieren können. Er hätte mich umbringen können. Er hätte mich umbringen lassen können. So ist es schon sehr vielen türkischen Mädchen und Frauen ergangen. Aber mein Vater hat in diesem Punkt meinen freien Willen akzeptiert. Ich werde nicht müde werden, meinem Vater dafür dankbar zu sein!

Ich war endgültig das schwarze Schaf in dieser Familie. Meine Schwestern mussten sich entscheiden, ob sie noch zu mir hielten oder ob sie den einzig richtigen Weg gingen – und zu unserer Mutter standen.

Heute weiß ich: Ich hatte zwar diese Gefühle bei ihr ausgelöst, jedoch habe ich sie nicht verursacht. Es waren ihre eigenen Gefühle, die schon lange in ihr schlummerten. Die schon lange verdrängt und ignoriert worden waren. Ihre Gefühle wünschten sich nur, beachtet und einfach gefühlt zu werden.

Das erinnert mich an das Mittelalter: Wenn eine Nachricht durch einen Boten von einem König zum anderen König geschickt wurde, wurde manchmal der Bote umgebracht, weil die Botschaft dem Empfänger nicht gefiel. Aber der Bote hatte gar nichts mit der Botschaft zu tun, er war nur der Überbringer!

Ich hatte zwar geahnt, dass es schwierig werden würde, aber was ich erlebte, übertraf alle meine Vorstellungen.

Meine Vorstellung war: Ich heirate jemanden, den ich liebe. Die Erwartungen meiner Eltern war: Damit sie gut dastehen und damit alle anderen sehen, dass sie ihre Aufgaben richtig gemacht haben, gehört ein türkischer Moslem als Schwiegersohn dazu.

Du sollst Vater und Mutter ehren, heißt es. Ich wollte meinen Eltern nicht wehtun. Ihnen habe ich es doch zu verdanken, dass ich überhaupt auf dieser Welt bin. Was sollte ich tun? Mein Kopfkino und Gedankenkarussell waren wie ein Teufelskreis. Ich konnte mir kein Happy End mehr vorstellen. Ich dachte, der einzige Grund für eine Hochzeit sei die Liebe. So wurde es doch in den Märchen und Hollywoodfilmen immer dargestellt. In den Filmen sah es immer so einfach aus. Das war unmöglich nach allem, was vorgefallen war. Ich sah kein Licht mehr im Tunnel.

Ich wollte nicht schuld sein, dass es meinen Eltern und besonders meiner Mutter so schlecht damit ging – wegen mir. Dieser Rucksack war mir definitiv zu groß und zu schwer. Ich war nicht mehr bereit, ihn zu tragen. Ich konnte mir nicht vorstellen, wie ich mit dieser Schuld weiterleben konnte und sollte.

Plötzlich hatte ich eine Idee und die perfekte Lösung. Eine andere

Lösung gab es nicht – Selbstmord!

Das war mir plötzlich glasklar. Denn ein Leben ohne Liebe war kein Leben für mich, oder eben nicht mehr das, was ich Leben nennen könnte. Ein Teil von mir hat damals schon geahnt, dass Leben für mich viel, viel mehr bedeutet, als dass ich noch atme und irgendwelche Pflichten erfülle.

Aber wie begeht man Selbstmord?, fragte ich mich. Na, das werde ich doch wohl noch hinbekommen, sagte eine andere Stimme in mir. Dann wäre ich endlich im Frieden mit allen. Dann bin ich nicht mehr schuld an den Launen der Menschen in meinem Umfeld, dachte ich. Seit Jahrzehnten war ich an so vielen Situationen schuld. Es war kein schönes Gefühl, sich schuldig zu fühlen und schuldig gesprochen zu werden. Das machte keine gute Laune. Das machte so schwer. Das machte einen so klein.

Endlich also die Lösung in Sicht. Das gab mir wieder etwas Kraft. Das war mir eine Motivation. Ich habe mich viele Tage und Wochen ganz intensiv damit beschäftigt und es hat mir sehr geholfen, gelassener mit den Vorwürfen meiner Mutter umzugehen. Ich hatte drei Möglichkeiten in der engeren Auswahl und stellte es mir ganz konkret vor. Aber ich habe es nicht getan.

Heute bin ich mir und meiner Seele unendlich dankbar, dass ich es nicht getan habe. Aber das große Geschenk aus jener Zeit ist, dass ich großes Mitgefühl habe für jeden, der Selbstmord begeht. Ich weiß noch ganz genau, wie es sich anfühlt, ganz kurz davor, wenn man keinen Ausweg mehr weiß und kein Licht mehr im Tunnel sehen kann. Es ist ein kurzer Augenblick. Später können die Gedanken ganz anders aussehen.

Heute bin ich sogar diejenige, die dafür steht, dass es immer eine Lösung gibt, und dass es nach der halben Strecke im Tunnel automatisch in Richtung Licht geht. Die Sonne scheint immer, auch wenn ich sie nicht sehen kann. Heute weiß ich, dass jeder Mensch immer eine Wahl hat, wirklich immer. Heute ist mir die Natur ein sehr guter Lehrer. Am 21. Dezember ist die längste und dunkelste Nacht des Jahres. Im gleichen Augenblick ist schon der Same für die Gegenbewegung angelegt. Ganz automatisch kommt danach wieder mehr Licht und es wird heller, Tag für Tag. Das geht ganz automatisch, ohne Kraft und Anstrengung!

Im August 1991 sollte also Hochzeit sein. Mein Wunsch war ein richtig großes Hochzeitsfest, wie es bei den Türken üblich ist. So hatte ich es mir vorgestellt. Das waren meine Erwartungen an ein richtiges Hochzeitsfest. Ich hätte so gerne alle meine Freundinnen und Kolleginnen eingeladen. Meine Mutter sagte, dass es nicht sicher sei, dass sie und mein Vater zu meiner Hochzeit überhaupt kommen würden. Ich war zu diesem Zeitpunkt immer noch unsicher, ob ich diese Hochzeit überleben würde, denn ich konnte die Reaktion meines Vaters nicht einschätzen.

Damals wäre es mir peinlich gewesen, wenn die Brauteltern bei der Hochzeit nicht dabei sind, deshalb habe ich sicherheitshalber weder Freunde noch Kollegen eingeladen. Geplant war daher sicherheitshalber ein ganz kleines Festessen mit beiden Familien und fünf Freunden der Familie.

Wir hatten natürlich auch die Eltern und Großeltern von Christian informiert. Seine Oma nahm mich heimlich mit in die Küche und wollte mir etwas unter vier Augen anvertrauen. Ich war so gespannt. Ich hoffte irgendwie, dass ich von dieser 80-jährigen Frau noch eine Weisheit mitbekam, die mich mein Leben lang tragen würde. Sie sagte mir mit leiser Stimme, als ob sie mir ein Familiengeheimnis endlich offenbaren würde, wortwörtlich: „A Mo isch a

Mo un a Frau isch a Frau." Das ist schwäbisch und heißt: Ein Mann ist ein Mann und eine Frau ist eine Frau. Ich habe dieses Rätsel bis heute nicht wirklich auflösen können.

Zwei Wochen vor unserer Hochzeit starb mein Großvater. Der Vater meiner Mutter. Ich weiß nicht, wie es ihr damals ging. Wir haben nicht darüber gesprochen. Ich hatte oft das Gefühl, ich sollte erahnen, wie es meinen Eltern geht, doch das konnte ich nicht. Ich dachte manchmal: Wenn das Leben jedes Menschen ein Schiff ist, dann bin ich nur auf den Schiffen meiner Eltern unterwegs, damit ich rechtzeitig ahnen kann, was los ist. Auf meinem Schiff war keiner zu Hause. Mein eigenes Leben kann ich immer noch anfangen zu leben, wenn ich 96 bin, so hat ein Teil von mir damals gedacht. Falls ich zufällig vor meinen Eltern sterben würde – dann hätte ich eben Pech gehabt. Es wäre so viel einfacher gewesen, wenn sie mir einfach gesagt hätten, was los ist.

Kommen sie – kommen sie nicht – kommen sie – kommen sie nicht? Monatelang kreiste ich um diese Frage. Am Abend vor der Hochzeit erfuhr ich: Sie kommen. Ich konnte es nicht glauben. Meine Tante, die jüngste Schwester meines Vaters, hatte ihm gut zugeredet. Danke dafür!

Ich kann es bis heute nicht glauben, wie es damals trotz aller Widrigkeiten möglich war, dass diese Hochzeit wirklich stattfand. Der Satz „Was Gott zusammengefügt hat, das darf der Mensch nicht scheiden" bekommt hier für mich noch mal eine ganz andere Kraft. Das, was wir in unserem Seelenplan mitgebracht haben, ist doch stärker als vieles andere. Ich hätte mich nie als mutig beschrieben. Heute wundere ich mich sehr darüber, dass ich es durchgezogen habe. Ich hatte mich nicht gegen meine Eltern entschieden, sondern für mich! Ich habe mich für die Liebe entschieden. Ich habe mich für Christian entschieden. Das war auch ein ganz kleiner Schritt in meine Selbstliebe zu mir. Es war die Liebe zu mir selbst und zu meinem Leben. Zu meinem Wünschen und zu meinem Wollen. Die Macht der Liebe kann wirklich Berge versetzen! Ich habe eine so große Demut vor der Macht der Liebe!

Meine deutschen Schwiegereltern und meine Eltern sind sich am Tag der Hochzeit zum ersten Mal begegnet. Es war ein traumhafter und heißer Sommertag mit einem wolkenlosen blauen Himmel. Die Sonne schien den ganzen Tag. Doch ich war total angespannt. Ich hatte immer noch Todesangst, den ganzen Tag über. Ich hatte keine Garantie, dass er gut enden würde. Durch die vielen schlechten Wünsche und Vorwürfe, die ich seit Monaten von meiner Mutter an den Kopf geworfen bekommen hatte, war ich gar nicht mehr richtig bei mir.

Meine Mutter ging morgens mit mir zum Friseur. Sie saß neben mir, sprach kein einziges Wort und schaute mich böse und verbittert an. Ein Teil von mir freute sich sehr. So sehr, dass dieser Hochzeits-tag wirklich stattfand. Dann wollte sie bezahlen, denn das sei der einzige Grund, weshalb sie mitgekommen sei, sagte sie. Aha. Es war also ihre Pflicht. Denn anscheinend bezahlte die Brautmutter den Friseur. Das wusste ich gar nicht. Darüber hatten wir nie gesprochen. Nach dem ganzen Drama, das der Hochzeit vorausgegangen war, wollte ich nichts von ihr annehmen. Doch ich traute mich nicht zu sagen „Nein, danke!". Dabei war ich schon sehr früh daran gewöhnt, alles selbst zu bezahlen. Ich log und sagte, dass Christian mir Geld für den Friseur mitgegeben hatte. Christian hatte, genauso wie ich, keine Ahnung, was man bei einer Hochzeit tut und wer welche Kosten übernehmen soll. Das ist auch bei jeder türkischen Familie anders. Wir beide wollten unsere Hochzeit selbst bezahlen. Das war unsere Vorstellung.

Als wir nach Hause kamen, sah ich, dass er bereits da war. Er war schon beim Gärtner gewesen und hatte den roten Camaro, den wir von einem Freund für diesen Tag ausgeliehen hatten, mit wunderschönen Blumen zu einem tollen Hochzeitsauto geschmückt. Oh je, oh je, dachte ich. Er ist alleine mit meinem Vater! Sie waren sich zum ersten Mal begegnet. Ich wollte direkt zu ihm und ihn unterstützen und (ein bisschen Kontrollfreak) um nach dem Rechten zu schauen. Da wurde meine Mutter wieder wütend. Ich hatte doch gesagt, er dürfe mich erst im Brautkleid sehen, warf sie mir vor. Durch das Hochzeitsauto merkte ich – es findet wirklich statt. Es war gar nicht seine Art, so überpünktlich zu erscheinen. Am Abend zuvor wollte sich ein Kollege noch mit ihm treffen. Er hatte abgesagt, weil er noch eine Hose kaufen wollte. Auf die Frage des Kollegen, warum er diesen Einkauf nicht auf den nächsten Tag verschieben könne, sagte Christian: „Das geht nicht, da heirate ich und dafür brauche ich eine neue Hose."

Nach der Trauung auf dem deutschen Standesamt in Bad Ditzenbach wollten wir mit mehreren Autos hintereinander nach Salach fahren, um dort zu feiern. Meine Eltern wollten geschwind die vielen Blumen, die wir bekommen hatten, zu Hause versorgen. Wir warteten auf sie, bevor wir den Konvoi begannen. Die Zeit des Wartens kam mir ewig vor. Topften sie die Blumen noch um? Würden sie überhaupt wiederkommen oder würde es noch zu einer Katastrophe kommen? Obwohl es meine eigene Hochzeit war, konnte ich den Moment nicht genießen. Ich war mit meiner Aufmerksamkeit bei meinen Eltern und ganz besonders bei meiner Mutter. Ich wollte es ihnen recht machen.

Sie kamen wieder zurück und es ging endlich los. Für die

anderen war das wahrscheinlich kein wirkliches Warten gewesen, denn alle meine Freunde waren noch anwesend und wir hatten Spaß zusammen.

Auf der Burg Staufeneck war das Mittagessen geplant. Es gab ein großartiges Sieben-Gänge-Menü. Seine Oma (Oma meines Mannes) hat die Menü-Karte gelesen und schaute zu meinem Schwiegervater und fragte ihn: „Was nimmst du – ich nehme das." Sie hörte etwas schlecht und wollte kein Hörgerät. Er antwortete: „Oma, das alles gibt es!" Sie schaute ihn an – und wiederholte: „Also ich nehme das." Und so ging es ein paarmal hin und her. Ich fand es lustig.

Das Essen hat meinem Vater sehr gut gefallen und gut geschmeckt. Er hat mich wirklich gefragt, ob er das Essen bezahlen soll. Diese Frage kam irgendwie automatisch. Es war, als ob ein anderer Vater plötzlich dasaß. Ich war nur dankbar, dass er doch überhaupt dabei war. Nein, natürlich wollte ich auch nichts von ihm annehmen. Schon gar nicht nach der ganzen Vorgeschichte. Wie schon gesagt, hatten Christian und ich entschieden, dass wir beide gemeinsam die Kosten teilten. Als ich bezahlen wollte, erfuhr ich, dass mein Schwiegervater schon heimlich alles bezahlt hatte. Sehr interessant, dieser Start in unsere gemeinsame Zukunft! Für mich war das übergriffig.

Das Abendessen fand in einem türkischen Lokal in Stuttgart statt, mit Bauchtanz. Ein Freund von uns nahm unsere Hochzeit und unser gemeinsames Festessen auf Video auf. Wenn wir später dieses Video angeschaut haben, bekam ich dabei richtige Bauchschmerzen und mir wurde immer schlecht. Zu sehen und zu beobachten, wie angespannt alles war, war im Nachhinein schrecklich für mich. Es war nur ein pflichtbewusstes Zusammensein, extrem steif, starr und angespannt. Ich meinte, auf einer Beerdigung mehr Liebe und Harmonie erkennen zu können als auf meinem Hochzeitsvideo.

Heute kann ich klarer sehen, was damals gelaufen ist: Wir alle hatten unsere Aufmerksamkeit auf das gerichtet, was wir nicht hatten: Meine Eltern hatten keinen türkischen Moslem als Schwiegersohn. Keine Tochter, die es ihnen recht machte und ihre Erwartungen erfüllte. Und ich hatte keine Eltern, die mir vertrauten und mir den Rücken stärkten. Die zwar an Gott beteten, aber ihm nicht vertrauten, sondern lieber alles selbst unter Kontrolle hatten. Ich hatte keine Eltern, die sich mit mir an meinem Hochzeitstag freuten.

Wie oft im Leben lenken wir die Aufmerksamkeit auf das, was nicht da ist oder falsch ist? In einem Land, in der Gesellschaft, in der Schule ...

Als ich ein paar Jahre später zu meiner Mutter sagte, dass ich eigentlich keine richtige Hochzeit hatte, war sie sehr überrascht über meine Aussage. „Wieso denn das? Du hattest doch ein weißes Kleid, ein Essen und einen Hochzeitskuchen! Was willst du eigentlich mehr?", fragte sie. Stimmt, aus ihrer Sicht hatte sie doch vollkommen recht. Es ist eben immer nur eine Sichtweise!

Die Vergangenheit ist, wie sie ist. Doch sie ist nur ein Aspekt der Realität und nicht der Grund und Boden für alles, was heute ist. Die Vergangenheit spielt eine Rolle. Aber eine noch viel größere Rolle spielt, wie ich heute zu dieser Vergangenheit hinschaue, wie ich heute über sie denke und fühle. Es ist nie zu spät für eine glückliche Kindheit, sagt man. Ich entscheide, zu was ich diese Erfahrungen von damals machen will.

Ich richte mich innerlich aus und weiß: Früher oder später werden alle Wunden in mir ganz geheilt sein. Freiheit ist mir doch so wichtig. Also kann ich üben und erfahren, wie sehr ich mich als Seele frei von diesen Erfahrungen und Wunden machen kann.

Heute denke ich im Rückblick: Die Dinge sind nicht „typisch

türkisch" oder „typisch deutsch", sie sind typisch menschlich!

Manchmal heilen Wunden erst nach vielen, vielen Jahren. Manchmal in einem Moment, in dem man niemals damit gerechnet hätte. Im Juli 2017 machte ich eine solche Erfahrung. Sie war so tief greifend und interessant, für mich fast mystisch, dass ich sie hier mit dir teilen möchte. Mein Verstand begreift sie immer noch nicht so ganz. Über drei Wochen hinweg durchlebte ich ganz intensive und sehr heftige Gefühle und Gedanken und dachte: Das bin doch nicht ich! Und auch: So kenne ich mich gar nicht. Was ist denn los mit mir?

Der Auslöser war, dass mein Mann eine Erwartung von mir nicht erfüllt hatte, also eigentlich eine Lappalie. In den ersten drei Tagen hatte ich wieder Selbstmordgedanken. Das war zwar komplett absurd, wenn man die Situation von außen betrachtete, aber ich hatte es nicht mehr unter Kontrolle. Es war, als ob ein Film in meinem Körper abliefe und ich nur noch Zuschauer war. Ich war total irritiert, teilweise wie unter Schock. Doch ich konnte es aushalten. Ich konnte es ertragen. Ich konnte es immer besser beobachten. Oft hatte ich das Gefühl, ich spielte meine Mutter. Ich sagte sogar zu meinem Mann: „Jetzt rede ich wie meine Mutter, das bin doch nicht ich, oder etwa doch?"

Das war an und für sich auch nichts Schlechtes, aber die Gefühle dazu waren absurd. Es war ein buntes Wirrwarr von Wut, Ärger, Ohnmacht und mehr. Ich sagte fast alle Termine mit Freundinnen ab in dieser Zeit und war viel zu Hause, weil ich mit dieser Situation komplett überfordert war.

Wenn heute meine Reaktion auf eine Begebenheit absurd oder stark übertrieben ist, weiß ich: Es hat nichts mit dem Hier und Jetzt zu tun. Nach drei Wochen dieses intensiven Gefühlschaos hatte ich morgens beim Zähneputzen die Erkenntnis: Es geht gar nicht um das Hier und Jetzt, den Juli 2017, sondern um das Jahr 1991!

Schon an den Selbstmordgedanken, die ich bis dahin nur einmal in meinem Leben gehabt hatte, hätte ich erkennen können, dass es wieder um das gleiche Thema ging. Doch ich erkannte es erst nach diesen drei durchlebten Wochen – immerhin.

Jetzt war der Augenblick, in dem ich – endlich – in all das damals Geschehene noch einmal hineingehen konnte. Jetzt konnte es endlich an die Oberfläche kommen, was sich seit 26 Jahren wie ein Kaffeesatz irgendwo in meinem Körper versteckt und auf mich gewartet hatte. Ich hatte jetzt das erlebt und gelebt, was ich vor 26 Jahren nicht gelebt hatte, weil ich damals als Jugendliche im Schockzustand war und in meine Traumwelt geflüchtet war, in meine eigenen Träume, Hoffnungen und Visionen.

Menschen, die einen Unfall haben, nehmen im Augenblick selbst die Tragik des Unfalls gar nicht wahr. Das kann so weit gehen, dass sie nicht einmal körperlichen Schmerz empfinden.

Ich habe einmal beim Wandern blutige Fersen bekommen, weil die Schuhe so sehr gedrückt haben. Ich habe nichts gesagt. Ich wollte die Wanderung nicht abbrechen. Mein Mann war danach total erschrocken, wie ich überhaupt mit so blutigen Fersen ohne Schreien laufen konnte. Ich denke, ich konnte mich zu der Zeit gut von mir selbst abspalten, um den Schmerz nicht zu fühlen. Ich habe es mir in meiner Kindheit schon antrainiert, mich von meinem Körper abzuspalten, wenn ich Schmerz empfand, um ihn nicht mehr zu spüren.

In den letzten Jahrzehnten habe ich viel an mir gearbeitet, an meinem sogenannten Emotionalkörper und meinem Mentalkörper, doch das Trauma war noch nicht herausgearbeitet. In meinem System saß immer noch diese Starre. Nicht gelebte Gefühle können nicht fließen. Sie bleiben irgendwo im Körper stecken.

Wenn jemand nicht trauern kann, wenn er nicht intensiv in das Gefühl des Leides, des Schmerzes, des Abschiednehmens hineingehen kann, dann bleibt die Trauer im System. Irgendwann zu einem späteren Zeitpunkt kommt sie hoch, weil das Wesentliche, durch das die Seele ja auch lernen und reifen wollte, nicht geschehen ist. Man hat es zwar einerseits erlebt, äußerlich, aber innerlich nicht. Und eine Möglichkeit, sich davon zu befreien, ist, dieses Erleben nachzuholen. Das geschah damals in diesen drei Wochen bei mir.

Jetzt konnte ich fühlen, wie meine Mutter damals gefühlt hatte, als ihre Erwartungen von mir nicht erfüllt wurden. Ich konnte zum ersten Mal wirklich beide Seiten fühlen. Gleichzeitig habe ich selbst endlich gefühlt, sogar körperlich noch einmal durchlebt, was ich vor 26 Jahren nicht habe fühlen und erleben können. Denn dann hätte ich mich damals wahrscheinlich wirklich umgebracht!

Nur weil ich diese Teile abgespalten oder unterdrückt hatte, konnte ich meinen Weg trotzdem weitergehen. Mithilfe der Kraft und Stärke und der Impulse, die aus meiner Seele kamen. Denn meine Seele ist stark.

Es ging auch damals nicht um meinen Mann oder meine Hochzeit. Es ging um das Thema des Kampfes, der Durchsetzung meines eigenen Wünschens und Wollens, das hier emporkam. Mein Wille war viele Jahrzehnte unterdrückt und gebrochen worden. Jetzt konnte ich das Muster, mich in unerträglichen Situationen von mir selbst abzuspalten, endlich durchbrechen. Ich hatte mir bewiesen, was ich alles aushalten kann. All der Ärger, der Zweifel, die Traurigkeit und vieles mehr konnten mich nicht umbringen.

Indem ich mich dieser Situation noch einmal stellte, sie aushielt, ohne Widerstand zu leisten – alles einfach annahm, wie es gewesen war –, war endlich etwas in Fluss gekommen. Und ich konnte mich von meinen Gefühlen frei machen.

Natürlich darf ich weiterhin meine Gefühle haben, darf wütend und traurig sein und ich darf es äußern. Sie dürfen fließen, diese Gefühle. Und zwar gleich in dem Augenblick, in dem sie durch etwas angeregt werden. Heute bin ich im Fluss des Lebens, der manchmal bis in die Vergangenheit oder in die Zukunft fließt.

Als ich im Sommer 2017 meinem Mann von meinen neuen Erkenntnissen erzählte, kullerten bei mir sehr viele Tränen die Wangen herunter und ich fühlte mich augenblicklich 20 Kilo leichter. Ich fühlte mich wie neu geboren. Sinnigerweise waren diese Wochen um meinen Geburtstag herum gewesen.

Diese drei Wochen erfahren und erleben zu dürfen, war eine Gnade. Das war ein großer Schritt für mich, Frieden, echten Frieden zu schließen. Es lag nicht in meiner Hand, wann es passieren würde. Es hat 26 Jahre gedauert. Und jetzt fühle ich mich frei wie noch nie zuvor in meinem Leben. Es gibt kaum Bilder und Worte, diese innere, echte Freiheit zu beschreiben.

„Eltern sind die größte Tür in die eigene Freiheit." Diesen Satz, ich fand ihn bei Robert Betz, hatte ich schon oft gelesen und gehört. Bevor ich diese drei Wochen im Juli 2017 erlebt hatte, habe ich beim Schreiben dieses Buches erst bemerkt, dass ich mit meiner Mutter doch noch nicht ganz im Frieden war, obwohl ich dachte, dass ich es sei. Manche Wunden brauchen eben länger, dachte ich. Wie immer habe ich es gedacht und nicht gefühlt. Ich wünschte mir, dass ich auch zu meiner Mutter irgendwann echten Frieden finden werde. „Bittet und euch wird gegeben", heißt es doch in der Bibel. Durch diese drei Wochen bin ich wirklich in meine Freiheit gekommen. Ich bin frei. Das Gefühl, das bis zu diesen drei Wochen im Juli noch da war, ist nicht mehr da. Es ist einfach weg. Ich erinnere mich in meinem Kopf noch daran, doch es ist, als ob es sich in Luft aufgelöst hat.

Vielleicht habe ich noch etwas Luft nach oben mit meiner Freiheit? Vielleicht ist es wie mit einer Geburt, dass es noch ein paar Wochen und Monate dauert, bis alles wirklich integriert ist? Aber schon jetzt fühlt es sich einfach genial an. Ich dachte immer, dieses Buch zu schreiben lohnt sich, wenn es nur einer einzigen Person auf der Welt eine Hilfe und Unterstützung sein kann. Interessanterweise hat mir der Prozess des Schreibens an diesem Buch in meine echte Freiheit geholfen.

Ich arbeite jetzt schon mehrere Jahre daran (seit meinem 40. Geburtstag), alles, was ich von anderen übernommen habe, alles, was gar nicht zu mir gehört, wieder nach und nach abzulegen. Mich wie eine Zwiebel zu schälen. Schale für Schale.

Ich kann heute sagen: Ich habe keine Erwartungen mehr. Somit kann ich nicht mehr ent-täuscht werden. Das bedeutet auch, ich täusche mich selbst nicht mehr. Ich nehme den Augenblick, so wie er ist. Das fühlt sich viel entspannter und viel leichter an. Vielleicht schaffe ich es im Moment (noch) nicht 24 Stunden am Tag, so zu empfinden. Aber ich übe bis zum letzten Atemzug in meinem Leben.

MEINE ERKENNTNIS:

Die Liebe ist die größte Kraft auf der Erde!

Ich – deine Erzieherin

Deine kleine Hand, sie greift nach mir,
will sagen, ich gehe jetzt mit dir.
Und schenkst mir dein unschuldiges Vertrauen,
du spürst, du kannst immer auf mich bauen.

JA, ich will dich beschützen und begleiten,
von Anfang an gut durchs Leben leiten.
Dir meine Liebe schenken
und dabei auch Werte und Normen bedenken.

Denn du bist Teil unserer morgigen Welt,
die LIEBE soll darin regieren
und weniger das Geld.

Gabriele Elisabeth Detzel

Ehe und unsere schönsten Jahre

Von klein auf wurde mir erzählt und beigebracht, dass Türken und Deutsche so verschieden und so anders sind. Das haben beide Seiten immer betont und wiederholt. Doch genau das Gegenteil waren meine eigenen Erfahrungen, die ich besonders auch durch meine Ehe beobachten und erleben konnte.

Nach der Hochzeit verhielten sich meine Eltern meinem Mann gegenüber anders. Wenn er jetzt schon offiziell der Schwiegersohn war, gehörte er irgendwie zur Familie. Er ist nicht nachtragend. Er hat es geschafft, mit seinem Humor und seiner leichten Art die Herzen meiner Eltern zu erreichen, soweit dies eben möglich war.

Ich habe selbst erfahren dürfen, dass er nicht nur Deutscher war, er war auch ein Mensch wie ich. Er hatte auch zwei Arme und zwei Beine und sein Herz auf dem rechten Fleck, so wie ich. Er war auch ein Kind Gottes, so wie ich. Er war auch ein Erdenbürger, so wie ich. Ich habe nicht wirklich einen Unterschied sehen, fühlen und erfahren können. Es war nur in meiner Vorstellung so gewesen, wie es mir von klein auf von jedem Türken, aber auch von den Deutschen gesagt wurde.

In meiner Kindheit wurde in meinem Umfeld erzählt, dass die

Deutschen die Ungläubigen und somit die Bösen sind. Die Türken waren die Gläubigen und somit die Guten. Ich verstehe bis heute nicht, warum das gesagt und von Generation zu Generation so weitergegeben wird. Mein Mann konnte weder eine Ameise umbringen noch einen Regenwurm. Er war der Spinnenbeauftrage bei uns. Ich hatte Angst vor Spinnen und er hat es mit Gläsern, Bierdeckeln und Tüchern immer wieder geschafft, die Spinnen lebendig aus unserer Wohnung in die Natur zu bringen. Er sollte ungläubig sein? Er sollte böse sein? Wie viele türkische Männer und Brüder haben ihre Schwester oder Tochter umgebracht? Im Wissen der Mutter. Sie alle sollten die Gläubigen sein? Ist Mord laut dem Koran nicht auch eine Sünde?

1989 wollte ich gern meinen Großvater nach Deutschland einladen, um ihm eine Freude zu machen. Ich liebe es, anderen Menschen eine Freude zu machen. Er war noch nie geflogen und ich wollte ihn persönlich in Istanbul abholen und wieder zurückbegleiten. Ich war mir absolut sicher, ihm damit eine Freude zu machen, wenn er endlich selbst sehen konnte, wo seine Tochter, also meine Mutter, seit 25 Jahren lebt. Voller Vorfreude erzählte ich ihm von meiner Idee. „Nein", war seine energische und kurze Antwort. „In das Land der Ungläubigen setze ich keinen Fuß!" Ich war geschockt. Bisher dachte ich, dass er ein friedlicher alter Mann ist. Er hatte bisher noch nie persönlich einen Deutschen gesehen. Heute bin ich mir nicht sicher, ob ein Teil von ihm einfach Angst hatte. Was wäre gewesen, wenn seine Erfahrungen in Deutschland ganz anders als seine Vorstellungen gewesen wären? Wenn er erfahren hätte, dass die Deutschen auch Kinder Gottes und ganz normale Menschen sind wie wir? Dann hätte er ganz kräftig umdenken und umfühlen müssen. Seine ganzen Vorstellungen hätte er hinterfragen müssen und sein

Weltbild wäre womöglich zusammengebrochen wie ein Kartenhaus.

Auch bei meinen Schwiegereltern sah ich nicht wirklich einen Unterschied zu meinen Eltern. Ich konnte fast nur Gemeinsamkeiten erkennen. Sie waren wie Zwillingsgeschwister. Ich bin sehr dankbar, dass ich meine eigenen Erfahrungen gemacht habe. Und ich bin mir selbst sehr dankbar, dass ich nicht einfach blind die Aussagen von anderen übernommen habe.

Auch hier machte ich eine interessante Erfahrung: Wenn meine Schwiegereltern kamen, brachten sie einen Kuchen mit und ein Kilo Kaffeepulver. Ich musste eigentlich nur das Geschirr beitragen zu unserem Kaffeetrinken. Andere Schwiegertöchter wären vielleicht froh gewesen, nichts mehr zu tun zu haben. Wir Türken haben die Gastfreundschaft doch erfunden, dachte ich, für mich fühlte es sich damals befremdlich an, fast wie eine Ohrfeige. Dabei meinten sie es nur gut. Sie waren in ihrem Denken und ihren Gewohnheiten wie ich in meinen.

Am Anfang habe ich mich gewehrt und erklärt, dass ich doch gerne selbst etwas kochen, backen oder anbieten möchte. Bei uns ist das aber schon immer so gewesen, war ihre Antwort. Eine klare Aussage. Das war mir von zu Hause vertraut.

Auch hier erlebte ich das Thema Macht und Ohnmacht wieder. Ich habe mich dann zwar mit den Jahren arrangiert, aber war nie wirklich glücklich damit, dass andere entscheiden, was ich ihnen zum Essen anbieten soll. Vielleicht wäre mir das nie aufgefallen, wenn ich es nicht in meiner Kindheit schon erlebt hätte? Vielleicht hätte es mir weniger ausgemacht, wenn ich in meiner Kindheit mehr freien Willen gehabt hätte? So oder so: Das Leben wollte mir etwas Wichtiges zeigen.

Mein Mann war Unternehmensberater und die ganze Woche in

den neuen Bundesländern tätig. Er war in den ersten sieben Jahren nur am Wochenende zu Hause. Ich war zwar jetzt offiziell verheiratet und endlich weg von zu Hause, dennoch war ich die ganze Woche allein auf mich gestellt. Endlich konnte ich meine Freiheit leben. Das war noch viel schöner als in meinen Vorstellungen, die ich vorher davon hatte. Ich machte gar nichts Besonderes, aber ich fühlte mich einfach nicht mehr kontrolliert. Das war die größte Freiheit. Ich war sehr eigenständig und alles war ab jetzt unter meiner Verantwortung, vom Sprudelkisten einkaufen und schleppen, Hausfrau und Putzfrau spielen ... Ich machte alles selbst und mein Mann konnte entspannt am Wochenende nach Hause kommen.

Ich war sehr glücklich, obwohl ich vom Umfeld viele ungebetene Ratschläge bekam, dass ein Ehemann normalerweise jede Nacht zu Hause sein sollte. Als ich fragte, warum, war die Antwort, das sei halt so. Das war noch nie ein richtiges Argument für mich.

Heute denke ich: Habe ich das Leben einer Partnerin geführt – oder eher das einer Mutter? Mein Vater hat nur zehn Minuten Fußweg von zu Hause entfernt gearbeitet. Jede Mittagspause kam er zum Essen nach Hause und um 16:00 Uhr hatte er Feierabend. Dennoch habe ich ihn als abwesenden Vater der Kindheit in Erinnerung. Er hat seinen Feierabend oft mit seinen Freunden beim Kartenspielen und Bier verbracht und damals war er oft lustig. (Seit er 2002 in Mekka war, trinkt er keinen Tropfen Alkohol mehr.) Wir Kinder waren auf uns alleine gestellt bzw. ich hatte ja die Verantwortung über meine Schwestern. Meine Mutter war teilweise über zehn Stunden außer Haus. Wenn mein Vater da war, war er emotional nicht da, so empfand ich es. Wir haben ihn nicht interessiert und waren unsichtbar für ihn. Seine Familie – das waren seine Geschwister in der Türkei. Was wir, seine Frau und seine Töchter, damals für ihn waren, das weiß ich nicht. Hatte ich mir aus diesem Muster heraus einen Mann herausgesucht, der auch nie da war?

Meine Schwester und ich waren 25 Jahre lang auch Arbeitskolleginnen. Ungefähr sechs Monate nach meiner Hochzeit sagte sie während der Arbeit zu mir, zwischen Tür und Angel, sie müsse mir etwas von unserer Mutter ausrichten. Bei uns im Islam sei es Pflicht, sich nach dem Sex zu duschen. Ich war sprachlos! War das der richtige Zeitpunkt und der richtige Ort und die richtige Person, um mir das ausrichten zu lassen? Ausgerechnet von meiner jüngeren Schwester, die noch nicht verheiratet war und deshalb offiziell noch nichts davon wissen durfte? Ich telefonierte fast täglich mit meiner Mutter. Warum hatte sie es mir nicht selbst gesagt? Warum nahm sie meine Schwester dafür her? Dachte sie, das Telefon sei nicht der richtige Ort, um diese Nachricht zu übermitteln?

Ich hatte in dem Buch „Nicht ohne meine Tochter" von Betty Mahmoody von dem „Duschen danach" gelesen und hatte es dadurch zufällig schon vor meiner Hochzeit erfahren. 1991 gab es in Deutschland ständig fließendes warmes und kaltes Wasser aus dem Wasserhahn, und das Duschen war nicht mehr ausschließlich auf Samstagnachmittage reduziert. In den 70er-Jahren war samstags Badetag, auch bei vielen Deutschen in meinem Umfeld. Danach schaute die Familie gemeinsam Disco mit Ilja Richter an. Damals gab es nur drei Fernsehprogramme. War diese Bemerkung nicht allein dadurch schon hinfällig?

Mein Mann und ich bekamen keine Kinder. Warum auch immer, es klappte nicht. Jetzt auch noch das! Ich hatte gegen den Willen meiner Eltern einen deutschen Mann geheiratet und jetzt bekam ich keine Kinder. Am Anfang fragte ich mich, ob das die Strafe Gottes war. Laut den Ärzten waren wir beide gesund und zeugungsfähig.

Kinder adoptieren war keine Option für uns beide.

Der Satz „Wer weiß, wofür das gut ist" hat mir immer weitergeholfen. Heute weiß ich, dass es keinen strafenden Gott gibt. Nur wir Menschen können so denken.

Es hat noch ein paar Jahrzehnte gedauert, doch heute bin ich im Frieden damit, dass ich keine Kinder habe. Es hat mir nie wirklich etwas gefehlt. Ich spürte eigentlich immer nur den Druck der anderen, die mir das Gefühl vermittelten, ich müsste Mutter werden, ansonsten war etwas falsch an mir. Es gab sehr viele Türken, Deutsche, Frauen und Männer, die mich immer wieder ganz direkt, vorwurfsvoll und unsensibel gefragt haben, warum ich denn keine Kinder habe. Ich habe auf diese doch sehr intime Frage nie ganz ehrlich geantwortet und habe dann noch zusätzlich Vorwürfe bekommen. Zu dieser Zeit war ich selbst mit der Situation überfordert. Jahrzehnte habe ich gehofft, dass es doch noch irgendwie klappen könnte. Ich wusste, Kinder kommen, wann sie wollen. Damals habe ich mich nicht getraut, den Fragenden zu antworten: „Das geht dich gar nichts an!"

Heute bin ich mir unsicher, ob es jemals mein eigener Wunsch war, Kinder zu bekommen. Auch hier stellt sich wieder die Frage: Woran erkennt man die Meinungen und Wünsche der anderen? Woran die eigenen?

Heute bin ich uns beiden und besonders mir selbst unendlich dankbar, dass ich mich nicht ausschließlich mit dem beschäftigt habe, was ich nicht habe: Kinder. Meine Aufmerksamkeit war mehr auf dem, was ich habe. Ich habe ein schönes Leben und ich bin gesund.

Das war auch der Grund, warum ich meinen Körper nicht in die Hände der Ärzte gegeben habe, um jede nur erdenkliche Möglichkeit auszuprobieren, damit es doch klappt.

Heute weiß ich: Ich habe mir immer viel Leid und Schmerz in mein Leben gezogen, wenn ich es anders haben wollte, als es war. Für dieses Leid war ich immer selbst verantwortlich – durch meine Gedanken und meine Gefühle. Es waren nie die Ereignisse im Außen dafür verantwortlich. Es war immer nur meine Sichtweise darauf, meine Einstellung dazu und meine Erwartungen, die Kummer verursacht haben.

Obwohl wir monatlich einen sehr hohen Betrag für unsere Eigentumswohnung bezahlten, hatten wir ein sehr schönes Leben. Ich bin sehr genügsam und für mich selbst habe ich wenig Geld ausgegeben. Wir haben auch viele wunderschöne Urlaubsreisen unternommen, obwohl mein Schwiegervater das nicht so gerne gesehen hat. Er war der Meinung, wir sollten lieber unser Geld sparen und später leben. Aber ich wollte mein Leben noch nie auf die Rente verschieben. Mein Ziel war es auch nicht, die reichste Frau auf dem Friedhof zu sein. Ich sagte, das Leben findet jetzt statt. Mein Mann hatte eine große Freude an unseren Urlauben und an meiner Art und Weise, die Welt zu entdecken. Auf unseren Reisen waren wir ganz selten eine ganze Woche am selben Ort. Wir sind immer nur zwei bis drei Tage an einem Platz gewesen und sind dann weitergezogen, damit wir so viele Eindrücke wie möglich aus diesen Ländern bekamen. Ich war immer der Reiseleiter und hatte eine große Freude beim Planen und Organisieren dieser Reisen. So haben wir gemeinsam die Welt bereist und viele WUNDERvolle Erlebnisse auf dieser traumhaften Erde erlebt. Danke dafür!

MEINE ERKENNTNIS:
Genieße den Augenblick!

Unsere tiefste Angst

Unsere tiefste Angst ist es nicht, ungenügend zu sein, unsere tiefste Angst ist es, dass wir über alle Maßen kraftvoll sind. Es ist unser Licht, nicht unsere Dunkelheit, das uns am meisten Angst macht.

Wir fragen uns, wer bin ich denn, um von mir zu glauben, dass ich brillant, großartig, begabt und einzigartig bin?

Aber genau darum geht es, warum solltest du es nicht sein? Du bist ein Kind Gottes. Dich selbst kleinzuhalten, dient nicht der Welt. Es ist nichts Erleuchtetes daran, dich zurückzunehmen, nur damit sich andere Menschen um dich herum nicht verunsichert fühlen.

Wir sind geboren worden, um den Glanz Gottes, der in uns ist, zu manifestieren. Er ist nicht nur in einigen von uns, er ist in jedem Einzelnen.

Und indem wir unser Licht scheinen lassen, geben wir anderen Menschen unbewusst die Erlaubnis, das Gleiche zu tun.

Wenn wir von unserer eigenen Angst befreit sind, befreit unsere Gegenwart automatisch andere.

Marianne Williamson
(Quelle: http://du-bist-frei.org/impulse-und-zitate-26/)

Mein Wake-up-Call

Schmerz und Leid sind die Hauptmotivation für sehr viele Menschen, sich zu bewegen. So war es auch bei mir. Wenn etwas wirklich wehtut, dann sind wir verwundbar und öffnen uns für notwendige Veränderungen. Erst wenn der Leidensdruck groß genug ist, bewegen wir uns. Heute weiß ich: Wenn du dich nicht bewegst, wirst du bewegt, und das ist meistens viel schmerzhafter.

An unserem zehnten Hochzeitstag geschah etwas Merkwürdiges. Ich wollte meinem Schatz eine sehr teure Uhr von Alain Silberstein schenken, die er sich so sehr gewünscht hatte. Beim Schenken sagte ich, dass dies mein Abschiedsgeschenk sei, denn ich hätte irgendwie keinen Zugang mehr zu ihm. Ich war selbst erschrocken über diese Worte. Ich wusste nicht, welcher Teil in mir diese Worte ausgesprochen hatte. Ich hatte gar nicht geplant, diese Worte zu benutzen. Sie kamen spontan, wie von selbst aus meinem Mund, als ob ich keine Kontrolle darüber hatte.

Es gab absolut keinen Anlass für meine Worte. Alles schien so perfekt. Wir führten eine glückliche Ehe. Und so vergingen die nächsten Tage, Wochen, Monate und Jahre wie im Flug. Unser Alltag funktionierte prima. Für mich war alles in bester Ordnung.

Zwei Jahre später habe ich ihm zu seinem 40. Geburtstag ein großes Überraschungsfest mit ca. 60 Gästen organisiert. Es war eine richtige Party mit viel Spaß, gutem Essen und viel Tanz.

Unsere beiden Familien, seine Arbeitskollegen, gemeinsame Freunde und auch meine Kollegen und Freundinnen waren dabei. Wir waren an unseren Geburtstagen immer verreist, deshalb war dies eine gute Möglichkeit, um mit allen gemeinsam ein Fest zu feiern. Da ich unser Hochzeitsfest nicht als richtiges Fest in Erinnerung hatte, war dies für mich unser erstes, richtiges, großes und vor allen Dingen harmonisches Fest mit Familie und Freunden. Meine drei Nichten waren neun, acht und fünf Jahre jung. Sie spielten zur Begrüßung auf der Flöte ein „Happy Birthday". Sogar mein Vater war dabei gerührt.

Mein Mann hatte nichts geahnt, war total überrascht und hat sich sehr gefreut. Es war ein voller Erfolg.

Gegen vier Uhr am nächsten Morgen war die Party zu Ende und der Raum musste am nächsten Morgen wieder sauber übergeben werden. Ich fuhr gegen fünf Uhr meinen müden Mann nach Hause, damit er schlafen konnte, und räumte die nächsten drei Stunden alles auf, entsorgte die leeren Flaschen ... und hinterließ alles picobello.

Freunde aus München hatten im Hotel übernachtet und wollten gegen zehn Uhr zu uns zum Frühstück kommen. Dafür wollte ich noch zu Hause eine Kleinigkeit vorbereiten, vielleicht noch selbst für eine Stunde ins Bett.

Erinnerst du dich? Nach unserer ersten Krise, als mein Mann einer anderen Frau diese große Geldsumme geschenkt hatte, hatte ich mir gesagt: „Lächle und sei froh, es könnte schlimmer kommen!" Und es kam schlimmer. Zwei Monate nach dieser Geburtstagsparty erfuhr ich, dass mein Ehemann seit zwei Jahren zwei (!) Geliebte hatte!

Was für ein Schock!

Das zog mir den Boden unter den Füßen weg.

Ich glaube, solch ein Schockzustand ist in dem Moment eine Hilfe. Vielleicht ist er zum Schutz für den Körper so eingerichtet, damit nicht alle Organe gleichzeitig versagen und man nicht augenblicklich stirbt.

Wenn ich mich im Schock befinde, gehe ich sofort in Distanz zu den vertrauten Menschen und zur Situation. Ich verliere die Nähe. Ich verliere mich selbst. In Schockzuständen kann ich nicht denken. Ich kann nicht fühlen. Mich nicht bewegen. Ich kann nicht sprechen. Ich bin in Starre. Ich bin wie gelähmt. Es gibt nichts, was ich dagegen tun kann – ich kann es nur aushalten. Alles läuft automatisch und ich habe keinerlei Kontrolle mehr darüber.

Innerhalb von zwei Minuten war nichts, wirklich gar nichts mehr in meinem Leben wie zuvor! Mit diesem Wissen war mein ganzes bisheriges Leben wie ein Kartenhaus zusammengebrochen. Die Liebe war und ist mir schon immer das Wichtigste in meinem Leben gewesen. Und jetzt? Wurde ich gerade an dieser Stelle vom Leben so sehr auf die Probe gestellt? Oder sogar k. o. geschlagen? Was für eine große Prüfung für mich.

An jenem Morgen nach der Überraschungsparty, nachdem ich ihn nach Hause gefahren hatte, hatte er anscheinend mit einer oder beiden telefoniert und sich über die tolle Party unterhalten. Ich – blöde Kuh – habe währenddessen alleine aufgeräumt.

Ich habe nicht alles auf einmal erfahren, sondern Stück für Stück. Woche für Woche. Erst sagte er etwas von zwei Monaten, nicht von zwei Jahren. Danke, denke ich trotzdem – denn er hätte auch die Option gehabt, weiterhin zu lügen.

Er war der erste und einzige Mann in meinem bisherigen Leben gewesen. Ich hatte ihm blind vertraut. Seit zwei Jahren noch zusätzlich zwei Geliebte nebenher – einfach unglaublich! Lady Di hatte viel

Herzschmerz über ihre Ehe zu dritt. Ich hatte zwei Jahre eine Ehe zu viert geführt! Das ist doch ein ganz schlechter Film, oder nicht? Hätte nicht ein One-Night-Stand gereicht? Die hatte er vielleicht auch? Nein – um das zu erleben und zu erfahren, hätte ich wirklich keinen deutschen Mann heiraten müssen, mein Leben dabei riskieren und mit meinen Eltern Stress bekommen! Nein, das hätte ich locker mit jedem türkischen Mann erleben können. Vielleicht wäre es nicht ganz so dramatisch gewesen? Gleich zwei und dann auch noch zwei Jahre lang? Oder hatte das alles gar nichts mit der Nationalität oder Religion zu tun? Meine Gedanken überschlugen sich.

Was war los mit Gott? War er im Stress oder hatte er Burn-out? Ich weiß zwar, dass Gott jedem von uns nur das gibt, was wir auch tragen können, aber warum machte er bei mir einen solchen Fehler – und gab mir doppelt? Ich war fassungslos. Am Boden zerstört. Ich dachte, ich bin in Sicherheit. Wenn ich nach zwölf Jahren Ehe nicht sicher planen kann, wann dann? Der Mann, mit dem ich seit zwölf Jahren Bett und Stuhl teile, den kenne ich anscheinend gar nicht? Vielleicht hatte ich in meinen Gedanken nur ein Bild oder eine Vorstellung von ihm? Vielleicht habe ich auch nur in meinen Vorstellungen gelebt und nicht klar gesehen?

Ich komme aus einer Familie, da brauchen wir sehr starke Zeichen, um uns zu spüren und uns zu bewegen. Bei einem One-Night-Stand hätte ich mich ganz sicher nicht bewegt.

Es war nicht am ersten Tag, dass ich dachte: „DANKE! Danke, lieber Schatz, was du dir hast alles einfallen lassen, damit ich mich bewege und meinem Seelenplan weiter folgen kann und du deinem." Das kam erst später.

Die Zeit, die ich durchlebte, war äußerst spannend. Ein Teil von mir war einfach nur dankbar, über jeden Tag und über alles, was wir bisher gemeinsam erlebt und erfahren hatten. Das kann mir niemand mehr nehmen, habe ich immer gesagt. Ich war so froh, dass mir niemand vorhergesagt hatte, „Diese Ehe wird nur zwölf Jahre gut gehen", denn dann hätte ich nur in Angst gelebt.

Oder hätte ich es dann noch bewusster genossen und gelebt? Bis zu dem Zeitpunkt dachte ich, wir hätten ja noch etwa 50 gemeinsame Jahre und alles war – leider – so selbstverständlich geworden. Jetzt konnte ich augenblicklich erfahren, wie endlich alles ist, wie endlich das Leben ist. Es ist ein großer Unterschied zwischen wissen und erfahren.

Heute, nachdem ich viel über das Thema „Seelenplan" und „Absprachen zwischen Seelen" gelesen habe, glaube ich daran, dass wir tatsächlich schon vor unserer Geburt planen, wie unser Leben verlaufen wird, welche großen Herausforderungen wir meistern wollen. Natürlich nicht alles bis ins kleinste Detail, aber eben grundlegende große Erfahrungen und Wachstumsmomente. Ich stelle es mir in etwa so vor, was Christian und ich gemeinsam „beschlossen" haben könnten: Wir waren beide im Himmel und saßen an einem runden Tisch. Wir waren Seelen, noch nicht in unserem jetzigen Körper inkarniert, und haben unser zukünftiges Leben besprochen. Ich sagte zu ihm: „Ich weiß nicht, wie es sich anfühlt, betrogen zu werden." Er streckte den Finger in die Höhe und sagte: „Okay, das übernehme ich. Vielleicht hast du aber bis dahin vergessen, dass dies eine Absprache in Liebe zwischen uns beiden ist?" „Das ist mir egal", antwortete ich. „Ich werde im Vertrauen bleiben, denn ich möchte so gerne erfahren, wie es sich anfühlt."

Wenn es wirklich so gewesen ist, dann war es eine sehr tiefgreifende Erfahrung, um die ich da gebeten hatte. Ich konnte damals, zu der Zeit, nicht mehr essen, nicht mehr trinken und nicht mehr richtig schlafen. Innerhalb einer Woche habe ich meine ersten grauen Haare bekommen. Ich bekam so viele graue Haare in dieser einen Woche, dass ich gleich um Jahre älter aussah.

Ein Jahr vorher hatte ich mit Joggen angefangen und wollte zum Anlass meines 40. Geburtstags in jenem Jahr in meiner Geburtsstadt Istanbul den Marathon laufen. Dieser Marathon war für den 19. Oktober 2003 angesetzt.

Nur einmal im Jahr bietet sich die Gelegenheit, zu Fuß den Bosporus, die schmale Wasserstraße zwischen dem Mittelmeer und dem Schwarzen Meer, zu überqueren. Asien und Europa werden mit der Europabrücke verbunden. Der Istanbul-Marathon heißt „Eurasia" und beginnt in Asien, geht über die Brücke nach Europa Richtung Atatürk-Flughafen und zurück zum Zieleinlauf ins Inönü-Stadion in Besiktas, genau 41,195 Kilometer.

Als Vorbereitung darauf und als Training wollte ich in Stuttgart den Halbmarathon laufen, der genau die Hälfte, also 21,1 Kilometer lang ist. Ich hatte noch genau vier Wochen zur Vorbereitung. Es fiel genau in diese Zeit, in der ich nicht mehr richtig essen, trinken und schlafen konnte. Doch dadurch wurde es mit dem Training schwierig. Als ich aus unserer Garage mit dem Auto herausfuhr, übersah ich den Sohn meiner Nachbarin und hätte ihn fast angefahren.

Ich wusste, ich muss jetzt endlich mit irgendjemandem darüber sprechen, sonst werde ich verrückt. Ich hatte noch nie über meine Probleme geredet. Das konnte und kannte ich nicht. So etwas gab es bei uns in der Familie nicht.

Ich habe von klein auf mehr in meiner Fantasiewelt gelebt und mir alles schöngeredet. Ich habe sehr früh angefangen, wie Pippi Langstrumpf zu denken – „Ich mach mir die Welt, widewide wie sie mir gefällt!" Das wurde sehr früh zu meiner Überlebensstrategie.

Meine Schwester hatte damals eine Ausbildung zum Heilpraktiker gemacht und stand kurz vor ihrer Abschlussprüfung. Ich habe mich ihr anvertraut. Es fiel mir sehr schwer. Ich fühlte mich schuldig, obwohl ich nichts getan hatte, und mein Ansehen und meine Ehe standen auf dem Spiel. Sie gab mir ein paar Globuli. Ich wurde sehr bald schon ruhiger und konnte wieder trinken.

„In guten und in schlechten Zeiten", hatte ich doch versprochen. Vielleicht waren das jetzt eben diese schlechten Zeiten? Ich dachte, wenn wir das nicht schaffen, kann das niemand! Wenn nicht wir – wer dann? So sehr habe ich an die Liebe geglaubt – an unsere Liebe geglaubt und so sehr habe ich an uns, an ihn und an mich, geglaubt. Ich habe mir das eine Woche lang angeschaut. Er kam zwar jede Nacht nach Hause, aber da es jetzt offiziell war, war er an einem Tag bei der einen Frau und am anderen Tag bei der anderen Frau. Er hatte zu dieser Zeit keine Arbeit und somit richtig viel Zeit für Frauen.

Ich beobachtete also eine Woche lang, dass mein geliebter Ehemann mal zu der einen Geliebten geht und am nächsten Tag zu der anderen und dennoch nachts immer wieder nach Hause kommt. In der Zeit machte ich gerade parallel sehr schmerzhafte Erfahrungen auf meiner Arbeitsstelle. Sie waren eine gute Vorbereitung auf diese Situation. Heute weiß ich: Gott spricht mit mir. Das Leben spricht mit mir. Immer! Auch wenn ich vielleicht nicht immer hinhöre. Inzwischen achte ich sehr auf die Zeichen des Lebens.

Nach einer Woche erkannte ich: Nein – egal was der Preis dafür ist, das möchte ich auf gar keinen Fall erleben und ertragen! Vielleicht gibt es viele Frauen, die keine Woche gewartet hätten. Mit dem Hintergrund meiner Kindheit und meiner Kultur, dass ich als Frau alles ertragen muss und alles hinnehmen muss, hätte ich ihn wahrscheinlich noch viele Jahre auf meinem Kopf herumtanzen lassen. So ist eben jeder anders und jeder hat seinen eigenen individuellen, einzigartigen Weg.

Heute weiß ich, es kommt überhaupt nicht darauf an, wie lange etwas dauert oder eben nicht dauert. Wichtig ist, dass es passiert, egal wann es passiert!

Ein ganz großer und schwerer Schritt kam auf mich zu. Ich dachte: Das ist der allerschwerste Schritt in meinem Leben. Obwohl ich meinen Mann noch abgöttisch geliebt habe und nicht wusste, ob ich ohne ihn überhaupt leben konnte, wusste ich, ich musste ihn loslassen. Ja, ich habe ihn immer noch geliebt.

Liebe hört ja nicht einfach über Nacht auf, nur weil der andere eine andere Meinung hat oder eine andere Vorstellung, sein Leben zu gestalten.

Jemanden loszulassen, den ich über alles liebte, der mir das Wichtigste und Liebste in meinem Leben geworden war, nein – ich konnte mir absolut nichts Schlimmeres vorstellen. Das war wie eine Operation am offenen Herzen ohne Narkose. Es war wie ein Sterben für mich. Er war wie der Atem in meinem Leben geworden. Ich konnte mir gar nicht vorstellen, wie ich ohne ihn leben sollte. Und doch – Liebe lässt frei. Liebe bedeutet loslassen. Liebe bedeutet frei-lassen. Liebe ohne Freiheit ist nicht wirklich möglich.

Ich habe auch erfahren, dass zwischen wissen und leben doch noch ein großer Unterschied ist. Ich lebe in Deutschland, im Land der Dichter und Denker. Wir wissen fast alles – aber was leben wir? Das wird mir immer wichtiger!

Heute weiß ich, dass der größte Schmerz nicht durch das entsteht, was in meinem Leben geschieht, sondern durch mein NEIN dazu. Durch mein „ich will nicht, dass es so ist, wie es ist". Durch mein

„es einfach anders haben wollen", als es bereits ist. Eigentlich etwas größenwahnsinnig, oder?

Ich machte meinem Schatz ein Angebot. Er solle bitte für drei Monate ausziehen, denn ich konnte keinen klaren Gedanken mehr fassen. Ich versprach ihm, dass er in drei Monaten wieder in sein Zuhause einziehen konnte. Bis dahin hätte ich Klarheit, ob er als Ehemann oder Freund oder ob er zukünftig dann alleine in dieser Wohnung residieren würde. Ich hatte den Eindruck, dass für ihn und für seine Eltern diese Wohnung schon immer sehr wichtig war.

Er zögerte und war selbst mit der ganzen Situation etwas überfordert. Es war natürlich auch eine sehr anstrengende Zeit, in dieser Situation gemeinsam weiterhin unter einem Dach zu leben. Jeden Tag darauf zu achten, trotzdem in der Liebe zu bleiben. Als der Juli vor der Tür stand, habe ich ihn sehr bestimmt aufgefordert, dass er bis Ende Juni gehen solle. Im Juli war mein 40. Geburtstag.

Ich habe ihm beim Auszug geholfen und unterstützt. Ich habe viele Umzugskartons für ihn gefahren und auch beim Einräumen geholfen. Das war selbstverständlich für mich.

Schlussendlich haben wir es auch unseren Familien gesagt. Ansonsten wollten wir es geheim halten, denn wir wussten nicht, wie es ausgehen würde. Ich hatte schon Angst: Was denken denn die Leute? Dieses Mantra war in jede meiner Zellen eingebrannt.

Zu meinem 40. Geburtstag hatte ich eine Schiffsreise mit der AIDA gebucht. Die Reise ging über Istanbul, deshalb hatte ich diese Reise ausgesucht. Ich wollte meine Eltern kurz besuchen, damit sie sich selbst ein Bild davon machen konnten, dass es mir gut geht.

Bevor ich diese Reise antrat, schrieb ich ihm eine SMS mit den Worten: „Ich schaue auf mein Leben zurück und sehe, mein Unglück war mein größtes Glück!"

Das habe ich damals noch nicht ganz so gefühlt und gelebt, aber ein Teil von mir ahnte es anscheinend schon.

MEINE ERKENNTNIS:

Alles hat einen Anfang und ein Ende. Das macht jeden einzelnen Augenblick so kostbar!

Nur wenn der Mensch des Äußeren beraubt wird wie Winter, besteht Hoffnung, dass sich ein neuer Frühling in ihm entwickelt.

Rumi

Zeichen des Lebens

Wie konnte ich nicht merken, dass er seit zwei Jahren noch zusätzlich zwei andere Frauen liebt? Warum hatte ich diese 856 Zeichen des Lebens ignoriert? Warum konnte oder wollte ich nicht sehen und nicht hören?

Wenn ich mich selbst rückwärts als Beobachter anschaue, merke ich, wie blind ich war. Vielleicht stimmt es doch, dass Liebe blind macht? Mein Körper hatte es gewusst und mir viele Zeichen geschickt. Ich hatte damals wieder verstärkt meine Kreislaufprobleme und fiel öfters in Ohnmacht. Das kenne ich seit meinem 16. Lebensjahr. Anscheinend fühlte ich mich ohnmächtig dieser Situation gegenüber. Ich hatte meinen Mann öfters gefragt, ob er mich betrügt. Warum hatte ich das gefragt? Einfach so fragt das doch niemand. Ich hatte doch auch erkannt, dass ich die letzten beiden Jahre keinen Zugang mehr zu ihm hatte. War die Uhr zum zehnten Hochzeitstag nicht bereits mein Abschiedsgeschenk? Das hatte ich doch so formuliert.

Ich wusste, dass er sich ab und zu mit anderen Frauen zum Kaffee traf. Da ich mir für mich mit einem anderen Mann nichts mehr als Kaffeetrinken vorstellen konnte, konnte ich mir bei ihm auch nichts anderes vorstellen. Ich wusste zwar, dass viele Männer oder Frauen ihre Partner betrügen, aber es waren für mich immer nur die anderen, doch nicht mein Ehemann! Nicht mich! In meiner Vorstellung gab es so etwas nicht und dadurch existierte es auch nicht für mich.

Mit einer bestimmten Frau war er jedoch ein paarmal zu oft ausgegangen. Als wir im Jahr zuvor gemeinsam in Istanbul meine Eltern besucht hatten, bin ich zur Nachbarin gegangen und wollte über diese Frau im Kaffeesatz lesen lassen. Das war damals ganz normal für mich. Ich bin mit Kartenlegen und Kaffeesatzlesen aufgewachsen. Das gehörte wie Zähneputzen ganz selbstverständlich zu meinem Leben. Die Nachbarin schaute in den Kaffeesatz und sagte, dass diese Frau einen Liebhaber habe. Einen großen, blonden Mann, der verheiratet sei. Danach war ich sehr beruhigt. Damals dachte ich mir, na ja, wenn sie einen Liebhaber hat, dann will sie bestimmt nichts von meinem Mann. Mein Mann hat dieses Kaffeesatzlesen nie gemocht.

Wenn ich heute an ihre Worte von damals denke, denke ich „Meine Güte – sie meinte ihn – meinen Mann! Was hätte sie sonst noch sagen sollen, damit ich es endlich kapiere?" Das war eines der vielen, vielen Zeichen, die ich vorher nicht sehen und hören konnte oder wollte. Und er, was hat er wohl damals gedacht? Meine Güte, ist sie bescheuert? Sie versteht ja überhaupt nichts, auch wenn man es ihr direkt sagt?

Heute lasse ich mir nicht mehr aus dem Kaffeesatz lesen. Ich will selbst meine Zukunft gestalten und mich nicht beeinflussen lassen. Und ganz wichtig – heute würde ich das Universum vorher um Erlaubnis fragen, ob ich überhaupt für jemand anderen schauen lassen darf. Das kann ich mithilfe der Kinesiologie austesten. Und die Antwort wird ganz sicher „Nein" sein. Es geht dich nichts an. Du darfst dich nur mit deinem eigenen Leben beschäftigen. Das weiß ich heute.

Vielleicht war es damals einfach noch nicht der richtige Zeitpunkt für mich, um klarer zu sehen? Vielleicht war mein Leidensdruck noch nicht stark genug? Zugegeben, ich war schon etwas unzufrieden in unserer Ehe in letzter Zeit. Mein Mann wurde immer mehr wie sein Vater, fand ich. Er war mit sich und seinem Leben unzufrieden, stand sich selbst im Weg und machte mich dafür verantwortlich. Dieses Verhalten war mir doch von meiner Kindheit sehr vertraut. Manchmal fühlte ich mich schon für das Wetter verantwortlich.

Als ich von seinem Doppelleben erfuhr, fühlte ich mich schuldig. Ich schämte mich sehr. Nein, nicht weil er mich in dieser Zeit trotzdem berührt hatte, sondern weil ich zwei Monate vorher noch diese große Überraschungsparty zu seinem 40. Geburtstag für ihn ausgerichtet hatte. Ich habe mich so lächerlich gemacht, waren meine Gedanken. Das hat mir am Anfang sehr wehgetan. Aber die Organisation dieser Feier war so in Leichtigkeit und Gnade geflossen! Warum dachte ich eigentlich so? Er war doch derjenige, der mich betrogen hatte! Ich hatte doch nichts getan! Auch wenn ich weiß: Es gehören immer zwei dazu. Also habe ich unbewusst selbstverständlich auch meinen Anteil von 50 Prozent an der Situation.

Heute bin ich unendlich dankbar, besonders für dieses Fest. Ein schöneres Abschiedsfest hätte ich mir nicht vorstellen können. Es gibt Menschen, die ihren 90. Geburtstag feiern und kurz darauf sterben. Ein Teil von mir ist bei der Trennung von ihm wirklich gestorben. Über Beschränkungen und Vorstellungen hinwegzugehen ist immer ein Akt, eben ein kleiner Tod und manchmal auch ein etwas größerer Tod. Seither sehe ich die Welt mit anderen Augen und höre mit anderen Ohren. Nichts ist mehr so wie vorher. Und vor allem: Für mich ist nichts mehr selbstverständlich. Auch alltägliche Dinge sind etwas Besonderes für mich. Ich schätze jeden Augenblick viel mehr als früher, auch wenn ich natürlich noch viel Luft nach oben habe.

In vielen Büchern wird der Prozess über den Schmerz und die Trauer bei Scheidung und Trennung mit dem plötzlichen Verlust durch Tod gleichgesetzt. Es geht dabei nicht um den physischen Tod, sondern um die Prozesse der Veränderung und des Wandels. Es geht um das Ablegen der einen Form – also um das, was war, was zu eng und zu klein geworden ist, zu unbeweglich – und dieses zu veredeln und zu verfeinern, um eine neue, eine bessere Form wieder zu errichten. Man kann sagen: Ich habe heute ein neues Leben im gleichen Körper. Danke dafür!

Am Anfang war ich mir absolut sicher: Er wird um mich kämpfen und wir werden wieder zusammenfinden. Eine andere Möglichkeit konnte und wollte ich mir gar nicht vorstellen. Es gibt über sieben Milliarden Menschen auf dieser Welt. Ich hatte einen einzigen Mann kennen- und lieben gelernt. Ich dachte, damit meine ich, mein Verstand dachte oder die Gewohnheit in mir dachte: Es gibt keinen anderen, der so großartig ist wie dieser einzigartige Mensch! Ich habe viele Jahrzehnte lang nur meinem Verstand geglaubt und vertraut. Warum? Wann hatte sich mein Herz vom Kopf getrennt? Ich nehme heute an, auch das war eine Überlebensstrategie in meiner Kindheit. Seither hatte ich mein Herz vergessen und immer wieder verraten.

Zum 1. Juli – das hatte ich mir ja so gewünscht – zog mein Mann für drei Monate aus. Wenige Tage später hatte ich die Gelegenheit, bei einer Familienaufstellung teilzunehmen. Ich hatte schon viel davon gehört, aber ich hatte bisher immer Angst davor gehabt. Jetzt dachte ich: Ich habe vor nichts mehr Angst. Ich hatte alles, was mir lieb und wichtig war, bereits verloren. Was sollte mir denn noch passieren?

Falls du nicht weißt, was eine Familienaufstellung nach Bert Hellinger ist, hier eine kurze Erklärung dazu: Die Familie als Wurzel unserer Existenz ist ein System, mit dem wir unbewusst über Generationen verbunden bleiben. Mittels „Stellvertretern" aus den anwesenden Gruppenteilnehmern wird dem Betreffenden die eigene Familie lebendig dargestellt. Es funktioniert mittels Informationen aus dem sogenannten „morphogenetischen Feld".

Das Seminar sollte den ganzen Sonntag dauern. Es würde Gelegenheit für fünf bis sechs Personen geben, die ihre Familien stellen konnten. Die Teilnehmer konnten wählen, ob sie selbst ein Anliegen aufstellen wollten oder als Zuschauer bzw. aktive Stellvertreter mitmachen wollten.

Ich wollte die Beziehung zu meiner Mutter aufstellen. Ich hatte trotz der Trennung von meinem Mann das starke und untrügliche Gefühl, dass das, was geschehen war, viel mehr mit meiner Verbindung zu meiner Mutter zu tun hatte. Die anderen Teilnehmer hörten mir zu und waren alle unisono der Meinung, ich solle doch meine Ehe aufstellen. Ich tat, was ich immer tat: Ich machte zunächst das, was die anderen von mir erwarteten. Ich ging nicht nach meinem Gefühl. Dieses Verhaltensmuster war mir ja nur allzu vertraut.

Das Seminar war für mich mit ein Anstoß, endlich für mich selbst einzustehen und meinen eigenen Weg zu gehen. Denn als ich meine Ehe aufgestellt hatte, kam nichts dabei heraus. Es gab anscheinend nichts zu klären. Ich finde auch, wir sind mit unserer Situation damals relativ erwachsen und in Würde und in Liebe umgegangen. Ich kenne kein Paar in unserem Umfeld, das eine Trennung so liebevoll geregelt hat.

Danach waren die anderen doch bereit, das zu tun, was ich ursprünglich wollte. Ich suchte mir eine Stellvertreterin für meine Mutter. In der Aufstellung stellte sich heraus, dass meine Mutter mich nicht loslassen konnte. Wir sollten nach dem Seminar mit niemandem darüber reden, denn die Aufstellungsarbeit könnte noch bis zu einem Jahr energetisch nachwirken. Das Ergebnis war eine große Erkenntnis für mich.

Damals hat meine Mutter zum gleichen Zeitpunkt 2000 Kilometer entfernt in der Türkei Bauchschmerzen bekommen. Irgendetwas war passiert. So sehr sind wir alle miteinander verbunden. Wir telefonierten nach dem Seminar und ich sagte, es sei nichts Wesentliches dabei herausgekommen.

Aber anscheinend gab es noch einen wichtigeren Grund, warum mich meine Seele an diesem Tag in das Seminar geführt hatte. Eine Teilnehmerin suchte mich als Stellvertreterin für ein Kind aus. Es war die einzige Aufstellung, für die ein Kind gebraucht wurde. Und es war das einzige Mal, dass jemand mich als Stellvertreter aussuchte. Ich habe noch nie an Zufälle geglaubt. Ich glaube, dass alles göttlich geführt ist und viele Engel und andere Wesen unterstützend und vorbereitend wirken, damit sich zum Beispiel zwei Menschen exakt in den zwei Minuten vor Abfahrt eines Zuges treffen und sich vielleicht sogar ineinander verlieben.

Ich ging in den Kreis der Aufstellung und fühlte tatsächlich von einem Moment auf den anderen wie ein Kind. Ich fühlte ganz klar und deutlich, wie das Kind, für das ich jetzt Stellvertreter war, sich damals gefühlt hatte. Dieser Moment war interessanterweise eine wichtige Vorbereitung für das, was ich einen Tag später mit meinem Mann erlebte.

Christian war zwar ausgezogen aus unserer gemeinsamen Wohnung, aber wir blieben in liebevollem Kontakt. Er hatte zwei Eintrittskarten für ein Open-Air-Konzert von Herbert Grönemeyer von meinen Freundinnen zum Geburtstag geschenkt bekommen, das am Tag nach der Aufstellung stattfinden sollte. Wir gingen gemeinsam ins Stuttgarter Stadion. Es war sehr heiß an diesem Tag, so wie ich meinen Juli liebe, und im Jahr 2003 war der Jahrtausendsommer in Deutschland. Wir waren sehr zeitig dort, da es das erste Konzert in meinem Leben war und ich gerne weit vorne sein wollte. Wir bekamen zwei Stehplätze direkt vorne an der Bühne. Ich war so glücklich.

Wir beide waren gut gelaunt und freuten uns, dass wir gemeinsam etwas Schönes erlebten. Er sagte: „Ich gehe uns kurz etwas Kaltes zum Trinken holen." Er war kaum fort – da brach ich plötzlich zusammen. Es war, als ob mein Skelett wie zu einer Pfütze in sich zusammenfallen würde. Ich dachte und fühlte: „Er kommt nie-nie-nie-nie-nie mehr wieder zurück!"

Da ich erst einen Tag zuvor bei der Familienaufstellung erfahren hatte, wie ein Kind fühlt, konnte ich diesmal ganz klar erkennen, dass die Situation nichts mit dem Hier und Jetzt zu tun hatte. Das, was ich erlebte, waren die Gefühle der kleinen Sacide. Das kleine und verletzte Kind in mir, das immer noch da ist. Das kleine Mädchen, das gerade mal 20 Monate alt ist und von der Mutter in Istanbul bei den Großeltern abgestellt und verlassen wird. Oh je!

All dies geschah in diesem Moment parallel. Plötzlich fiel mir auch eine Situation ein, die ich vor ungefähr fünf Jahren auf Mallorca erlebt hatte. Wir waren gemeinsam dort, hatten uns in der Stadt verlaufen und mein Mann war damals in ein Kaufhaus gegangen und hatte nach dem richtigen Weg gefragt. Er war weg und ich brach zusammen. Ich fiel auf den Boden und hatte die gleichen Gefühle: „Er kommt nie-nie-nie-nie-nie mehr wieder zurück!" Als er damals wiederkam, versuchte ich für ihn meine Gefühle in Worte zu fassen und wir hatten beide keine Erklärung dazu. Ich hatte Angst, er würde denken, ich sei verrückt geworden. Mein Kopf sagte, wir sind seit über sieben Jahren verheiratet und sehr vertraut. Er hatte doch nur kurz nach dem richtigen Weg fragen wollen, also warum diese extremen Gefühle? Mein Körper hatte so heftig reagiert. Ich hatte absolut keine Kontrolle über ihn. Warum? Was wollte mein Körper mir sagen? Damals hatte ich noch nicht die Erfahrung aus der Familienaufstellung zum Vergleich gehabt.

Jetzt – auf diesem Konzert – wusste ich ganz klar, dass es beide Male schon die Gefühle der kleinen Sacide in mir waren, die ich damals eben nicht klar erkannt hatte. Während ich all dies plötzlich begriff, schrie ich und weinte und hatte große Panik. Ich hatte nichts mehr unter Kontrolle, es geschah einfach! Mein Körper war wie auf Autopilot. Ich erkannte, dass es eigentlich um das Jahr 1965 und um meine Mutter und mich ging. Es ging überhaupt nicht um Christian und mich. „Meine Mutter lässt mich bei den Großeltern stehen und haut ab!", dachte ich. Der Schock war so groß damals, dass ich nichts mehr fühlen und spüren konnte.

Wie ich vorher schon sagte: Nicht gelebte Gefühle bleiben im System. Sie fließen nicht. Sie bleiben da. Sie sind irgendwo im System verhaftet.

Jetzt hier mitten im Stadion durchlebte ich, was ich 38 Jahre zuvor im Alter von 20 Monaten nicht fühlen und erleben konnte. Dadurch wurde ich frei. Frei von diesem Schmerz, den ich seit 38 Jahren wie einen unsichtbaren Rucksack immer noch mitschleppte.

Ich lag immer noch auf dem Boden, als mein Mann 15 Minuten später mit zwei kühlen Getränken zurückkam. Er war natürlich sehr erschrocken über meinen Zustand.

Ich versuchte ihm zu erklären, was in mir und mit mir passiert war, doch ich habe ihn damit komplett überfordert. Er hatte verständlicherweise Schuldgefühle und dachte, es hätte alles mit unserer

Trennung und mit ihm zu tun. Er wollte mir helfen und bot mir an, sofort nach Hause zu gehen. Nein – jetzt erst recht wollte ich dieses Konzert erleben und das Leben feiern. Es war schließlich mein erstes Konzert!

Unbewusst hatte ich meiner Mutter seit dem Verlassenwerden im Alter von 20 Monaten nie mehr getraut. Und somit auch niemand anderem mehr vertraut. Und dadurch auch dem Leben nicht mehr vertraut. Wenn die wichtigste Person im Leben, die eigene Mutter, dich stehen lässt und abhaut – so fühlte es sich jedenfalls für mich damals an –, dann ist das Vertrauen zerstört. All das war unbewusst in mir gespeichert und wirkte sich auf alle meine Beziehungen aus, besonders bei Menschen, die mir nahe waren. Also auch auf meinen Mann. Vom Kopf her hätte ich gesagt, dass ich Christian vertraue. Doch anscheinend hatte ich ihm unbewusst nie getraut. Ich kann es selbst kaum glauben.

Wie gesagt, ich habe seit meinem 16. Lebensjahr Ohnmachtsanfälle. Es passierte meistens auf dem Heimweg von der Schule, dann lag ich manchmal mitten im Schnee, auf der Wiese oder auf dem kalten Gehweg und konnte und wollte mich nicht mehr bewegen. Mein ganzer Körper fiel plötzlich in sich zusammen, wie im Stadion. Das Ganze dauerte immer ein paar Minuten, dann kam ich wieder zu mir. Vielleicht wollte mich mein Körper all die Jahre an den Moment erinnern, als ich von meiner Mutter ganz allein in Istanbul gelassen wurde?

Heute ist mir klar: Wenn ich so extrem auf eine Situation reagiere, dann hat das nichts mit dem Hier und Jetzt zu tun. Es hat etwas mit meiner Erinnerung an eine alte Verletzung zu tun, die erkannt und sichtbar gemacht werden will. Die von mir angenommen werden will.

Ich weiß nicht, ob ein Schock einen anderen Schock heilen kann.

Doch durch den Schock, den ich erlitt, als mich mein Mann betrog und verriet, kam endlich der ursprüngliche Schock zum Vorschein. Das ursprüngliche Trauma wurde endlich sichtbar. Das große Trauma hinter allem. Aus dem, was mir bis dahin mein Leben, meine Wirklichkeit und mein Schutz war, aus dem, worin ich mich sicher gefühlt hatte, daraus wurde ich damals herausgerissen. Eltern denken oft, ein kleines Kind bekommt nichts mit, und so gab es für mich auch keine Vorbereitung darauf. Es war ein wirklicher Schock damals, denn ich konnte nicht wissen, ob ich meine Mutter oder meinen Vater jemals wiedersehen würde.

In der Quantenphysik sagt man, dass sich die Dinge allein dadurch, dass sie von einem Betrachter beobachtet werden, verändern. Vielleicht kann man sich das gut so vorstellen: Ein Liebespaar geht abends in den Wald, weil es ganz ungestört sein will. Wenn plötzlich in diesem Wald das Flutlicht eingeschaltet wird, wird sich das Liebespaar sofort anders verhalten, als wenn der Wald dunkel geblieben wäre. So meine ich das. Sobald Licht auf Dinge kommt, werden sie sich automatisch verändern, ohne dass ich etwas dafür tun muss. Erkenntnis ist also immer der erste Schritt.

Am 11. August, nur knappe sechs Wochen nach dem Auszug meines Mannes, reichte ich die Scheidung ein. Ich brauchte klare Verhältnisse, damit ich mich wohlfühlen konnte. Er fragte: „Ist das nicht etwas überstürzt?"

Wenn ich nicht schon etwas klarer gesehen hätte zu der Zeit, hätte ich Hoffnung in diesen Satz hineininterpretiert. Doch so war ich klar. Mein Mann hatte sich meiner immer sehr sicher sein können. Ich dachte immer, ich könnte ohne ihn weder leben noch atmen. Ich identifizierte mich mit meiner Ehe. Ich sagte: „Jeder Stein im Garten kann bei einem Erdbeben auseinanderbrechen - aber ich bleibe da. Ich bin dir treu. Marmorstein und Eisen bricht, aber unsere Liebe nicht!"

Die Liebe sagt: „Es ist so, wie es ist", und so sehe ich es inzwischen auch.

Ich habe doch tatsächlich einen anderen Mann kennengelernt. Eigentlich wollte ich keinen anderen Mann, denn ich war mir absolut sicher, es kann keinen besseren als meinen ersten Mann geben. Es wurde mir von klein auf von der Familie und von meinem Umfeld gesagt, dass es nur einen Mann im Leben einer Frau gibt und geben darf. Mein Kopf hatte das geglaubt.

MEINE ERKENNTNISSE:

Das Leben ist ein Spiel für mich: Als Startbedingung hatte ich eine Mutter, die sich zur Verfügung gestellt hat und mich mit 20 Monaten mir alleine überließ. Ich hatte komplett mein Urvertrauen verloren, um danach durch die Schule des Lebens – Stück für Stück, Schritt für Schritt – in mir ein echtes Vertrauen in das Leben zu entwickeln. Und dadurch eine echte Sicherheit, die mir mein Kopf einfach nicht geben kann. Und dieses Vertrauen ist jetzt so unerschütterlich wie das von Säuglingen.

Meine Seele kennt den Plan. Sie führt mich. Warum auch immer meine Seele sich diesen Weg ausgesucht hat, ich bleibe im Vertrauen.

Spuren im Sand

Eines Nachts hatte ich einen Traum: Ich ging am Meer entlang mit meinem Herrn. Vor dem dunklen Nachthimmel erstrahlten, Streiflichtern gleich, Bilder aus meinem Leben. Und jedes Mal sah ich zwei Fußspuren im Sand, meine eigene und die meines Herrn.

Als das letzte Bild an meinen Augen vorübergezogen war, blickte ich zurück. Ich erschrak, als ich entdeckte, dass an vielen Stellen meines Lebensweges nur eine Spur zu sehen war. Und das waren gerade die schwersten Zeiten in meinem Leben.

Besorgt fragte ich den Herrn: „Herr, als ich anfing, dir nachzufolgen, da hast du mir versprochen, auf allen Wegen bei mir zu sein. Aber jetzt entdecke ich, dass in den schwersten Zeiten meines Lebens nur eine Spur im Sand zu sehen ist. Warum hast du mich allein gelassen, als ich dich am meisten brauchte?"

Da antwortete er: „Mein liebes Kind, ich liebe dich und werde dich nie allein lassen, erst recht nicht in Nöten und Schwierigkeiten. Dort, wo du nur eine Spur gesehen hast, da habe ich dich getragen."

Margaret Fishback Powers

Mein Prozess

Alles im Leben ist ein Prozess. Alles braucht die Zeit, die es eben braucht. Auch das Laufen, auch das Sprechen. Das Wissen alleine verändert nicht viel. Der Kopf alleine kann komplexe Dinge schnell verstehen. Aber das Wissen muss im ganzen Körper und in allen Zellen integriert werden. Ich sage oft scherzhaft: „Bis alle Zellen informiert sind, dauert es eben seine Zeit." Alles muss Schritt für Schritt gelebt werden. Dadurch verändert sich innerlich etwas. Der Schmerz über meine Trennung und der Verlust meines geliebten Ehemannes löste viele unterschiedliche Gefühle in mir aus.

Ich habe 18 Monate lang nicht geweint, sondern heftig geschluchzt. Ich wusste gar nicht, dass ich so viele Tränen haben kann und woher so viele Tränen überhaupt kommen können. Heute weiß ich: Tränen sind reinigend.

Am Anfang hatte ich Angst, die ersten Wochen alleine in dieser Wohnung zu bleiben, da mich alles an ihn und an uns erinnerte. Aber es ging sehr gut, da es ein vertrauter Platz für mich war. Weil mein ganzes bisheriges Leben gerade wie ein Kartenhaus zusammenfiel, war es eine Hilfe und Unterstützung für mich, dass diese Wohnung noch so vertraut und mein gewohntes Umfeld war.

Was war eigentlich schlimmer? Den Ehemann loszulassen, obwohl ich ihn immer noch abgöttisch liebte, oder mein Zuhause zu verlassen? Ich weiß es nicht. Ich *war* mein Zuhause, ich hatte mich mit meinem Zuhause identifiziert. Es war das erste richtige Zuhause für mich. Alles trug meine Handschrift. Ich hatte es im Detail eingerichtet. Ich wollte nicht das Geschirr aufteilen und drei schöne Weingläser oder vier Teller mitnehmen. Es hat mir fast das Herz zerrissen. Im Großen und Ganzen bin ich mit einer Pfeffermühle, einer Tchibo-Nachttischlampe und mit meinen persönlichen Sachen ausgezogen. Warum die Pfeffermühle? Ich weiß es nicht. Vielleicht damit ich noch etwas Pfeffer im Leben habe?

Anfang September habe ich meine letzte Nacht in meinem Zuhause verbracht und bin dann zum Frühdienst gefahren. Ich hatte meine Bettdecke und mein Kissen im Auto. Ich saß in Arbeitsuniform im Auto, die Tränen kullerten mir über die Wangen und ich kam mir vor wie eine Obdachlose. Er hat am gleichen Mittag sein Zuhause wieder übernommen.

Ich bin in eine möblierte Einzimmerwohnung gezogen und außer meinen Winterreifen vom Auto hat alles reingepasst. Heute bin ich so dankbar für meine Entscheidung. Heute weiß ich: Mit weniger Gepäck geht man leichter durchs Leben. Das ist doch schon mal ein gutes Training. Wenn ich sterbe, kann ich auch nichts mitnehmen. Nicht einmal meinen Körper. Oh, das Loslassen durfte ich noch oft üben.

Ich fühlte mich schlecht. Ich habe mich geschämt und fühlte mich schuldig. Warum eigentlich? Vielleicht, weil mein Leben nicht so perfekt und planmäßig lief, wie mein Umfeld mir sagte, dass es zu sein hätte? Keiner hat mir gesagt, dass Krisen und Stolpern einfach zum Leben dazugehören. Dass es einfach nur wichtig ist, nicht liegen zu bleiben, sondern immer wieder aufzustehen. „Mein Haus, mein Mann, meine Kinder, mein Auto" – mit nichts von all dem konnte ich dienen, obwohl ich bereits 40 Jahre alt war. War etwas falsch an mir und mit mir?

Warum fühlte ich mich schuldig? Ich hatte doch nichts getan? Mein Selbstwertgefühl war am Boden. Nein, es war unter dem Boden, unter dem Teppichboden. Weiter runter ging es nicht! Hatte ich überhaupt jemals ein Selbstwertgefühl gehabt? Vielleicht habe ich mir deshalb beim Auszug von niemandem helfen lassen? Ich konnte keine Hilfe annehmen. Wollte ich mich selbst bestrafen? Wie absurd ist das?

Die ersten 18 Monate konnte ich nur mit Licht einschlafen. Jede Nacht hatte ich jeweils drei Teelichter brennen, die ganze Nacht hindurch. Ich habe mich täglich in den Schlaf geweint. Sehr oft waren auch Tränen der Freude und der Rührung dabei, weil ich wieder einen Tag überlebt hatte. Die Dinge sind einfach so geflossen und alles, was ich zu erledigen hatte, habe ich geschafft. Tag für Tag. Schritt für Schritt. Atemzug für Atemzug. Wenn ich nachts zu meinen Teelichtern schaute, fühlte ich mich getragen. Allein hätte ich diese Zeit nicht überlebt, ohne die Hilfe meiner unsichtbaren und sichtbaren Engel.

Ich habe in dieser Zeit erkannt: Auch meinen Atem bekomme ich geschenkt. Ich atme nicht, sondern ich werde geatmet. Wenn ich nachts vergessen würde zu atmen, würde ich sterben. Wie großartig, dass ich nichts dafür tun muss!

Ich hatte keinen Fernseher und kein Radio. Ich habe viel gelesen. Ich wollte verstehen. Ich hatte so viele Fragen an Gott und an das Leben, warum es so kam, wie es kam. Ich habe mir die großen Fragen des Lebens gestellt.

Wo komme ich her?

Wo gehe ich hin?

Wer bin ich?

Wozu bin ich hier?

Was soll das Ganze hier auf dieser Erde überhaupt?

Das kann doch alles nur ein Spiel sein, oder?

Ich kann doch das Leben nicht mehr ernst nehmen, wenn sich alles, mein ganzes Leben, innerhalb zwei Minuten wieder auflösen kann? Ich will mein Leben schon wichtig nehmen, aber es nicht mehr so ernst nehmen!

Zur Arbeit ging ich jeden Tag. Das war mir wichtig. Sie bezahlte mir mein Gehalt und dafür durfte sie meine gute Arbeitskraft als Gegenleistung erhalten. Und ein Pokerface aufsetzen konnte ich seit meiner Kindheit. Ansonsten war ich viel im Wald spazieren oder joggen. Die letzten fünf Jahre hatte ich schon wieder angefangen, Bücher zu lesen, und das habe ich in dieser Zeit verstärkt. Ich hatte vorher zwanzig Jahre lang keine Bücher mehr gelesen.

Von meinen Freundinnen habe ich mich zwei Jahre lang komplett zurückgezogen. Nur einen Frauenausflug nach Madrid habe ich mitgemacht, der schon lange im Voraus geplant war. Eine meiner Freundinnen war am Anfang sehr besorgt und hat mich immer wieder mal eingeladen, damit ich unter die Leute komme, wie sie gerne sagte. Sie hat irgendwann aufgegeben. Jeder Mensch geht eben anders mit seinen Themen um. Manche müssen viel und mit jedem darüber reden. Ich brauche erst einmal viel Zeit in Ruhe und Stille mit mir alleine, um es selbst zu verstehen. In unserer Familie war alles Menschliche tabu. Wir haben, so empfand ich es, wie Roboter einfach nur funktioniert und Pflichten erfüllt. Deshalb hat keiner offen über seine Themen gesprochen oder sprechen dürfen und können.

Ich hatte das Gefühl, dass mein Ansehen etwas angekratzt war. Wir galten bisher als das Traumpaar in unserem Freundeskreis. So habe ich es auch gesehen. Betrogen zu werden und Scheidung, das stand nicht wirklich im Prospekt unseres Lebens. Die Personen, die sich damals am meisten über unsere Situation aufgeregt hatten, haben interessanterweise Jahre oder Jahrzehnte später Ähnliches erlebt. Die Seele weiß natürlich – oh je, oh je, das kommt auch noch auf uns zu. Vielleicht war diese Vorahnung der unbewusste Grund für ihre Aufregung?

Ich war überfordert mit der ganzen Situation. Ich konnte nicht entspannt damit umgehen. Ich hatte nur Kraft für Baby-Schritte. Ich habe mich Tag für Tag aufs Neue entschieden, mich nicht beirren zu lassen. Ich bin meinen Weg gegangen. Ich bin in der Liebe geblieben, obwohl mir alle anderen sagten, was ich jetzt zu tun hätte. Dass ich einen Hass auf ihn hätte haben sollen.

Da mein Verstand mit dieser Situation komplett überfordert war, hatte mein Herz – endlich – das Kommando übernommen und ich ging nur noch nach meinem Gefühl. Das hat mir mein Leben gerettet. Heute weiß ich, dass nur mein Herz weiß, was mich glücklich macht und wo mein Seelenplan hinwill. Der Verstand ist an der Vergangenheit orientiert und da gab es keine Trennung oder Scheidung und somit keinen Plan B für diese Situation.

Meine Mutter hat bei jedem Telefonat ihre obligatorischen Fragen gestellt. Was ist mit deinem Vorwerk-Staubsauger? Hast du ihn auch bei ihm gelassen? Und was ist mit dem Esszimmerschrank? Sag bloß nicht, dass du ihn auch dort gelassen hast? Der war doch von deinem Vater selbst geschreinert. Jetzt hast du überhaupt kein Andenken mehr an deinen Vater! Ich hatte keine Energie mehr für ihre Ängste. Ich hatte nur noch Kraft für mich.

Mein Vater sagte ganz ruhig: „Aber eine Frau verlässt doch nicht ihr Zuhause? Warum überlässt du alles ihm?" Das war das erste Mal, dass ich so etwas wie Mitgefühl zwischen seinen Worten hören konnte.

Ich hätte Freunde gebraucht, die mir vielleicht Fragen gestellt hätten. Was will das Leben dir damit sagen? Dein Mann betrügt dich? Ist doch interessant. Wo betrügst du dich selbst? Wo lebst du nicht deine Wahrheit? Wenn alles ein Spiegel ist, was spiegelt dir das Leben gerade jetzt? Aber leider hat mir keiner solche Fragen gestellt. Vielleicht hätte ich gedacht, derjenige ist durchgeknallt, oder vielleicht hätten diese Fragen mir wirklich neue Impulse geben können? Ich weiß es nicht. Vielleicht war ich damals auch noch gar nicht offen für solche Impulse?

Heute weiß ich, dass das Joggen und der Wald mir geholfen haben, damit ich keine Depressionen bekam. Heute weiß ich, dass Depressionen ein Zeichen für unterdrückte und nicht gelebte Gefühle von Trauer und Wut sind.

Ich hatte damals keine Wut auf meinen Mann. Ich war total neutral gegenüber den beiden Frauen von ihm, obwohl in Filmen und auch in meinem Umfeld die meisten dann ihre Gefühle auf die Frauen projizieren. Ich war mit ihm verheiratet und er war verantwortlich für das, was er tat, und für das, was nicht. Die fremden Frauen interessierten mich nicht wirklich.

Ich sagte mir immer wieder: Wer weiß, wofür das gut ist. Dieser Satz hat mir sehr geholfen. Dieser Satz ist meine Rettung.

Die alte Sacide ist mit 40 Jahren an Herzschmerz gestorben. Das ist in Worten gar nicht so einfach zu beschreiben. Ich habe mich innerlich langsam verändert. Ich habe meine Sichtweise verändert.

Meine Einstellung zum Leben. Ich hatte ein neues Leben im gleichen Körper. Ich sah die Welt mit anderen Augen und hörte mit anderen Ohren.

Eigentlich hätte ich nach dem, was ich alles erlebt und überlebt hatte, mich in meinem Leben über nichts mehr ärgern dürfen. Ich hätte die nächsten Jahrzehnte nur noch breit grinsend durch die Gegend laufen müssen und nicht wieder in die alten Muster zurückfallen dürfen. Ich habe alles mehr schätzen gelernt, da ich erfahren und erlebt habe, wie schnell alles vorbei sein kann! Wie endlich das Leben ist. Ich wusste es zwar in der Theorie schon vorher, aber jetzt hatte ich es selbst erfahren. Das war ein ganz großer Unterschied!

Einen Tag vor Valentinstag im darauffolgenden Jahr war unsere Scheidung. Am nächsten Tag wurde überall das Fest der Liebe gefeiert. Für mich war unsere Scheidung auch irgendwie ein Zeichen der Liebe. Wir haben uns in Liebe getrennt. Es gab kein Drama. Es gab keinen Rosenkrieg.

Zwei Wochen später wollte ich an einem Geldautomaten Geld abheben. Meine Bankkarte wurde eingezogen. Ich war erschrocken und wollte den Grund wissen. Da ich meinen Dispokredit erheblich überzogen hatte, bekam ich keinen Cent Geld mehr. Mein Ansprechpartner, der Zweigstellenleiter, sei erst am Montag wieder im Büro erreichbar. Es war Donnerstag.

Wie konnte mir, ausgerechnet mir, so etwas passieren? Ich habe mir nie viel Gedanken über das Geld gemacht. Ich dachte, ich kann einfach weiterhin mein Konto überziehen, da ich dafür die wirklich hohen Zinsen bezahlen musste. Ich habe gar nicht viele zusätzliche Kosten gehabt. Ich habe mir eine neue Waschmaschine gekauft und ein paar T-Shirts als Frustkauf gegönnt, aber so viel war das doch gar nicht. Erst in vier Tagen konnte ich mit jemandem darüber reden und eine Lösung dafür suchen? Ich nahm es persönlich. Ich war 40 Jahre alt, habe über 20 Jahre gearbeitet und bekomme jetzt kein Geld mehr? Was sollen die Leute denken? Ist das peinlich! Nein, ich werde niemandem etwas darüber erzählen, dachte ich. Ich hätte eine Freundin fragen können, ob sie mir Geld leihen kann, aber das wäre mir damals zu unangenehm gewesen. Man braucht weder Abitur noch Betriebswirtschaftslehre, um zu verstehen, dass, wenn man mehr Geld ausgibt, als man einnimmt, das eben nicht gut ausgehen kann.

Ich habe immer gern viel Bargeld bei mir und der Inhalt von meinem Geldbeutel reichte noch für das Benzin, damit ich täglich bis Montag zur Arbeit fahren konnte. Der Herr von der Bank war nett. Ich musste einen Kredit aufnehmen, damit mein Girokonto wieder frei von Schulden war, und ich bekam meine Bankkarte wieder zurück. Ich nahm einen Kredit über 5000 Euro auf, damit ich noch zusätzlich Geld zur Verfügung hatte, damit mir so etwas nie-nie-nie-nie mehr in meinem Leben passiert! Ich rechnete mir aus, dass ich in den nächsten Monaten im Durchschnitt fünf Euro pro Tag für mich persönlich ausgeben durfte, damit ich diesen Kredit gut tilgen konnte. Nach zwei Wochen gab ich das Zählen und Rechnen auf. Es fühlte sich so eng an. Ich ging wieder sehr großzügig mit meinem Geld um. Viele Jahrzehnte war ich immer nur großzügig allen anderen gegenüber gewesen, aber nie zu mir selbst.

Heute weiß ich, sogar mein Kontostand spricht mit mir. Schulden sind eine Botschaft für mein Sich-schuldig-Fühlen.

Mein erster Mann war ein sehr großzügiger Mensch. Er war mir gegenüber immer sehr großzügig mit Komplimenten, mit seiner Zeit, mit Geld, mit Sex, mit Geschenken, mit Blumen und überhaupt. Auch wenn ich keinen Vergleich hatte, war mir immer sehr bewusst, das ist nicht selbstverständlich. Das ist eine große Fähigkeit von ihm.

Er hat unsere Wohnung von einem Gutachter schätzen lassen und hat die noch offenen Schulden abgezogen und die Hälfte für mich ausgerechnet. Er war derjenige, der wirklich einen sehr viel höheren Betrag an dieser Wohnung abbezahlt hatte als ich. Trotzdem wollte er mir die Hälfte geben. Ich habe mich so sehr gefreut. Ich hatte ihn nicht darum gebeten. Er hat es von sich aus getan. Das finde ich wirklich so groß von ihm. Ich werde nicht müde werden, ihm dafür von Herzen dankbar zu sein!

Ein paar Jahre vorher hätte ich vielleicht gesagt: „Nein danke, das ist deine Wohnung und du hast doch das meiste daran bezahlt." Jetzt war ich offen dafür, das wirklich großzügige Geschenk von ihm anzunehmen. Und da alles ein Spiegel ist, bin ich anscheinend in meiner Selbstliebe etwas gewachsen.

Wir hatten ausgemacht, dass er sich fünf Jahre Zeit lassen kann und die Möglichkeit hat, jeweils in Raten jährlich eine Summe zu überweisen. Ich hatte ihm nichts von meinen Schulden bei der Bank erzählt. Zehn Monate nachdem ich den Kleinkredit aufgenommen hatte, hat er mir den kompletten Betrag überwiesen.

Mit diesem Geld habe ich mir ein neues Auto gekauft. Einen roten MINI Cooper mit schwarzem Dach. Ich hatte noch nie in einem solchen Auto gesessen und habe es einfach aus dem Prospekt bestellt. Ich war total begeistert und voller Vorfreude auf mein neues Auto. Ich hatte noch genügend Geld übrig, um meine Schulden abzubezahlen. Mein neues Leben fing doch sehr gut an. Christian war zwar der Meinung, dass es nicht die beste Investition sei, ein neues Auto zu kaufen. Aber ich bin die nächsten zehn Jahre über 300 000 Kilometer mit diesem MINI gefahren und hatte immer eine große Freude daran.

Meine Trennung und Scheidung und diese 18 Monate danach waren einerseits die schwerste Zeit meines Lebens und andererseits auch eine sehr intensive, lehrreiche Zeit für mich. Ich habe so viel über das Leben und über mich gelernt und erfahren. Ich habe mich wie neu erfunden. Heute weiß ich, dass ein Abschied auch immer ein neuer Anfang ist. Heute weiß ich, dass jede Krise auch eine große Zeit der Veränderungen ist und eine große Chance sein kann. Meine eigene Sichtweise auf die Dinge entscheidet, zu was ich sie mache. Alles dient zu etwas. Wenn ich klug bin, kann ich wirklich aus jeder noch so kleinen und scheinbar unbedeutenden Situation etwas lernen! „Jedem Anfang wohnt ein Zauber inne", wusste schon Hermann Hesse.

Heute kann ich ganz klar sagen: Das, was passiert ist und wie es passiert ist, war zum Segen für mich und für uns beide.

Heute, mit 15 Jahren Abstand, kann ich es viel klarer sehen als damals. Es war nicht einfach so, dass er mich betrogen hat und ich das arme Opfer war. Vielleicht wollte meine Seele Weiterentwicklung? Was wäre gewesen, wenn ich geblieben wäre? Vielleicht wäre ich sogar halbwegs zufrieden gewesen? Vielleicht wäre es ganz nett gewesen. Nein, eigentlich wäre ich nicht wirklich zufrieden gewesen, weil in meiner Seele dieses Bestreben nach Entwicklung, nach Veränderung, nach Wachstum ist.

Aber es braucht natürlich immer wieder solche Triggerpunkte. Sonst neigt der Mensch dazu, festzuhalten an dem, was ist. Oder es sich in dem Raum, in dem er jetzt gerade ist, gemütlich zu machen. Ist etwas halbwegs gut, dann versucht man, es so zu belassen. Man weiß ja nicht, was danach kommt, und vielleicht wird es schlimmer? Eigentlich steckt die Angst dahinter, dass man nicht weiß, wie man mit dem Neuen, dem Unbekannten umgehen soll. Da ist man so ungeschult.

Wenn ich das Ganze aus dieser Perspektive sehe, dann kann ich klar erkennen, dass sich mein damaliger Schatz zur Verfügung gestellt hat, damit ich mich nicht gemütlich einrichte. Damit ich motiviert bin, weiterzuziehen. Wie gesagt, jeder einzelne Tag mit ihm war wirklich großartig, aber dann kam die Zeit, wieder weiterzuziehen.

Wie ich schon sagte: Wenn du dich nicht bewegst, wirst du bewegt, und das ist viel schlimmer und schmerzhafter. Wenn ich offen und flexibel für Veränderungen bin, dann muss mein Leben keine großen Dramen mehr aufführen, um mich zu bewegen.

Heute kann ich ganz ehrlich sagen, der Schmerz und meine Trauer über unsere Trennung und Scheidung von ihm waren das größte Geschenk meines Lebens. Es war eine Gnade. Denn ohne diese schmerzlichste Zeit wäre ich höchstwahrscheinlich an meinem Leben vorbeigegangen. Ich wäre auf der Autobahn geblieben, die meine Eltern so schön für mich vorbereitet hatten. Ich wäre blind und aus Gewohnheit einfach weitergefahren und hätte meine Ausfahrt verpasst. Meine Gefühle und meine Handlungen waren früher nur davon abhängig, was die anderen tun oder nicht tun, sagen oder nicht sagen.

Heute bin ich selbst verantwortlich für mein Leben. Ich hatte diesen Satz schon oft gehört und wusste dies. Aber mit dem Wissen alleine wurde kein Schalter in mir umgelegt. Es brauchte noch viel Zeit für die Übung. Ich hatte das mit dem Üben unterschätzt. Ich hätte auch keinen Marathon laufen können, wenn ich nicht trainiert hätte. Und zwischen wissen und leben vergehen bei mir manchmal Jahre oder Jahrzehnte.

Wenn ich selbst verantwortlich bin, dann bin ich auch diejenige, die etwas daran ändern kann, wenn mir etwas nicht gefällt. Ich bin kein Opfer mehr und auch nicht mehr in der Ohnmacht. Ich versuche nicht mehr, die anderen zu verändern und allen anderen die Schuld daran zu geben, wie es mir geht. Es sind ja meine Gefühle. Also bin auch ich für meine Gefühle selbst verantwortlich und brauche sie nicht auf andere projizieren. Dadurch haben die anderen keine Macht mehr über mich. Ich werde weiter üben, bis zu meinem letzten Atemzug. Mit Gottes Hilfe. Ich werde die Schule des Lebens genießen. Was soll denn schon geschehen? Es wurde immer besser!

Dank meinem Ex-Mann Christian habe ich erfahren und gelernt, wie wichtig Humor ist und auch die Leichtigkeit des Seins. Er nimmt das Leben leichter als die meisten Menschen um mich herum. Humor war in meiner Herkunftsfamilie eine Sünde. Inzwischen hüte ich dieses Erbe unserer Ehe wie einen großen Schatz. Inzwischen sind Humor, Leichtigkeit und Freude sehr wichtig für mich.

Heute weiß ich: Es kann nur etwas Neues geboren werden, wenn das Alte bis auf die Grundmauern gestorben ist.

Heute bin ich immer mehr in mir selbst zu Hause. Das ist meine wahre Heimat. Heute bin ich mit mir selbst glücklich, egal in welcher Ortschaft oder in welchem Haus. Ich bin nicht mehr von einem Ort für mein Glück abhängig.

Ich habe erlebt, was noch übrig bleibt, wenn innerhalb von zwei Minuten alles um mich herum zusammenbricht. Nur ich bleibe übrig. Die wichtigste Person in meinem Leben. Inzwischen bin ich in mir selbst sicher und bin nicht mehr auf die Scheinsicherheiten im Außen angewiesen, die es in Wirklichkeit sowieso nicht gibt. Und für die es keine Garantie gibt!

In meiner Ehe waren wir an einem Punkt angelangt, da war kaum noch Entwicklung und Wachstum für jeden einzelnen und für uns gemeinsam möglich. Wir hatten nur noch Gewohnheiten und Wiederholungen in unserem Alltag. Ich sage nicht, dass das schlecht oder gut ist. Für mich sind Wiederholungen und Gewohnheiten der Tod. Das erinnert mich an Filme, in denen Menschen in Krankenhäusern liegen. Wenn die EKG-Kurve hoch- und runterspringt wie auf einer Achterbahn, ist die Person noch am Leben. Aber wenn sie ganz gerade und monoton verläuft, wie ein Strich, und nur piiiiiiiiiiiep macht, dann stirbt die Person. Nichts mehr ist lebendig.

Bei kleinen Kindern kann ich sehen und beobachten, dass sie keine Sekunde Wiederholungen oder Gewohnheiten leben. Sie sind immer ganz präsent im Augenblick. Sie sind so lebendig, wenn man sie lässt. Sie sind voller verschiedener Emotionen. Das ist wahrer Reichtum.

Im Jahr 2003 wollte ich keine Veränderung. Aus meiner Gewohnheit heraus wollte ich, dass alles so bleibt, wie es ist. Heute weiß ich, Leben ist Veränderung. Ich will weder die Mode noch die Frisur haben, die ich vor 20 Jahren getragen habe. Kein Kind würde laufen und sprechen lernen, wenn es keine Veränderung gäbe. Und die vier Jahreszeiten? Da sagt auch keiner: Nein, das darf so nicht sein!

Nichts ist beständiger als der Wandel. Das Jahr 2003 war ein Zeichen und ein Spiegel des Universums, um mir zu zeigen, dass ich mich selbst betrüge. Ich habe das Leben nach den Vorstellungen und Erwartungen meiner Eltern, meines Umfelds, meiner Kultur oder einfach nur den Gegenpol gelebt. Aber ich habe nicht nach meinem Herzen gelebt.

Das Spiegelgesetz ist ein geistiges Gesetz. Alles, was mir passiert, hat auch etwas mit mir zu tun, sonst würde es mir nicht passieren.

Wenn ich morgens vor dem Spiegel stehe, wen schminke ich da? Den Spiegel oder mich selbst? Der Lippenstift geht auf meine Lippen und nicht auf den Spiegel. Bei den Männern ist es das gleiche Beispiel mit dem Rasieren. Sie rasieren nicht den Spiegel, sondern ihren eigenen Bart. Da ich mich aber nicht ständig selbst sehen kann, ist mein Umfeld mein Spiegel, sobald ich aus dem Badezimmer herausgehe. Wie reagiere ich da draußen? Ja, genau, da vergesse ich manchmal, dass es alles gar nichts mit dem Spiegel zu tun hat, und projiziere meine Gefühle auf den Spiegel. Also auf mein Gegenüber. Mein Gegenüber ist mir aber eigentlich eine Hilfe, damit ich mich klarer sehen kann.

Heute bin ich sehr achtsam, was mein Gegenüber, mein Auto, meine Wohnung, meine Kollegen, meine Vorgesetzten, meine Freundinnen, mein Kontostand, mein Körper etc. mir sagen wollen. Heute weiß ich, wem ich die Schuld gebe, dem gebe ich die Macht. Und niemand, außer mir selbst, hat die Macht über mein Leben!

Es war für mich früher vermeintlich einfacher zu sagen, meine Schwester, meine Eltern, mein Mann, mein Chef, meine Kollegen usw. sind schuld, dass es mir so geht, wie es mir geht. Eigentlich sind sie auf einer anderen Ebene wirkliche Trainingspartner und Helfer für mich. Ich bekam so viele Wiederholungen in meinem Leben zu spüren, bis ich es kapiert habe. So sehr liebt mich Gott. So sehr liebt mich das Leben. Ich bekomme immer wieder eine Chance und Möglichkeit, es dieses Mal anders zu machen. Ich danke meiner Seele dafür!

Heute sind mein Ex-Mann und ich ziemlich beste Freunde. Er kann mich immer noch sehr zum Lachen bringen wie kaum ein anderer. Wenn einer von uns beiden Hilfe oder Unterstützung braucht, kann er zu jeder Tages- oder Nachtzeit beim anderen anrufen und sich voll und ganz auf den anderen verlassen. Diese Freundschaft ist ein großes Geschenk für mich!

Freiheit war mir, wie du weißt, schon immer wichtig. Unbewusst hat mich meine Art, mit diesem Betrug und diesem Schmerz umzugehen, durch eine Tür in meine Freiheit gebracht. Ich bin durch meine tiefsten und schmerzlichen Gefühle hindurchgegangen. Ich habe sie gefühlt und ausgehalten. Dahinter kam das zum Vorschein, was unser Ursprung ist. Pure Liebe. Pure Freude. (Es hat natürlich noch ein paar Jahre gebraucht – dieser Prozess.) Heute weiß ich – ich bin nicht mein Gefühl. Meine Gefühle kommen und gehen. Ich bleibe. Da gibt es etwas Machtvolleres, das bleibt. Das immer da ist. Das mich trägt. In dessen Kraft ich eingebettet bin. Das ist pure Liebe.

Jetzt sind wir beide frei, uns weiterzuentwickeln.

MEINE ERKENNTNIS:

Gefühle wollen gefühlt werden!

Es ist wahr,
dass wir nicht schätzen,
was wir haben,
bis wir es verlieren.

Es ist aber auch wahr,
dass wir nicht wissen,
was wir vermissen,
bis es uns begegnet.

Unbekannt

Weihnachten

Im Jahr 1991 konnte ich mein erstes deutsches Weihnachtsfest erleben. Im Vorfeld hatte ich große Angst davor. Ich war mir unsicher, „ab wie viel Weihnachten" es eine Sünde für mich ist. Was Allah und, vor allem, was meine Mutter dazu sagen würden? Sie würde mich am nächsten Morgen bei meinen täglichen Telefonaten ausfragen, mir Vorwürfe machen und mich anklagen, dass ich keine richtige Türkin und doch mehr Deutsche sei. So dachte ich. Und damit konnte sie mir echt wehtun. Ich wollte nie anders sein. Ich wollte doch immer einfach nur zur Familie dazugehören, zur Gemeinschaft!

Ich bin zwar in Deutschland aufgewachsen, aber gerade an den Weihnachtsfeiertagen waren früher die Deutschen ganz streng nur unter sich. Das war der Grund, dass ich als Kind und Jugendliche in diesen Tagen viel Zeit vor dem Fernseher verbracht habe. Ich hatte ja ausschließlich deutsche Freundinnen und Schulkameraden. In unserem kleinen Dorf gab es keine türkischen Kinder in meinem Alter.

Jetzt hatte ich endlich die großartige Chance und Möglichkeit, mit einer deutschen Familie gemeinsam Weihnachten zu feiern. Ich war aufgeregt, total neugierig und sehr gespannt darauf. Da ich die vielen schönen Weihnachtsfilme oft gesehen hatte, hatte ich an das Weihnachtsfest auch so meine Erwartungen. Ich hatte mir vorgestellt, dass meine Schwiegermutter ihre Wohnung wie ein

Möbelhaus dekoriert hat und die ganze Familie aus der ganzen Welt nach Hause kommt. Genauso kannte ich es aus den Filmen. Nur, diese Familie war überhaupt nicht in der ganzen Welt verstreut. Die beiden Brüder wohnten fast in Sichtweite, also im Umreis von etwa 20 Kilometern von ihren Eltern entfernt. Und das war nicht der einzige Unterschied zu den Filmen, wie ich später erleben durfte.

Ich wollte – wie immer – alles unter Kontrolle haben und gab vorher ganz klare Anweisung, dass ich keine Geschenke möchte, denn ich sei ja schließlich eine Muslima und hätte gar kein Weihnachten. Da bestand ich drauf und das war mir sehr wichtig. Ich dachte, das würden alle akzeptieren und respektieren. Ich hatte auch aus diesem Grund Angst vor den Vorwürfen meiner Mutter. Ich hätte mich ihr gegenüber besser gefühlt, wenn ich hätte sagen können, ich habe keine Sünde begangen, denn ich habe ja gar kein Geschenk bekommen. Ich hatte den Eindruck, dass die Geschenke das Wichtigste an Weihnachten sind.

Es kam, wie es kommen musste. Ich bekam das größte Geschenk von allen! Es war eine festliche, rot-goldene, extravagante Hose und eine passende kleine, festliche, schwarze Jacke dazu. Das war echt großartig. Noch nie zuvor habe ich so etwas Schönes geschenkt bekommen. Christian war sehr großzügig und hatte es gut gemeint und seine Eltern hatten sich daran beteiligt. Ich war komplett überfordert damit. Ich konnte mich gar nicht freuen (schade eigentlich). Außerdem war das Ganze überhaupt nicht wie in den Filmen. Es waren so viele Pflichten und Erwartungen und es war ein ganz normales Zusammensein wie an allen Geburtstagen innerhalb der Familie. Ich war ziemlich enttäuscht. Ent-täuscht heißt, dass ich mich selbst getäuscht habe. Ich hatte zu viele andere Erwartungen gehabt.

Nach diesem sehr ernüchternden Weihnachten entschied ich,

dass ich die nächsten Jahrzehnte an Heiligabend im Spätdienst arbeiten würde.

An Weihnachten konnten dann meine christlichen Kolleginnen und Kollegen freinehmen und ich war nicht mehr im Zwiespalt mit Allah und mit meiner Mutter. Die Spätdienste, besonders an Heiligabend, waren immer sehr mystisch. Die wenigen Fluggäste, die noch auf dem Weg waren, und auch meine Kollegen waren in einer liebevolleren Stimmung als das ganze Jahr über. Früher haben ausschließlich Türken und Moslems am 24. Dezember im Spätdienst gearbeitet. Aber mit den Jahren wollten auch immer mehr Christen mit uns gemeinsam diesen Abend verbringen. Das Arbeiten war irgendwie für alle keine Arbeit in dieser harmonischen Gemeinschaft, an diesem Abend. Sie konnten anschließend zu ihren Eltern gehen. Der letzte Flug ging meistens am frühen Abend. Und vor allem diejenigen, die alleine waren, sahen es als eine Gnade an, mit uns arbeiten zu dürfen.

An Heiligabend haben wir immer alle gemeinsam zu Abend gegessen, je nachdem, wie es der aktuelle Flugplan zuließ. In den letzten Jahrzehnten wurde dies für uns zu einem heiligen Ritual. Früher haben wir als Weihnachtsgeschenk und als Entschädigung, dass wir nicht zu Hause bei der Familie sein können, ein Abendessen vom Arbeitgeber geschenkt bekommen. Als dieses Geschenk den Sparmaßnahmen zum Opfer fiel, haben wir diese schöne Tradition trotzdem fortgeführt und jeder zahlte sein Essen selbst. Wir haben uns ein Business-Class-Drei-Gänge-Menü von der Cateringfirma der Fluggesellschaft kommen lassen. Jeder, der für diesen Spätdienst eingeplant war, konnte schon zehn Tage im Voraus zwischen vier verschiedenen Hauptgerichten auswählen. Ich war diejenige, die immer ein Essen zusätzlich bestellt und bezahlt hat für einen kurzfristigen

Überraschungsgast. Ich glaube, das habe ich in Filmen gesehen. Das gibt es auch bei den Festen im Islam. Ich war sogar diejenige, die nach dem Essen mehrere Weihnachtsgeschichten vorgelesen hat. Etwas zum Nachdenken und auch immer meine Lieblingsgeschichte zum Lachen. Ich hatte immer eine sehr große Freude daran.

Auch wenn einige Mitarbeiter vielleicht das ganze Jahr über im Alltag mehr im Gegeneinander gedacht und gehandelt hatten, konnten alle an unseren Heiligabendspätdiensten das Geschenk unserer Arbeitsfamilie als Gemeinschaft zelebrieren, schätzen, leben, fühlen und lieben!

Heute habe ich kein schlechtes Gewissen mehr an Weihnachten. Im Gegenteil. Heute kann ich ganz klar sagen, es war immer das Schönste und Größte für mich, wenn wir Kollegen wie eine große, bunte Familie in Liebe und Harmonie zusammen an Heiligabend diniert haben und ich meine Weihnachtsgeschichten erzählen durfte. Es war sogar viel schöner als im Fernsehen. Es war echt. Heute weiß ich, Allah und Gott liebt mich und segnet mich, egal wo ich an Weihnachten sitze. Und Gott freut sich, wenn Menschen – egal welcher Herkunft – in Liebe und Harmonie zusammenkommen und gemeinsam feiern. Es ist doch das Fest der Liebe! Ohne Liebe ist doch alles nichts! Ich kann es nur immer wieder sagen: Die Liebe war und ist schon immer das Wichtigste für mich im Leben. Für mich ist die Liebe das, was alles verbindet und zusammenhält.

MEINE ERKENNTNIS:

Tu, was du willst, und stehe dazu – denn dein Leben lebst nur du!

Man muss nie verzweifeln,
wenn einem etwas verloren geht,
ein Mensch oder eine Freude oder ein Glück,
es kommt alles noch herrlicher wieder.

Was abfallen muss, fällt ab.
Was zu uns gehört, bleibt bei uns.
Denn es geht alles nach Gesetzen vor sich,
die größer als unsere Einsicht sind
und mit denen wir nur scheinbar im Widerspruch stehen.

Man muss in sich selbst leben,
an das ganze Leben denken,
an alle seine Millionen Möglichkeiten,
Weiten und Zukünfte, denen gegenüber
es nicht Vergangenes und Verlorenes gibt.

Rainer Maria Rilke

(aus: Briefe. An Friedrich Westhoff, 29. April 1904)

Eine neue Liebe ist wie ein neues Leben

Angst ist die Abwesenheit von Liebe. Mit der Angst ist es wie mit einem Gift. Zu viel davon ist lähmend und kann tödlich sein – aber eine kleine Menge davon kann wie eine hilfreiche Medizin sein. Heute weiß ich: Das, wovor ich Angst habe, da will meine Seele hin. Es gibt über sieben Milliarden Menschen auf der Erde. Und ich habe tatsächlich wieder einen Mann kennen- und lieben gelernt.

Heute weiß ich, wenn Gott dir etwas nimmt, dann nur aus einem einzigen Grund: Weil er etwas Besseres für dich bereithält. Einen anderen Grund gibt es nicht. Es gibt keine Fehler im Universum. Das Leben ist immer für mich und nie gegen mich, auch wenn ich es auf den ersten oder zehnten oder hundertsten Blick nicht so sehen kann.

Wie wollte ich meinen 40. Geburtstag verbringen? Ich wollte kein Mitleid, von niemandem, denn ich bekam viel Mitleid in jener Zeit. Ich konnte mit kaum jemandem reden, denn jeder stülpte sofort nur seine eigenen Ängste über mich. Es waren nicht meine Ängste. Ich habe viele ungebetene Ratschläge bekommen. Ratschläge sind auch Schläge! Jeder, der weder betrogen worden noch geschieden war, glaubte zu wissen, was ich tun sollte, obwohl ich niemanden um Rat gefragt hatte.

Ich buchte eine Kreuzfahrt mit der AIDA. Damals hatte die AIDA drei Schiffe. Ich suchte eine Strecke aus, die über Istanbul ging, damit meine Eltern sehen können, dass es mir gut geht. Das Schiff hieß Aura und war ganz neu, Baujahr 2003.

Damals habe ich innerhalb vier Wochen 15 Kilogramm abgenommen.

Meine Mutter hatte mir schon als Kind immer gesagt, ich sei zu dick und hätte einen fetten Hintern wie ein Pferdearsch. Nachdem ich dieses Mantra viele Male gehört hatte, habe ich es selbst geglaubt. Dieser Satz war in meine Zellen wie ein Stempel aufgedrückt. Ich hatte vergessen, dass es gar nicht meine Gedanken, sondern die Gedanken meiner Mutter waren. Sogar damals mit 56 Kilo und Kleidergröße 36 dachte ich, ich sei zu dick und hätte einen zu großen Hintern. Heute wäre ich froh und dankbar, wenn ich wieder so schlank wäre wie damals, als ich dachte, ich sei zu dick.

Da ich jeden Morgen das Gefühl hatte: „Ich habe nur noch Kraft für diesen einzigen Tag", war ich sehr im Hier und Jetzt. Im Hier und Jetzt gibt es keine Probleme. Probleme gibt es meistens, wenn wir mit den Gedanken in der Vergangenheit oder in der Zukunft sind. Es war komisch. Es war so friedlich. Es war so entspannt. Ich kannte dieses Gefühl gar nicht. Es war neu für mich. Mir ging es zwar schon immer sehr gut in meinem Leben, aber irgendwie war immer alles ein Kampf und voller Probleme und Dramen gewesen. Und jetzt floss alles, wie ein Fluss. Mir ging es immer noch gut, aber ich musste nichts dafür tun. Es geschah einfach! Das war sensationell und unglaublich.

Was ist Leid?

Leid entsteht durch das Anders-haben-Wollen als es ist. Auch Mitleid entsteht durch das Anders-haben-Wollen als es ist. Mitgefühl ist etwas anderes.

Ja, ich wollte es früher immer irgendwie anders haben, als es war. Ich war so sehr in meinen Vorstellungen und meinen Gewohnheiten zu denken und zu handeln gefangen. Ich hatte so viele Erwartungen. An meine Mitmenschen und an das Leben selbst. Für mich war diese Woche auf der AIDA großartig. Die leise Stimme meines Herzens durfte endlich in meinem Leben den Ton angeben, denn der Verstand war mit dieser Situation komplett überfordert.

Es waren über 1000 Passagiere auf diesem Schiff. Unter anderem war eine Drei-Mann-Gruppe gemeinsam an Bord. Die drei waren wie die Quälgeister Statler und Waldorf der Muppet Show. Genauso wie die zwei Opas auf dem Balkon haben sie alles kommentiert, was sie beobachteten. Und bei mir haben sie anscheinend ganz klar beobachtet, was für eine arrogante Schnepfe ich sei, weil ich sie nicht beachtete und meine Aufmerksamkeit nur bei meinen Büchern war.

Einer davon hieß Rüdiger. Ich war ihm schon beim Abflug in Stuttgart aufgefallen, sagte er mir später, da sie beim Check-in genau hinter mir in der Schlange standen. Er hatte sich drei Tage lang intensiv überlegt, wie er mich wohl ansprechen könnte. Er wollte sich wirklich etwas Besonderes einfallen lassen, damit es mir ewig in Erinnerung bleiben würde.

Sein sehr besonderer, sehr origineller Satz, an dem er innerlich drei Tage lang gefeilt hatte, lautete: „Du kommst doch auch aus Stuttgart, oder?" Na, das nenne ich doch mal kreativ! Aber dieser Satz hat seine Wirkung erfüllt. Er bekam meine Aufmerksamkeit. Und er hatte recht, es bleibt mir ewig in Erinnerung. Danach haben die drei Männer und ich die letzten drei Urlaubstage fast ausschließlich gemeinsam verbracht.

War Rüdiger ein Geschenk Gottes zu meinem 40. Geburtstag? Was sollte ich mit diesem Geschenk machen? War es nicht der falsche Zeitpunkt für so ein Geschenk? Ich wollte doch eigentlich meinen Mann wieder zurück. Oder wollte nur die Gewohnheit in mir meinen Mann wieder zurück? Ich hatte Angst.

Als er fragte, warum ich alleine auf dem Schiff sei, habe ich die ganze Nacht von meinem Mann erzählt. Er hat geduldig zugehört. Na, das sind nicht wirklich die optimalsten Voraussetzungen für eine neue Freundschaft, dachte ich. Vielleicht war es ein Schutzmechanismus von mir, denn ich hatte Angst vor dem Unbekannten, Neuen.

Am nächsten Tag war mein 40. Geburtstag. Wir sind zu viert zum Abendessen gegangen. An diesem Abend konnte ich wieder herzhaft lachen.

Meine Freundschaft und Liebe zu Rüdiger hat ganz langsam angefangen. Ich war noch sehr mit meiner Trennung von meinem Mann beschäftigt. Rüdiger ist fünf Jahre älter als ich und hatte eigentlich kein Gepäck. Damit meine ich: Er hatte keine Ex-Ehefrau und keine Kinder. Das wiederum fand ich am Anfang schon etwas merkwürdig für einen 45-jährigen Mann. Sein 18 Monate älterer Bruder war gerade ein halbes Jahr vorher gestorben. Also hatte auch er schon gute Zeiten und schlechte Zeiten erlebt.

Weil er in den ersten 40 Jahren meines Lebens nicht an meiner Seite war, hatte ich Angst, dass vielleicht deshalb keine gute Partnerschaft möglich sei. Interessant, was für Ängste sich mein Kopf manchmal so ausdenkt, um mich zu beschäftigen. Aber ich spürte eine tiefe Verbundenheit zu ihm, obwohl ich ihn erst ein paar Monate kannte. Die Vertrautheit zu ihm war viel stärker als zu meinen Familienmitgliedern der Herkunftsfamilie. Was war das? Das kannte ich bisher so nicht. Wir waren uns irgendwie ähnlich, fast wie Geschwister, obwohl er eigentlich fremd war, oder doch nicht?

Er lebte in Bretten, nur 70 Kilometer entfernt von Stuttgart, an der Grenze zwischen Baden und Württemberg. Ich kannte diese Kreisstadt nicht und habe im Spaß nachgefragt, ob ich ein Visum benötigen würde. Alle haben sofort erkannt, dass ich aus dem Schwabenland komme. Wenn im Fußball der Karlsruher SC gegen den Stuttgarter VfB gespielt hat, wurde es als ein Hochsicherheitsspiel eingestuft. Ich bemerkte, dass in diesem Landstrich zwischen Baden und Württemberg nicht nur ein sprachlicher Unterschied existiert.

Bei seinen Freunden bin ich von Anfang an als „Saci", wie mich alle nennen, angenommen und als Mensch akzeptiert worden. Das war das erste Mal in meinem Leben, dass ich mich weder für meine Herkunft noch für meine Hautfarbe oder für mein Geschlecht noch sonst irgendwie rechtfertigen musste. Sicher lag es auch daran, dass sie alle Freunde oder Bekannte von ihm waren. Doch egal aus welchem Grund, es war einfach ein so schönes Gefühl für mich, einfach als Mensch akzeptiert zu werden. Dafür werde ich allen ewig dankbar sein.

Auf einem großen Geburtstagsfest im Freundeskreis fragte mich einer seiner Freunde nach meinem Nachnamen. Ich war noch im Ablöse-Prozess von meinem ersten Mann und wollte, aus welchem Grund auch immer, den Nachnamen meines Ex-Mannes nicht sagen. Da rief der Freund in die Gruppe hinein: „Saci ist so arm, sie hat nicht einmal einen Nachnamen!" Er hatte alle Lacher auf seiner Seite. Ich fand es auch witzig.

Im Jahr 2005 bin ich zu Rüdiger und in seine Wohnung gezogen. Früher in meiner Ehe mit Christian hatte ich immer davon geträumt, dass wir vielleicht mal in der Blauen Moschee eine geistige Trauung mit einem Imam machen, damit ich offiziell wirklich den Segen von Allah habe. Ich hatte das Gefühl, ich brauche noch einen Segen von außen. Vielleicht weil ich durch die Aktionen meiner Eltern bei meiner Hochzeit absolut nicht das Gefühl hatte, es ist in Ordnung, dass ich ihn heirate. Jetzt lebten wir zusammen in einer Wohnung, obwohl wir nicht verheiratet waren und obwohl das offiziell eine Sünde für eine Muslima ist. Ich fühlte mich aber weder schlecht noch dass ich in Sünde lebe. Es fühlte sich gut an. Ich dachte: Ich brauche keinen Segen mehr von außen, weder von meinen Eltern noch von Gott, wenn es sich in meinem Herzen so stimmig anfühlt.

Ich war sehr mutig und habe meine Eltern, Schwestern und Nichten zum Essen eingeladen, damit sie mich in meinem neuen Zuhause besuchen kommen. Meine Eltern kamen nicht. Damals habe ich noch nicht direkt mit meinem Vater gesprochen. Ich bin mir unsicher, ob meine Mutter meinem Vater überhaupt von der Einladung erzählt hat. Meine Schwestern mit Familie kamen. Sie haben sich alle sehr mit mir gefreut, dass es mir so gut geht. Meine Nichten waren damals elf, zehn und sieben Jahre alt. Sie haben sich über unser großes Bad mit der großen Herzbadewanne am meisten gefreut und haben gleich zu dritt den halben Nachmittag in der Badewanne geplanscht und ihre Freude genossen.

Ich war damals maßlos von meinen Eltern enttäuscht und schwor mir, sie zu nichts mehr einzuladen, was mir wirklich wichtig war. Wahrscheinlich hatte ein Teil von mir ein schlechtes Gewissen, dass ich mit einem Mann lebe, mit dem ich nicht verheiratet bin. Die Gehirnwäsche meiner Kindheit wirkte immer noch. Ich dachte, es interessiert sie nicht einmal, wie und wo ich jetzt lebe.

Heute weiß ich natürlich, dass sie mit dieser Situation überfordert waren. Das hatte gar nichts mit mir zu tun. Nach außen wirkten meine Eltern fortschrittlich. Aber wie waren sie im Inneren? Wie war ihre „Software"? Sie konnten doch nicht über ihren Schatten springen und ihre Tochter besuchen, die in Sünde lebte? Heute sind sie auch in diesem Bereich etwas toleranter.

Im Sommer 2006 haben wir geheiratet. Jetzt bekam ich schlussendlich doch noch das Hochzeitsfest, das ich mir immer erträumt und gewünscht hatte. Eine große Party mit fast 100 Freunden und Verwandten, teilweise mitten auf dem Marktplatz in Bretten, den Rüdiger sehr liebt. Mittags Standesamt und abends Party mit Essen, Musik und Tanz im Hotel Krone. Es war traumhaft und märchenhaft. Vielleicht habe ich dieses Hochzeitsfest so sehr genossen, weil es nicht normal und selbstverständlich für mich war? Bei meiner ersten Hochzeit hatte ich erfahren und erlebt, wie schrecklich es war, nur ein pflichtbewusstes und steifes Zusammensein erlebt zu haben. Weil man eben zur Hochzeit gehen muss, wenn die Tochter heiratet.

Meine komplette Familie war anwesend, meine Eltern waren tatsächlich gekommen. Ich glaube, sie waren einfach nur erleichtert, dass sich überhaupt noch ein Mann für mich interessierte. Eine geschiedene Frau ist eigentlich eine Schande und irgendwie eine Sünde und eigentlich gilt eine geschiedene Frau nicht mehr wirklich als Frau, so ist die Denkweise meiner Kultur, in die ich geboren wurde. Was war ich nach meiner Scheidung gewesen? Gab es Menschen vierter Klasse?

Vor der zweiten Eheschließung habe ich mir natürlich schon Gedanken gemacht: Will ich überhaupt noch einmal heiraten? Die Liebe braucht doch keinen Vertrag, oder? Und ein Teil von mir wollte es eben immer noch meinen Eltern recht machen und dachte: Wenn ich wieder verheiratet bin und somit offiziell in geregelten Verhältnissen lebe, dann, vielleicht dann, werden sie mich endlich lieben. Sind das die Gedanken einer 43-jährigen Frau oder eher die eines verletzten Kindes?

Ich glaube, mein Vater hat Rüdiger vom ersten Tag an in sein

Herz geschlossen. Da spüre ich eine echte Verbundenheit zwischen beiden. Und dies, obwohl beide wegen Sprachschwierigkeiten gar keine großen Gespräche miteinander führen können. Mein Mann kann kein Türkisch und der deutsche Wortschatz meines Vaters ist sehr begrenzt.

Rüdiger hat meinen Vater als einen liebenswerten älteren Herrn kennen- und lieben gelernt. Nicht nur, weil jeder eine andere Sichtweise hat, sondern auch, weil er wirklich viel weicher geworden ist. Manchmal denke ich sogar, er ist zu weich und lebt nun den Gegenpol zu meiner Kindheit.

Als meine Nichten noch sehr klein waren und wir alle gemeinsam in einem Lokal zum Essen waren, waren meine Nichten sehr überrascht, dass ihr Dede (Türkisch für Großvater) nicht einmal selbst sein Essen aussuchen und bestellen kann. Dass alles von seiner Frau oder seiner Tochter für ihn übernommen wird. Ach, es ist einfach herrlich, wenn die kleinen Kinder noch so offen alles ausplaudern können!

Eigentlich hätte ich so gerne meinen Ex-Ehemann und seine neue Ehefrau eingeladen, denn ich habe es auch ihm zu verdanken, dass wir uns überhaupt begegnet sind. Aber ich habe mich nicht getraut. Außer meiner jüngsten Schwester waren alle in meiner Familie und einige der Freunde mit dieser Situation überfordert. Eine Scheidung in Liebe kannten sie nicht. Viele andere haben sich getrennt und es gab immer viel Drama, viel Streit und Manipulation. Die meisten hatten Kinder und die wurden für die Bedürfnisse der Eltern missbraucht. Das fanden sie zwar auch nicht gut, aber es war ihnen vertraut. Das kannten sie. Das war normal. Eine Scheidung in Liebe, damit waren sie überfordert. Das war neu. Das war fremd.

Für Rüdiger wäre es vollkommen in Ordnung gewesen. Er ist

meinem ersten Ehemann sogar dankbar, denn sonst hätte er mich nicht kennengelernt. Heute – heute würde ich ihn mit seiner Frau einladen und alles so gestalten, wie ich es möchte. Wie soll denn Entwicklung anders funktionieren? Wenn ich den Schmerz und die Traurigkeit nicht gelebt und gefühlt hätte, dass ich Christian, der in meinem Leben immer einen Platz in meinem Herzen hat, nicht einladen sollte, weil man das angeblich nicht tut, dann würde ich heute bestimmt nicht die Kraft und die Erkenntnis haben: Mir ist egal, was man angeblich tut oder nicht tut. Ich mache es auf meine Art und Weise. Sogar Frank Sinatra hat schon gesungen: „I did it my way"!

Auf der Homepage von Coach Britta Ludwig aus Hamburg habe ich eine schöne Metapher entdeckt. Sie hat es noch schöner formuliert, ich gebe es hier in meinen Worten wieder, wie ich es verstanden habe: Wenn jemand einen Marathon laufen will oder eine große Wanderung geplant hat, wird er sich viel Zeit nehmen und sich die passenden Schuhe kaufen und vorher ausprobieren, welche wirklich exakt für die eigenen Füße passen. Niemand wird sich, mal so geschwind, die Schuhe von einem anderen dafür ausleihen. Keiner hätte ein schlechtes Gewissen, das Angebot über die Schuhe von einem anderen abzulehnen, weil er eigene kaufen möchte. In meinem Leben wurde mir beigebracht – und ich habe es für wahr gehalten –, dass das, was für die anderen gut ist, auch für mich gut ist. Es wurde nie geprüft – ich habe nie geprüft –, ob es wirklich auch für mich passt.

Jeder Mensch ist einzigartig. Kein Mensch ist wie ein anderer. Jeder Mensch hat seinen eigenen Fingerabdruck und seine eigene DNA. Jeder Mensch läuft in seinen eigenen Schuhen, in seinem eigenen Tempo, seinen eigenen und einzigartigen Weg!

Christian wird immer mein erster Ehemann bleiben und hat Spuren in meinem Herzen hinterlassen.

Nachdem wir verheiratet waren, wollte ich mit Rüdiger nach Istanbul fliegen, um meine Eltern zu besuchen und ihm meine Wurzeln zu zeigen. Meine Mutter war etwas besorgt und sagte, ich solle niemandem erzählen, dass er nicht Christian ist, denn sie würden es dort sowieso nicht merken! Ich glaube, es war ihr peinlich, wenn unsere Verwandtschaft erfährt, dass ich geschieden bin.

Wie bitte?, dachte ich. Christian ist fast zwei Meter groß und blond und Rüdiger ist über einen Kopf kleiner als er und hat dunkle Haare. Jeder Blinde hätte den Unterschied gesehen. Dieser Wunsch war absurd für mich. Diesmal wollte ich die Situation abwarten und dann nicht die brave Tochter spielen. Ich würde die Wahrheit sagen. Was ist denn schlimmer? Was ist denn peinlicher? Dass ich geschieden und wieder verheiratet bin, so wie es passiert ist, oder dass ich darüber spreche?

Ich habe mich entschieden, zu meiner Ehe und zu meinem Leben und vor allem zu mir selbst zu stehen!

Warum ist es peinlich, geschieden zu sein? Ist es ein würdiges Leben, wenn man mit seinem Partner einfach verheiratet bleibt, weil man viele Ehejahre ansammeln will, weil man Angst hat, alleine zu stehen, wenn man einfach verheiratet bleibt, weil man es vor vielen Jahrzehnten versprochen hat?

Rüdiger war damals geschäftsführender Gesellschafter einer Firma, die rund 100 Mitarbeiter beschäftigte. Als ich ihn auf geschäftliche Events begleiten durfte, war ich etwas unsicher und fragte ihn, was ich zu beachten hätte, damit ich keine Fehler mache. Er sagte: „Bleib einfach so, wie du bist – sei einfach du selbst." Das kannte ich nicht. Das war fremd für mich. Ich habe es nicht verstanden. Er sagte damit: So wie du bist, bist du in Ordnung. Das hatte bisher noch nie jemand zu mir gesagt oder durch sein Verhalten mir das Gefühl dafür gegeben. Rüdiger hat es mehrere Hundert Mal gesagt, bis ich es langsam selbst glauben konnte, dass ich in Ordnung bin und dadurch meine alten Erfahrungen überschreiben konnte. Er gab mir damit auch das Gefühl: Ich glaube an dich.

Das größte Geschenk, das Rüdiger mir macht, ist, dass er mich einfach so lässt, wie ich bin. Dadurch kann ich mich entwickeln und wachsen in meinem eigenen Tempo. In der Natur schreibt auch keiner einem Baum vor, wie viele Zentimeter er heute wachsen muss, weil er ansonsten „falsch" ist, oder?

MEINE ERKENNTNIS:

Wenn dir das Leben etwas nimmt – dann nur aus einem einzigen Grund. Weil es etwas Besseres für dich bereithält. Einen anderen Grund gibt es nicht!

Um an seinen eigenen Weg zu glauben,
muss man nicht zuerst beweisen,
dass der Weg des anderen falsch ist.

Aus: „Handbuch des Kriegers des Lichts"
Paulo Coelho

Veränderungen in unserer Ehe

Am Anfang unserer Ehe hatte Rüdiger zwei große Ängste. Er hatte Angst, seine Firma zu verlieren, und er hatte Angst, mich zu verlieren. Vielleicht müssen die Ängste zuerst erlebt werden, damit sie sich auflösen können? Erst dadurch kann man frei von dieser Angst werden und entspannt weiterleben.

Wir waren fast sechs Jahre verheiratet und hatten ein gutes Leben. Alles war schön. Alles war nett. Wir hatten ein schönes Zuhause und einen großen Freundeskreis. Es war immer etwas los. Hier mal ein Geburtstagsfest und dort mal eine Feier. Ich hätte locker die nächsten 50 Jahre so weitermachen können. Es war so bequem. Es war so gemütlich. Ich hatte es mir in meiner Komfortzone so gemütlich eingerichtet.

Ich hatte allerdings das Gefühl, ich bin mehr Mutter als Ehefrau und Partnerin. Es war zwar alles in Ordnung so, aber es wurde mir zu eng und in mir war wieder eine Sehnsucht nach Veränderung. Warum auch immer dies der Weg meiner Seele ist, ich habe wieder einmal erkannt, dass dieser Raum, in dem ich bin, nicht alles ist. Ich hatte plötzlich ein ganz komisches Gefühl. Ich dachte, wenn jetzt der Tod an die Türe klopft, kann ich auch nicht mit dem Tod diskutieren, warte noch ein oder zwei Jahre, denn eigentlich wollte ich noch das und das und das in meinem Leben umsetzen. Das war kein schönes Gefühl. Es war eine ganz tiefe Trauer, sie kam von ganz tief innen aus dem Bauch. Einige meiner Freundinnen machen sich Gedanken, ob es ein Leben nach dem Tod gibt. Ich machte mir Gedanken, ob es ein Leben *vor* dem Tod gibt. Ist das Leben ein Funktionieren und Pflichtenerfüllen? Verdient das den Namen Leben überhaupt, oder nicht? Was bedeutet Leben? Dass man einfach noch atmet? Oder dass man wirklich lebendig ist?

Ich hatte mein Leben doch schon mit meiner Geburt geschenkt bekommen. Warum dachte ich eigentlich, dass ich mir mein Leben erst verdienen muss und etwas dafür tun muss? Warum glaubte ich dieser Lüge?

Nach unserer Hochzeit sagte mir Rüdiger, dass er sich jetzt endlich um das Wesentliche kümmern könnte. Für den Bruchteil einer Sekunde dachte ich: Vielleicht meint er mich? Aber mir war sofort klar, er meint seine Firma. Sein Baby, wie er seine Firma gerne nannte, liebte er schon viel länger als mich. Er hatte „selbst und ständig" in den letzten Jahren immer eine Sieben-Tage-Woche in seiner Firma verbracht.

Wir waren so daran gewöhnt, dass der andere einfach da ist und alles funktioniert. Wir hatten die Achtsamkeit im Alltag vergessen. Da fehlte mir etwas. Vielleicht fehlte mir auch gar nichts? Vielleicht sollte ich nur meine Einstellung zum Leben ändern, dachte ich. Vielleicht sollte ich mich selbst endlich wichtiger nehmen? Vielleicht sollte ich die Einstellung zu mir selbst ändern und mich endlich von den Vorstellungen und Erwartungen der anderen lösen und befreien? Ich wollte mehr Leben in meinem Leben. Ich wollte, dass es lebendiger wird.

Meine zweite Schwiegermutter war Tage vor unserer Hochzeit am Boden zerstört. Sie hatte Angst, dass ich ihr jetzt auch noch diesen Sohn wegnehme. Er war schließlich „erst" 48 Jahre alt. Sie wollte nicht loslassen. Ich hatte das Gefühl, dass mein Mann energetisch mit seiner Mutter verheiratet ist. Seine Nabelschnur war noch nicht wirklich getrennt. Da war kein Zentimeter Platz zwischen den beiden für mich. Ich konnte nicht mit ihm darüber reden, da er es persönlich nahm und in der Rolle eines verletzten kleinen Jungen reagierte. Alles im Leben ist wie ein Spiegel. Und so war auch diese Situation natürlich ein Spiegel für mich. Sonst hätte ich nicht diesen Partner, das war mir klar. Bei anderen erkennt man die Dinge oft viel klarer als bei einem selbst.

Wenn es stimmt, wie man sagt, dass „Geld zu Geld geht", vielleicht stimmt es auch, dass Trauma zu Trauma geht?

Auch in dieser Familie waren viele Ähnlichkeiten mit meiner Herkunftsfamilie und der Familie meines ersten Mannes. Das, was ich zu geben hatte, wollte niemand, so kam es mir zumindest vor. Sie waren nicht offen für Neues und ich war nicht mehr bereit, ihre alten Muster zu bedienen. Ich wollte nicht mehr einfach der Gegenpol sein, damit sich alle anderen um mich herum wohlfühlen und sich immer mehr ausbreiten. Dieses ICH der anderen war in meiner Vergangenheit immer größer geworden und nahm immer mehr Platz ein. Nach den vielen Wiederholungen mit meinen Eltern, meinen Ex-Schwiegereltern, meinem Ex-Mann und meinen Kollegen war mein Leidensdruck endlich stark genug gewesen, dass ich mich bewegte.

Nach meiner Erfahrung mit meiner Scheidung wollte ich es besser oder anders machen. Ich wollte, dass gar nichts mehr im Alltag normal und selbstverständlich ist. Das ist kein hoher Anspruch, finde ich. Das Leben ist viel zu kurz und zu wertvoll, um irgendetwas als selbstverständlich, gewöhnlich oder normal zu betrachten, dachte ich so vor mich hin. Ich allein entscheide, ob ich die Begebenheiten und die Liebe als etwas Gewöhnliches sehe oder achtsam jeden Augenblick als ein Geschenk wahrnehmen kann.

Ich wachte damals jeden Morgen auf und überlegte mir, womit könnte ich meinem Mann eine Freude machen? Ideen gab es immer, sie gingen mir nie aus, auch nicht mit den Jahren. Es war allerdings so, dass ich mir nie überlegt habe, womit ich mir selbst eine Freude machen könnte. Ich war nicht in der gleichen Art und Weise gut zu mir selbst.

In meinem Unterbewusstsein gab es da noch die Prägung meiner Mutter und meiner Familie: Das, was der Vater machte, war wichtiger. Denn durch ihn kommt das Materielle, durch ihn kommt das Geld. Er ist der Ernährer der Familie. Die Frau, die hält – nur – den Haushalt in Ordnung. Die erzieht – nur – die Kinder. Auch das ist etwas, das finde ich überall auf dieser Welt. Dass Frauen oft sogar eine zweifache oder dreifache Belastung haben und dass das selbstverständlich ist. Viele sehen aber trotzdem immer noch das, was der Mann macht, als wesentlich mehr wert an, weil es kollektiv einfach als „mehr" angesehen wird. Es gibt so viele alleinerziehende Mütter, die wahre Manager sind. Auch im Krieg waren die Frauen praktisch doch schon „alleinerziehend", auch später, wenn die Männer zwar von der Arbeit nach Hause kamen, aber nur offiziell anwesend waren, nicht wirklich „da".

Obwohl Rüdiger und ich eigentlich etwas ganz anderes lebten, war all das in mir unterbewusst noch gespeichert.

Als ich das Buch „Der geheime Plan Ihres Lebens" von Ruediger Schache las, dachte ich zuerst: Wie größenwahnsinnig ist er denn?

Woher will er denn wissen, was mein Plan ist? Mein Verstand hat damals alle möglichen Tricks angewendet, damit ich alles so lasse wie bisher. Das funktioniert in einem Bruchteil einer Sekunde und die Gewohnheiten sind so stark und mächtig. Einen Absatz aus diesem Buch möchte ich hier schreiben, da er mich ein Jahr lang begleitet und mir geholfen hat:

„Eine der größten Anforderungen, vor die das Leben uns stellen kann, ist, einen geliebten Menschen in Liebe loszulassen, damit er – und man selbst – seinem Lebensplan weiter folgen kann. Die Herausforderung ist deshalb so groß, weil sie eine der selbstlosesten Taten ist, die man vollbringen kann. Man nimmt den eigenen Schmerz der Trennung auf sich, um dem anderen die Freiheit für sein Leben zurückzugeben. Und man lässt die Fürsorge los, die man für das Wohl des anderen übernommen hat. Man setzt ihn dem Risiko des eigenen Gefühlslebens aus und sich selbst ebenso.

Für diese Entscheidung braucht es Vertrauen in den Plan des Lebens. Es braucht den Mut zu erkunden, ob hinter dem Loslassen noch etwas wartet, auch wenn man es weder sehen noch fühlen kann. Manche Menschen nennen dieses Vertrauen in die Richtigkeit von allem, was kommen wird – Gottvertrauen." (aus: Der geheime Plan Ihres Lebens, Ruediger Schache, Goldmann)

Ich habe für mich erkannt: Genau das macht mich eben aus. Dass ich zur Veränderung bereit bin. Dass ich in mir diesen Glauben, diese Hoffnung habe, da gibt es noch etwas Besseres. Ich bin nicht die, die sagt, besser geht es nicht, sondern die, die sagt, es geht immer noch etwas besser. Und das herauszufinden, finde ich spannend. Dafür stehe ich im Leben.

Wenn man einen Frosch in einen Topf mit kochendem Wasser wirft, wird er sofort heraushüpfen, damit er nicht stirbt. Wenn man einen Frosch in einen Topf mit kaltem Wasser wirft und es ganz langsam zum Kochen bringt, wird er keine Fluchtversuche unternehmen. Er bleibt in diesem Topf und wird dabei sterben. Vielleicht denkt er wie wir Menschen „Got scho", übersetzt „Geht schon, das halten wir durch." oder „Auch das geht vorbei."? Viele Menschen leben und handeln wie dieser Frosch. Sie bleiben einfach im Wasser sitzen.

Liebe ist für mich schon lange kein Besitz mehr!

Was ist denn Liebe? Für mich ist es das Wachstum und schlussendlich die Vollkommenheit, die Schönheit, die Wahrheit, die Freiheit, dass jemand wirklich als der leben kann, der er ist.

Mich vollkommen zu trennen – Schluss, aus und vorbei – kannte ich schon. Ich wollte wieder eine Trennung, aber diesmal anders.

Ja, ich wollte Veränderung und habe erkannt: Am leichtesten können wir den gemeinsamen Wohnraum verändern. Ich zog daher aus unserem gemeinsamen Zuhause aus und nahm mir eine Zweizimmerwohnung in der Nähe vom Flughafen in Stuttgart. Dadurch hatte ich gleichzeitig täglich zwei bis vier Stunden Fahrtzeit weniger zur Arbeit. Ich hatte zwar auch viel mehr Aufgaben dadurch, aber ich war glücklicher. Jetzt hatte ich zwei Wohnungen zu putzen und war zuständig für den Einkauf von Lebensmitteln für zwei Wohnungen, aber es veränderte sich etwas in unserer Ehe. Ich bin an meinen freien Tagen zu meinem Mann gefahren, ansonsten war ich fünf bis sechs Tage am Stück in Stuttgart. Unsere gemeinsame Zeit wurde kostbarer und wertvoller. In Baby-Schritten kam wieder mehr Achtsamkeit in unsere Ehe. Diese Veränderung in unserer Partnerschaft hat auch eine große Entwicklung im Leben meines Mannes gefördert.

Es war so schmerzhaft für mich, dass ich ihn mit meiner Entscheidung verletzte. Ihm wehzutun, fühlte sich an, wie mir selbst wehzutun. Das war schrecklich für mich. Ich will doch Liebe und

Freude verbreiten, und jetzt? Stand das in meinem Lebensplan, Rüdiger so wehzutun, dem Menschen, den ich so sehr liebte? Der mir das Wichtigste und Liebste geworden war? Das war ein sehr schwerer Schritt in meinem Leben, vielleicht der schwerste überhaupt. Aber ich vertraute der Stimme meines Herzens. Ich wollte mich selbst nicht mehr belügen und mein Herz nicht mehr verraten.

Es war eine große Herausforderung für mich. Wenn in einer Ehe etwas schiefläuft oder Streitereien herrschen, ist es einfach und natürlich, dass man sich Gedanken darüber macht, ob man etwas verändern muss.

Wir sind bis heute immer sehr liebevoll und wertschätzend miteinander umgegangen. Es gab bisher keinen Streit. Kein lautes Wort. Kein böses Wort. Nichts. Deshalb war es eine besonders große Herausforderung für mich, diese feinen Töne zu fühlen. Der leisen Stimme meines Herzens zu folgen. Meine Seele zu spüren. Und meine Wahrheit gegen die Wahrheit aller anderen zu stellen.

Wir sind nicht nur Ehepaar oder Liebespaar, sondern in der Schule des Lebens sind wir auch Trainingspartner. Wir sind auch da, uns gegenseitig in die eine und andere Prüfung hineinzuhelfen, auch wenn das herausfordernd für den anderen ist. Unsere Liebe macht es möglich. Unsere Liebe trägt uns. Die Macht der Liebe! Ich glaube an die Liebe!

Wenn Gott und ich gemeinsam Hand in Hand gehen, ist Unmögliches möglich. Ich könnte auch sagen: Wenn das Herz und der Verstand gemeinsam an einem Strang ziehen, dann ist Unmögliches möglich. Denn Gott ist ja das Herz. Und der göttliche Funke ist nicht nur in meinem Herzen. Er ist im Herzen jedes einzelnen Menschen auf der Erde.

Ich habe erfahren, wenn ich liebevoll bleibe und die Absicht hinter den Dingen wirklich Liebe zu mir selbst ist, und wenn ich respektvoll dem anderen gegenüber bleibe, dann sind Veränderungen oder andere herausfordernde Situationen immer für beide eine große Chance.

Rüdiger hat mich zwar auch nicht verstanden und hat trotzdem am Ende zu mir gehalten. Mein Mann hat sich sehr verändert: Der alte Rüdiger wäre eher mit seinem Freund etwas trinken gegangen und hätte über seine Frau hergezogen. Er hat zwar meine Aktion nicht verstanden, aber er hat es respektiert. Er hat seinem Herzen vertraut. Er hat sich für die Liebe entschieden. Die Liebe hat gesiegt. Er hat sich so verhalten, wie ich es nicht für möglich gehalten habe. Wie er selbst es kaum für möglich gehalten hat. Und das, obwohl viele ihn manipuliert und auf ihn eingewirkt haben, Freunde und Verwandte ihn fast bedrängten, doch in die Verletzung und in die Enttäuschung hineinzugehen und die Tür zuzuschlagen. Er aber hat sich anders entschieden, und ich habe mich neu in ihn verliebt. Das war, als ob ich meinen Mann neu kennenlerne, eine neue Seite an ihm.

Nun, natürlich hat jeder die freie Wahl. Mein Mann hätte sich auch anders entscheiden können. Manche Männer und Frauen entscheiden sich womöglich anders, aber jeder hätte an diesem Punkt zumindest die Chance, dass er sich auch selbst verändert.

Da ich Trennung und Scheidung erfahren hatte, wollte ich diesmal keine Wiederholung. Man muss sich nicht zwangsweise trennen, das waren schon immer meine Gedanken gewesen. Und dass man auch in einer Partnerschaft weiterziehen kann, habe ich in dieser Ehe bewiesen.

Schon in der ersten Nacht nach meinem Auszug haben wir beide erkannt: Wir können uns gar nicht trennen. Wir fühlen beide so eine tiefe Liebe und Verbundenheit zwischen uns. Vielleicht ist Trennung nur eine Erfindung meines Verstands? Sind wir nicht alle irgendwie miteinander verbunden?

Mir war bisher immer vorgelebt worden: Entweder man war getrennt oder in Beziehung. Es war neu für mich, die Beziehung und Partnerschaft auf diese Art zu verändern. Ich hatte keine Vorbilder, die mir vorgelebt oder gesagt haben: „Du, jetzt verändern wir unsere Beziehung! Die letzten Jahre waren wir viel zu eng zusammen, jetzt brauchen wir etwas Abstand, damit die Balance wieder stimmt." Das hatte ich vorher in meinem Umfeld nie gehört.

Am Anfang habe ich mich schuldig gefühlt, obwohl ich keinen Grund hatte, oder doch? Es war in allen meinen Körperzellen gespeichert, dass eine Frau das nicht macht und eine türkische Frau schon gar nicht. Wer bin ich denn schon, dass ich selber entscheiden will, was ich gut finde oder nicht? Schon einer der vielen Gründe hätte früher gereicht, um mich schuldig zu fühlen.

Eigentlich weiß ich, dass ich weder meinen Eltern noch meinem Mann noch sonst jemandem Schwierigkeiten bereite. Wie könnte das, was eine Entscheidung aus der Wahrheit meines Herzens ist, für sie zum Schaden sein? Es ist ein göttliches Gesetz: Das, was zum höchsten Wohl des einen ist, ist auch immer zum höchsten Wohl des anderen. Wenn daraus eine Schwierigkeit entsteht, dann nur, weil andere sie dazu machen.

Ich habe diesen Schritt nicht von meinem Bankkonto abhängig gemacht. Mein Konto war etwas überzogen. Ich musste drei Monatsmieten Kaution überweisen. Ich hatte meine Wohnung über eine Maklerin gefunden und somit war eine hohe Maklergebühr zusätzlich fällig. Damals hat der Mieter die Maklergebühren bezahlt. Ich benötigte ein Bett, einen Kleiderschrank, einen Tisch und ein paar

Stühle, Lampen und Sonstiges. Ich habe mir ein paar Tausend Euro geliehen und bei dem großen schwedischen Möbelhaus alles gekauft, mir liefern und aufbauen lassen.

Jetzt erkannte ich erst wirklich, wie großartig ich damals bei Christian reagiert hatte. Jetzt fühlte ich es sogar körperlich.

Echte, wahrhaftige, bedingungslose Liebe hat kein anderes Ziel, als ausschließlich die Freiheit, die Göttlichkeit, die Vollkommenheit, die Erfüllung – also das Allerhöchste – in einem anderen zu fördern!

Damit meine ich, an erster Stelle stehen nicht die äußeren Aktionen, sondern die innere Entscheidung. Und dafür muss ich gar nicht im Detail wissen: Ja, wie ist denn jetzt der Plan? Auch das ist Hingabe! Nicht genau um den Plan zu wissen (Verstand!) und sich trotzdem für ihn entscheiden. Und dies wiederum bringt Prozesse in Bewegung.

Ich beobachte und vertraue dem Fluss des Lebens. Und ich gehe davon aus: Nichts ist zufällig!

Wer wirklich Neues will, kann Altes nicht mitschleppen. Damit meine ich nicht: Meine Beziehung ist alt und ich schleppe an ihr. Ich spreche von den Mustern und Strukturen, in der gewohnten Art zu denken und zu fühlen und uns zu verhalten. Muster, die geprägt sind von der Wirklichkeitsvorstellung aller Menschen. Auch unser Bewusstsein über die Struktur von Beziehungen ist an eine Grenze gekommen. Denn hier werden oft noch am allermeisten Abhängigkeiten und Einengungen gelebt. Hier ist der Glaube von Besitz und ein Anspruchsdenken. Hier meinen die meisten, dass einer ein gewisses Recht hat, das Verhalten und die Entscheidung des anderen mitbestimmen zu dürfen. All das kann nicht wirklich in die Freiheit führen.

Manche Räume sind wohl groß, aber auch sie haben ihre

Begrenzung. Der Freiraum in unserer Ehe war groß. Aber wie sah es in unseren Köpfen aus?

An meinem Mann, Vater, Mutter und meiner Schwiegermutter habe ich so manche Male wunderbare Beispiele dafür erlebt, wie schwer es ist, mit jemandem in echte Beziehung zu gehen, wenn dessen/deren Kopf so voll ist von Vorstellungen und Gedanken. Wenn keine Offenheit und Flexibilität da ist. Wenn der Kopf so beschäftigt ist. Wenn man mit sich selbst so sehr beschäftigt ist und wenn jemand nur in seinen Vorstellungen lebt und nicht wirklich präsent ist. Das ist an und für sich nicht verkehrt, aber wenn die Fähigkeit fehlt, wirklich offen zu sein, auch für eine ganz andere Weltsicht, andere Entscheidungen, anderen Glauben, andere Verhaltensweisen, als man es selbst für gut findet, wird eine Beziehung schwierig oder gar nicht möglich.

Es ist eine große Meisterleistung, bei sich zu bleiben und eine innere Wahrheit zu haben und trotzdem gleichzeitig dem anderen einen Freiraum zu geben. Früher kannte ich nur die Extreme. Entweder ich schaffte es, mich durchzusetzen, oder ich folgte eben der Wahrheit anderer beziehungsweise wurde durch diese mitbestimmt. Es war immer ein starkes Spannungsfeld zwischen Macht und Ohnmacht.

Wie soll ich mit anderen in Beziehung gehen, wenn ich nicht mal mit mir selbst in einer guten Beziehung bin? Es schwingt immer alles mit. Auch wenn der Kaffeesatz unten am Boden der Tasse liegt, ist er immer noch im Kaffee. Ist er immer noch in der Tasse und nicht außerhalb.

Zu meiner Freundin habe ich in einem Gespräch gesagt, ich würde diesen Schritt nur meinem Mann zuliebe machen. Das hatte ich damals nicht nur gesagt, sondern ich habe es wirklich gedacht, gefühlt und gelebt. Ich hätte mir damals gar nicht vorstellen können, dass ich etwas nur wegen mir mache. Das gab es in meiner Vorstellung und in meiner Vergangenheit überhaupt gar nicht.

Im Nachhinein war diese Entscheidung damals der größte Akt der Selbstliebe, den ich je gemacht habe. Dieses Nein zu der Art, wie wir unsere Beziehung damals lebten, war ein Ja zu mir selbst. Es war kein Nein zu meinem Mann. Ich habe nie an unserer Liebe gezweifelt. Ich habe es aus Liebe zu mir selbst und aus Ehrlichkeit zu mir getan und daraus ist auch etwas Gutes für meinen Mann entstanden.

Ich bin zwar täglich zur Arbeit gegangen, aber ich habe sehr viel Zeit mit mir alleine und in der Stille dieser Wohnung verbracht. Ich hatte weder Festnetztelefon noch Fernseher oder Radio. Es war wie ein Klosterleben in meiner Wohnung. Nur Ruhe und Stille und keine Ablenkung. Die nächsten drei Jahre habe ich mich bewusst auch um meine Beziehung zu mir selbst und zu meinem Körper gekümmert. Ich habe wieder viele Bücher gelesen.

Das, was meinem Mann bis dahin so wichtig war – sein Ansehen –, war angekratzt. Trotzdem hat er zu mir gehalten. Seine Frau verlässt ihn und er sollte der dummen Kuh doch eigentlich den Krieg erklären, dachten und manipulierten ihn Freunde und Verwandte.

Das ist eigentlich der größte Liebesdienst, den Rüdiger mir gemacht hat. Er sagte mir dadurch: „Du kannst tun und lassen, was du willst, ich stehe trotzdem zu dir. Das ändert absolut nichts an meiner Liebe zu dir!" Ist das nicht bedingungslose Liebe? Vielleicht ist meine größte Angst, dass er mich wirklich liebt? Noch nie hatte jemand in meinem bisherigen Leben so zu mir gestanden.

Ich habe diese Wohnung nach vier Jahren im Sommer 2016 wieder gekündigt und bin zurück in unser gemeinsames Zuhause gezogen. Mein Lebensmotto ist, immer vorwärts zu gehen und nie rückwärts.

Doch es war irgendwie kein Zurück. Ich fühlte mich als eine andere Frau, die wieder dort eingezogen ist.

Heute weiß ich, es war eine Phase auf meinem Weg, auszuprobieren, wie ich aus meinem Gefängnis der Gedanken, Muster und Wiederholungen herauskommen kann. Und da war es für mich wichtig, auszuprobieren, dass ich die ganzen äußeren Umstände mal kurz verändere. Es war auch eine gewisse Ehrlichkeit, denn ich habe gewusst, dass, wenn alles im Äußeren so bleibt, ich mich selbst schwertue, aus meinen Mustern herauskommen zu können.

Also war ich bemüht, andere Umstände zu schaffen, die es begünstigten, dass ich nicht mehr nur funktioniere. Vor meinem vorübergehenden Auszug konnte ich mein Ideal von Liebe und Partnerschaft nicht leben.

Wir beide, und dadurch auch unsere Ehe, haben uns sehr gut entwickelt. Ich kann ganz klar sagen, ich wäre heute nicht die Person und unsere Beziehung wäre heute nicht die, die sie ist, hätte ich damals nicht Veränderung und Bewegung in unsere Ehe gebracht. Es kam viel Bewegung in unser beider Leben. Unsere Liebe ist echt. Unsere Liebe konnte sich auf die nächste Ebene weiterentwickeln und dadurch sind wir beide gewachsen.

Natürlich war es damals eine große Herausforderung für mich, meine Wahrheit gegen die Wahrheit aller zu stellen. Aber wie viel größer und kraftvoller war das ganz große Zeichen, dass ich endlich zu mir selbst stehe.

Und Rüdiger hatte die Wahl, er hätte sich in unterschiedlichster Art und Weise verhalten können. Er könnte noch heute enttäuscht und vorwurfsvoll zu mir sagen: „Du hast mich verlassen – du hast mich zurückgestoßen!" Er hätte sich als Opfer fühlen können, so wie er es in seiner Familie gelernt und vorgelebt bekommen hat. Aber er hat seinem Herzen vertraut. Er hat der Liebe vertraut.

Jeden Abend vor dem Schlafengehen bedanke ich mich schon seit Jahren für meine Partnerschaft und Liebe mit Rüdiger. Heute kann ich den Unterschied fühlen, dass meine Dankbarkeit früher eher gedacht war. Heute kann ich Dankbarkeit auch ganz anders fühlen.

Für mich ist ein Wir viel mehr als nur du und ich. Wir leben nicht mehr einfach so nur nebeneinanderher, und wir sind auch nicht mehr so ganz festgefahren in Rollen – ich bin immer die und du bist immer der. Das ist Entwicklung. Das ist Segen. Das ist eine Gnade!

Und ich fühle: Ich werde als Seele geliebt, also das ganze Paket und nicht nur entweder mein Körper oder nur der Inhalt. Ich erkenne: Wir beide können uns auf Veränderungen einlassen und wir gehen gemeinsam in die gleiche Richtung. Na, vielleicht nicht immer in der gleichen Geschwindigkeit, sondern jeder in seinem Tempo, aber wir gehen! Das ist mir wichtig. Dass wir in Bewegung bleiben! Dass unsere Ehe in Bewegung bleibt! Und wir haben immer wieder die Punkte intensiver Begegnung.

Zwischen Rüdiger und mir ist gegenseitiger Respekt. Da habe ich mich weit weg aus den Strukturen meiner Herkunftsfamilie entwickelt. Ich hätte auch einen Partner haben können, der ununterbrochen Macht haben möchte, der alles kontrollieren will, alles bewertet, beurteilt und vor allem verurteilt. Doch ich habe einen Ehemann, der sogar meine Freiheit und Eigenständigkeit schätzt. Er muss mich gar nicht kontrollieren oder besitzen und er braucht mich nicht, damit er sich mächtiger fühlen kann. So wie es bei den meisten türkischen Männern normal ist.

Viele unserer Familie und Freunde sind damit überfordert, wie wir beide unsere Wege gehen. Sie sind mit ihren eigenen Ängsten konfrontiert gewesen und haben es auf mich projiziert. Ich wurde von Feiern ausgeladen oder gar nicht mehr eingeladen.

Rüdiger und ich sprengen den Rahmen – auch bei unseren deutschen Freunden. Früher habe ich immer gedacht, jeder Deutsche ist automatisch fortschrittlicher, flexibler und offener als ein Türke, von denen nicht jeder so fortschrittlich und offen ist, wie ich es immer gedacht habe.

Es gibt zum Glück mehr als eine Handvoll Freunde, die in ihrer Art und Zuneigung gleich geblieben sind. Ihre Freundschaft und Beziehung zu mir und zu uns ist frei davon, wie wir unsere Wege gehen. Sie akzeptieren mich einfach so, wie ich bin.

MEINE ERKENNTNIS:

Jeder Mensch hat seinen eigenen individuellen und einzigartigen Weg und seine eigene Geschwindigkeit!

Nichts an einer Raupe sagt dir,

dass sie ein Schmetterling werden wird.

Richard Buckminster Fuller

Beruf und Berufung

Als ich ein junges Mädchen war, fuhren wir meine Mutter einmal zum Flughafen nach Stuttgart. Sie flog damals alleine zu einer Beerdigung in die Türkei. Als ich in dieses Flughafengebäude kam, bekam ich eine Gänsehaut am ganzen Körper. Es war so aufregend. Gefühle sind die Sprache der Seele. Vielleicht war das ein Zeichen, dass dieser Ort in ungefähr zehn Jahren mein Arbeitsplatz werden würde? Meine Gänsehaut und die Begeisterung waren so intensiv, dass ich es nie vergessen habe. Ich war von der Atmosphäre total überwältigt. Ich habe damals entschieden, dass ich am Flughafen arbeiten möchte. Und mein Herzenswunsch ging in Erfüllung: Von Oktober 1986 an habe ich 30 Jahre lang in Vollzeit bei einer großen deutschen Fluggesellschaft gearbeitet.

Flughäfen haben immer noch eine ganz besondere Magie für mich. Die ganze Welt trifft sich und begegnet sich auf Flughäfen. Hier ist besonders viel Bewegung. Jeder will von A nach B. Es arbeiten sehr viele verschiedene Menschen und Nationalitäten in den verschiedenen Bereichen. Ich arbeitete bei der Fluggastbetreuung und war Flight Manager. Während der Kapitän der Boss in der Luft ist, ist der Flight Manager der Boss am Boden.

Wir haben die Gäste bei ihrem Check-in und beim Abflug betreut, mit allem, was dazugehört. Ich war im Schichtdienst beschäftigt.

In Stuttgart ist nachts Flugverbot und somit gab es verschiedene Frühschichten und Spätschichten und auch Tagesdienste. Früher, wenn es mal einen Tag lang so richtig chaotisch zuging, dachte ich, es läge am Vollmond. Irgendwann dachte ich fast jeden Tag, es sei Vollmond. Ein paar Jahre später dachte ich sogar in jeder Schicht, es sei Vollmond.

Bis zum Schluss war für mich jeder einzelne Arbeitstag ein Geschenk. Auch nach so vielen Jahren war ich täglich dankbar und hatte eine große Freude, dort arbeiten zu dürfen.

Es war für mich wie meine Familie, also meine Flughafen-Familie, und viele andere fühlten ähnlich. Auch mit unseren Vielfliegern fühlten wir eine große Gemeinschaft. Stuttgart hat sich von einem kleinen Flugplatz zu einem richtigen Airport entwickelt. Es ist nicht zu groß, dass es anonym ist, aber auch nicht zu klein, dass es den Namen Airport noch nicht verdient hätte. Ich bin gemeinsam mit meinen Kollegen und unseren Vielflieger-Fluggästen älter geworden, manche haben Kinder bekommen und später Enkel, manche haben schwere Krankheiten überlebt oder auch nicht überlebt, manche haben Trennungen in ihren Partnerschaften erfahren und das alles schweißt ganz schön zusammen. Die Sorgen und die Freuden eines ganz normalen Lebens haben wir miteinander geteilt oder eben bei anderen beobachtet und uns entwickelt.

So stellte ich mir die Welt vor: Eine große Weltengemeinschaft, wie wir alle gemeinsam arbeiten, wirken und leben. Nirgendwo sieht man den Querschnitt und den Durchschnitt der Bevölkerung auf einem Platz wie an einem Flughafen. Alle sind sie auf dem Weg. Egal ob im Äußeren oder auch im Inneren.

Ich selbst liebe es auch zu reisen. Das hat für mich ein Stück von Freiheit. Einfach nur zu wissen: Ich könnte, wenn ich wollte, für einen Tag nach New York. Die ersten 25 Jahre verbrachte ich jeden Urlaub im Ausland. Dieses „Ich könnte, wenn ich wollte" ist mir in allen Lebensbereichen sehr wichtig.

Für mich war mein geliebter Flughafen wie eine Art Trainingslager: Bei diesen Menschenmassen konnte ich jeden Tag üben und trainieren, bei mir zu bleiben. Es war für mich wie in der Filmkomödie „Und täglich grüßt das Murmeltier", in der Bill Murray denselben Tag immer wieder erlebt. Bei mir war es zwar nicht immer derselbe Tag, aber es war ähnlich und doch anders. Wenn ich anders war, war auch die Situation, die daraus entstand, anders.

Ich liebe die Menschen. Ich liebe es, die Menschen in ihrer Einzigartigkeit zu studieren und daraus zu lernen. Mein Flughafen-Leben war wie ein Katalysator für mich. Für das, was ich in den 30 Jahren am Flughafen üben und lernen durfte, hätte ich in einem Zweimannbüro mindestens sieben Leben gebraucht.

Ich weiß nicht, was man bei einem Psychologiestudium alles lernt. Ich habe das Gefühl, dass ich durch mein Leben selbst und durch die vielen Menschen am Flughafen viel mehr gelernt und geübt habe, als ich es je theoretisch in einem Studium hätte lernen können.

Ich habe in meiner Herkunftsfamilie nicht gelernt, wie man konstruktiv miteinander umgeht, wenn man eine andere Meinung hat, und auch nicht, wie man ohne Drama an Lösungen kommen kann.

Vielleicht war das der Grund, dass mein Herz mich zu dieser Arbeit geführt hat, damit ich lerne, es anders zu machen? Hier bei meiner Arbeit gab es ständig Herausforderungen und jeder hatte eine andere Meinung. Ich als Flight Manager wurde gerade dann gerufen, wenn die Mitarbeiter oder die Gäste an ihre Grenzen kamen und es dort Schwierigkeiten gab. Wenn es Hilfe von außen brauchte, um etwas zu lösen. Das war ein schönes Übungsfeld, um mit Problemen und Herausforderungen umzugehen und nach Lösungen zu suchen. Es eben anders zu machen, als ich es von zu Hause gelernt hatte. Zu Hause gab es in meinen Augen nur Drama.

Wir haben als Flughafenfamilie über die Jahrzehnte hinweg immer wieder gemeinsam viele Krisen überstanden, durchgehalten und ertragen. Als ich einmal bei einem überbuchten Flug einen freiwilligen Gast gesucht habe, der für eine bestimmte Geldsumme einen späteren Flug nahm, hat sich ein Senator gemeldet. Senatoren sind Fluggäste, die besonders viel fliegen. Er sagte mir wortwörtlich: Bei der Nuklearkatastrophe von Fukushima im März 2011 habe er es dieser Fluglinie und ihren Zusatzflügen zu verdanken, dass er aus Japan herausfliegen konnte. Er war aus Dankbarkeit gerne bereit, seinen Platz an diesem Tag herzugeben.

Die Vulkanaschewolke aus Island hat im April 2010 für mehrere Tage ein Flugverbot ausgelöst. Der Flugverkehr in und nach Europa war gestoppt. Kein einziges unserer Flugzeuge war in der Luft. Das gab es noch nie. Ich war so traurig und es hat mir so wehgetan. Ich nahm es fast persönlich. Ein Flugzeug ist doch zum Fliegen gebaut.

An einem Tag hat das gesamte Bodenpersonal dieser Fluggesellschaft in Deutschland gestreikt. Wenn es viele Gewerkschaften gibt und eine Gruppe (zum Beispiel Cockpit, Kabine, Feuerwehr oder Sicherheitspersonal) davon streikt, hat das immer Auswirkungen auf alle. Es hat auch immer Folgen für die Fluggäste. Jeder einzelne Fluggast hat seine eigene Geschichte. Ein Streik ist immer eine große Herausforderung für denjenigen.

Auch das Unternehmen nimmt Schaden. Einen großen finanziellen Schaden, vom Imageverlust ganz zu schweigen, der ist gar nicht konkret messbar.

Streiken ist im Grunde eine Verweigerungshaltung, geboren aus

Ohnmacht. Wenn Menschen glauben, keine andere Möglichkeit zu haben, dann entziehen sie sich eben oder drohen mit Entzug. Ein ähnliches Verhalten zeigt sich manchmal in einer Partnerschaft: Der eine Partner bedroht den anderen Partner, indem er sich entzieht oder mit Liebesentzug droht und ihn anderweitig bestraft. Ich sage nicht, dass Streiken immer vollkommen verkehrt ist. In bestimmten Entwicklungsetappen, auch unter bestimmten Umständen ist Streiken für manche Menschen ein Mittel. Damals, vor ein paar Jahrzehnten, war es schon großartig, dass sich die Mitarbeiter zusammenschlossen, dass sie sich in jenen Anfängen in der Macht und Möglichkeit in der Gemeinschaft erlebten, aber das ist heute so gar nicht mehr gegeben.

Denn was ich an diesem Tag beobachtete, war wohl die äußere Form eines Zusammenschlusses, aber die einzelnen Menschen darin bildeten gar nicht mehr die Einheit, wie es in den Anfängen war! Da war ein buntes Wirrwarr von unterschiedlichsten Vorstellungen, Interessen, von Manipulation und Einflussnahme und von eigener Wut und Enttäuschung. Und es waren so viele, die dann auch an dieser Stelle ihre Frustration im Leben, ihre Enttäuschung und im Übrigen auch ihre mangelnde Selbstliebe, ihre mangelnde Freiheit durch den Streik ausdrückten.

Angeblich ging es um mehr Gehalt und Arbeitsplatzsicherung, um materielle Dinge, die als Gründe genannt wurden, doch so, wie ich es sah, ging es eigentlich gar nicht darum. Das irritierte mich.

Viele kämpften hier einen ganz persönlichen Kampf. Es ging um ganz andere Defizite und um einen ganz anderen Mangel! Einen Mangel der Seele. Einen Mangel an Persönlichkeitsentwicklung und persönlichem Wachstum.

Die Mehrzahl der streikenden Kollegen und Mitarbeiter glaubten:

Das ist die Wirklichkeit und sie ist, wie sie ist. Sie konnten nicht sehen, dass sie selbst die Wirklichkeit machten. Ich bin mir sicher, sie würden alles ganz anders sehen, würden sie ein halbes Jahr lang an einen anderen Ort auf dieser Erde versetzt werden und müssten dort leben und wirklich um das „Überleben" kämpfen. Damit meine ich nicht, dass man alles hinnehmen muss, nur weil es woanders noch schlechter ist, aber man muss nach neuen Wegen suchen, um echte, gute Veränderung zu bewirken.

Denn die Forderungen auf der einen Seite bewirken an anderer Stelle Kürzungen und Verschlechterungen der Bedingungen. Dann gibt es wieder neue Forderungen, sodass die Notwendigkeit besteht, noch mehr Druck auszuüben ... Es gleicht einer Spirale. Dass etwas verändert werden musste, war ganz klar. Diese Wirtschaftsstrukturen, die wir hatten und haben, entsprechen nicht Gottes Gesetzen. Veränderung ist aber viel leichter und nachhaltiger möglich, wenn sich jeder einzelne Mensch um seine Bewusstseinsentwicklung bemüht. Wenn sich die Menschen als „Seelen mit bestimmten Qualitäten" erkennen. Dann können sie in anderer Art und Weise Neues gestalten.

Bei der Fußballweltmeisterschaft sitzen in Deutschland 80 Millionen „Bundestrainer" vor dem Fernseher und urteilen und verurteilen. Bei dem Streik damals ging es mir ähnlich. Ich hatte auf einmal 400 „Vorstandsvorsitzende" als Kollegen. Jeder glaubte zu wissen, was unser Vorstand verdient, wie viel er auf seinem Konto hat und dass er angeblich zu viel verdienen würde. Jeder, der selbst mit seinem Leben und mit dieser Situation überfordert war, glaubte zu wissen, was unser Vorstand jetzt aber zu tun und zu entscheiden hatte. Es war unglaublich.

Es ging damals viel um eine der günstigeren Airlines. Wir sollten zukünftig eine günstigere Airline bei der Abfertigung betreuen. Davor hatten viele ihre eigenen Ängste. Wenn die Mehrheit der Bevölkerung, also auch unsere Kollegen selbst, nicht nach dem Motto „Geiz ist geil" denken und handeln würde, würde es auch nicht so viele „Billig-Airlines" geben. Wir Menschen unterschätzen die Macht unserer Gedanken und Handlungen. Auch wenn sie ganz still und heimlich zu Hause gedacht werden. Wenn das Fahrradfahren fast teurer ist als das Fliegen, stimmt etwas nicht. Aber letztendlich ist es auch wichtig, dass wir erkennen: Wir selbst, die Kunden sind, fördern die Entwicklung solcher Bewegung in der Wirtschaft.

Viele meiner Mitarbeiter projizierten ihre eigene Angst und Unzufriedenheit auf die Unternehmen, wegen denen gestreikt wurde, und auch auf deren Mitarbeiter und sogar auf deren Kunden.

„Es ist das Schicksal des Wissenden, da entspannt und gelassen zu bleiben", das sagte mein Großvater immer.

Energie folgt der Aufmerksamkeit, sagt man. Das, worauf wir unsere Aufmerksamkeit lenken, das wird immer größer. Eine Struktur verändert sich nicht und wird nicht besser dadurch, dass über sie geschimpft und gejammert wird und negative Emotionen verbreitet werden.

Kein Mensch wird gezwungen, bei einer bestimmten Fluggesellschaft zu arbeiten. Alle Mitarbeiter haben sich freiwillig bei dieser Fluggesellschaft beworben. Jeder ist ein freier Mensch. Und jeder könnte, wenn er wollte, auch kündigen, wenn es ihm nicht mehr gefällt. Viele Kollegen und Mitarbeiter haben von morgens bis abends viele Jahrzehnte über ihren Arbeitgeber gejammert und geschimpft. Wenn ich so zugehört habe, hatte ich das Gefühl, dass es Nelson Mandela im Gefängnis in Südafrika viel leichter hatte als ein deutscher Angestellter dieser Airline am Flughafen in Stuttgart.

Vielleicht geht es gar nicht darum, was man im Leben tut oder mit welchen Dingen man sich beschäftigt. Vielleicht ist das Wesentliche, WIE man es tut. Ob man es nur aus dem Kopf heraus, als Pflicht, oder mit ganzem Herzen tut, ob man es widerwillig oder freudig tut, ob man es bewusst oder unbewusst tut oder ob man etwas klagend oder dankend tut?

Islam bedeutet Hingabe. Das ist das Geschenk meiner Kultur: Ich habe es meiner Kultur zu verdanken, dass ich nicht jeder Situation gegenüber ganz so viel Widerstand wie meine deutschen Kollegen entgegengebracht habe. Warum sollte ich überhaupt immer Widerstand leisten, wenn ich mir doch diesen Arbeitsplatz selbst ausgesucht habe und mit meinem Gehalt meinen Lebensunterhalt finanzieren kann?

Die ersten 20 Jahre, die ich dort erlebt habe, hatten alle fast immer die gleiche Meinung. Wenn einer etwas sagte oder beobachtete, war das die absolute Wahrheit für das ganze Team. Ich bilde mir ein, dass es sich ab dem 21. Dezember 2012 – dem Tag, für den ein Weltuntergang vorhergesagt wurde – langsam verändert hat, immer mehr und immer kraftvoller verändert hat. Damals hatten viele Menschen Angst, dass der Weltuntergang bevorsteht. Vielleicht ging es eigentlich um einen Untergang im Inneren?

Wenn ich mich in den letzten Jahren mit meiner Kollegin, die ähnlich viele Jahrzehnte dabei ist, über den gemeinsamen Arbeitstag unterhielt, hatte ich das Gefühl: Sie war an einem anderen Flughafen und hatte einen anderen Arbeitgeber, und manchmal war ich mir gar nicht mehr sicher, ob wir auf dem gleichen Planeten leben. Wahrscheinlich hat sie das Gleiche von mir gedacht. So sieht wirklich jeder die Welt anders. Mit diesem Wissen dürfte ich eigentlich keiner Zeitungsnachricht und keiner Talkshow mehr Glauben schenken, da die Deutung der Dinge immer von der Sichtweise des Boten abhängt.

Als der Streik angekündigt wurde – sehr kurzfristig, nur ein oder zwei Tage vorher –, haben sich einige Mitarbeiter krankgemeldet. Manche waren einfach überfordert mit dieser Situation und konnten sich nicht entscheiden, was sie tun sollten, denn eigentlich waren sie zufrieden mit ihrem Arbeitgeber. Andere wurden wirklich krank durch die große Unruhe, Angst und Manipulation untereinander. Es war emotional eine große Herausforderung, es ging an niemandem spurlos vorüber.

Laut Dienstplan hatte ich Spätdienst an diesem Tag – was sollte ich tun? Meine beiden Freundinnen hatten sich entschieden zu streiken. Ich wollte nicht streiken. Ich werde nicht müde werden, der Fluggesellschaft dankbar zu sein. Ich habe immer pünktlich mein Gehalt bekommen und habe mich immer gut behandelt gefühlt. Es wurde sehr viel für uns als Mitarbeiter und für unser Leben gesorgt.

Warum sollte ich den vielen Fluggästen und meinem Arbeitgeber schaden, denen ich mein Gehalt zu verdanken hatte? Gerade mit diesem wertvollen Gehalt konnte ich mein Leben gestalten. Ist es im 21. Jahrhundert nicht mehr möglich, miteinander zu reden? Das gilt natürlich für beide Seiten! Braucht man immer Druck und Angst, um in Bewegung zu kommen? Ist es nicht so, dass Druck immer nur Gegendruck erzeugt?

Die Airline hat planen und organisieren müssen. Sie hat rechtzeitig für alle Gäste einen Ersatzflugplan veröffentlicht. Ich habe mich entschieden, dass ich an diesem Tag arbeiten werde. Ich wusste, ich kann zwar nichts mehr retten, denn der Ersatzflugplan war bereits erstellt. Aber ich wollte zu mir stehen. Ich glaube, ein paar Jahre zuvor hätte ich mich nicht getraut, zu meiner Meinung zu stehen, vor allem, wenn die Mehrheit der anderen eine andere Meinung hat.

Es gab bei Dienstbeginn schon viele Versuche, mir Angst einzujagen und mir Druck zu machen, warum ich heute unbedingt streiken sollte. Viele streikende Kollegen standen bei Dienstbeginn an der Stempeluhr und wollten mich noch bekehren und beeinflussen. Innerlich, still und heimlich hatte ich mich entschieden – nicht zu streiken. Das war schon eine große Entscheidung für mich. Jetzt allen ins Gesicht zu schauen und noch mal dafür einzustehen, war eine andere große Herausforderung. Sie behandelten mich wie einen Verräter. Ich sollte das tun, was die Mehrheit tat! Ich kann es kaum in Worte fassen, wie sich dieser Moment anfühlte.

Am Anfang war ich etwas unsicher. Das war das erste Mal in meinem Leben, dass ich bei der Arbeit so klar und öffentlich meine Meinung vertrat, auch gegen die Meinung der Mehrheit. Ich war Vorgesetzte. Ich konnte es mir auch gar nicht vorstellen, dass Vorgesetzte streiken. Wir sind doch eigentlich die Verlängerung der Geschäftsleitung, oder etwa nicht? Ich habe bewusst versucht, in der Situation auf meinen Atem zu achten. Ich habe in mein Herz geatmet. Ich wurde ruhiger und es fühlte sich für mich gut und richtig an.

Eine Handvoll andere Mitarbeiter kamen auch zu ihrem Dienst. Jeder für sich hatte seine eigenen Gründe. Eine Kollegin war an Krebs gestorben. Ihr Ehemann, der auch Kollege bei uns war, hatte die letzten acht Jahre seine kranke Frau betreut. Er war so dankbar, dass der Arbeitgeber ihn so dabei unterstützt hatte und er relativ oft auch kurzfristig freinehmen konnte. Jeder der wenigen Mitarbeiter hatte seine eigenen Gründe, warum er oder sie dankbar war und dafür etwas zurückgeben wollte.

Es erschienen sehr wenige Fluggäste, da die Mehrheit durch die

Medien über den Streik informiert war. Jeder Gast hatte seine persönliche Geschichte und sein persönliches Drama, weil er an diesem Tag nicht fliegen konnte. Aber eins hatten alle Gäste gemeinsam: Sie waren über jede einzelne Handlung und über jede einzelne Person von uns, die anwesend war und helfen wollte und konnte, einfach unendlich dankbar. Wir hatten genügend Zeit, für die Gäste nach Alternativen zu suchen und sie zu trösten und Flüge für sie umzubuchen. Das fand ich sehr interessant, dass unsere dankbare Energie irgendwie unsichtbar auf alle Gäste übersprang. Theoretisch habe ich es gewusst. Doch hier konnte ich es so richtig sehen und fühlen.

An diesem Abend ging ich zufrieden nach Hause und war glücklich, dass ich meinem Herzen vertraut hatte, zur Arbeit gegangen war und zu meiner Wahrheit gestanden hatte. Die Angst vor der Reaktion der anderen war kleiner oder der Mut war eben größer als die Angst gewesen. In meiner Kindheit und Familie war die Meinung der anderen das Wichtigste. Ich durfte keine eigene Meinung haben. Vielleicht war das gerade die richtige Schule und Motivation, damit ich diese Fähigkeit entwickeln konnte und dies auch schätzte und es heute nicht als selbstverständlich wahrnehme?

Die Tage und Wochen nach dem Streik ging ich zwar zur Arbeit, aber wenn ich abends wieder zu Hause war, lag ich nur im Bett und fühlte mich krank. Ich hatte die Symptome einer Grippe und wollte nur schlafen. Die Tage vorher, der Streiktag selbst und die Tage danach waren emotional sehr anstrengend für mich. Das gab es früher gar nicht, dass zum Beispiel nur das Cockpit streikt und die alleinerziehende Mutter, die Flugbegleiterin ist, dadurch fünf Tage in Amerika festsitzt und ihre Kinderbetreuung organisieren muss. Oder dass wir vom Bodenpersonal streiken – und die vom fliegenden Personal müssen die Folgen tragen oder umgekehrt. Früher waren wir „einer für alle und alle für einen" – wie bei den Musketieren. Wenn eine Gruppe eine Gehaltserhöhung bekam – dann alle.

Weltmacht mit drei Buchstaben?   I C H.
Der Spiegel der Gesellschaft – dieses Ich-Ich-Ich – ging auch an uns nicht spurlos vorbei. Hatten wir vor 25 Jahren weniger Gewerkschaften oder hatte ich es einfach verdrängt? Ich wollte verstehen.

Was mir aber am meisten Kummer bereitete, war, dass meine beiden Freundinnen auch gestreikt hatten. Ich dachte: Das geht doch nicht! Sie können doch nicht streiken. Wir sind doch Freundinnen. Ich dachte – und das war meine Vorstellung von Freundinnen und Liebe –, dass meine Freundinnen ganz genau so denken und fühlen wie ich. Das war das Erbe meiner Mutter. Am Anfang war ich fast nicht in der Lage, ganz normale Gespräche mit ihnen zu führen. Die eine Freundin sagte stattdessen: „Ist doch klasse, dass wir beide verschiedene Meinungen haben und trotzdem Freundinnen sind!"

Dieser Satz war damals etwas absurd für mich. Die andere Freundin konnte mir gar nicht klar sagen, warum sie eigentlich gestreikt hatte. Wahrscheinlich war meine Frage nicht neutral gestellt gewesen? Ich erkannte, dass im Bruchteil einer Sekunde irgendwelche Muster und Gewohnheiten in mir hochkommen mit der Überzeugung, dass Freunde auch immer die gleiche Meinung haben müssen. Dass Liebe dem Arbeitgeber gegenüber so und so ausgedrückt werden sollte. So bin ich aufgewachsen: Wenn jemand eine andere Meinung hat, dann ist er falsch, dann droht man ihm, ihn aus der Familie zu verbannen. Die Freundschaft wird gekündigt, dann wird mit Tod gedroht oder damit, dass ich zur Beerdigung meiner Mutter später einmal nicht kommen darf, dass ich eine schlechte Tochter sei und so weiter. Das hat mich immer gestört. Und jetzt?

Ja, mir war bewusst, dass jeder seine Meinung haben darf und soll, und eigentlich ist es mir doch so sehr wichtig, jeden frei zu lassen, auch in seinen Gedanken. Aber wie ist es, wenn mir jemand echt nahesteht? Eine Freundin, die ich liebe, oder mein Mann oder irgendein Familienmitglied? Was habe ich bisher gelebt? Oh je, oh je? War ich etwa genauso? Lebte ich vielleicht unterbewusst immer noch das „Jeder hat ein Recht auf meine Meinung"? Mit jedem Wort schien diese Energie rüberzukommen. Dann kamen auch Erinnerungen, dass ich schon einige Freundschaften abgebrochen hatte und mich zurückgezogen hatte, weil die Freundin eine andere Meinung hatte und sich beim Betriebsrat über mich beschwert hatte oder Ähnliches. Das Sich-Zurückziehen ist das Erbe meines Vaters. Warum habe ich es persönlich genommen? Meine Güte! Was für Möglichkeiten hatte ich? Wie geht man in meiner Kultur mit solch einer Situation um?

Ich liebe meine beiden Freundinnen. Ich könnte die Freundschaft beenden, das kenne ich auch und habe es schon mit anderen gelebt, aber das will ich nicht mehr! Brauche ich wirklich Wiederholungen? Es ist leicht, das Großartige, Schöne, das Wunderbare zu lieben. Das, was einem immer nur guttut und einem in allem aus dem Kopf und im Herzen spricht. Aber wie sieht es mit dieser Liebe aus, wenn es mal ganz anders läuft? Wenn jemand ganz anders denkt als ich? Da hört doch Liebe nicht einfach so auf. Liebe ist frei davon, was der andere denkt oder macht. Liebe heißt doch nicht, dass ich alles gut und richtig finden muss. Das habe ich doch schon in meiner Ehe leben können, warum (noch) nicht mit meinen Freundinnen?

Dieser Prozess, mich innerlich mit diesem Thema zu beschäftigen, hat viel verändert. Die Liebe hat gesiegt. Aus meiner Sicht wurde durch diese Situation unsere Freundschaft sogar tiefer und hat noch einmal eine ganz andere Bedeutung in meinem Leben bekommen. Die Beziehung zu Freundinnen ist vielleicht auch ein Spiegel der Beziehungen zu den Schwestern? Grundsätzlich haben sich dadurch alle meine Beziehungen verändert, vor allem die Beziehungen zu Frauen. Gar nichts ist mehr selbstverständlich für mich. Alles ist ein Geschenk und sehr wertvoll, das ich hüte wie einen Schatz.

Wenn ich auf den Streik damals zurückblicke, dann wurden von meinem Arbeitgeber viele Millionen Euro bezahlt, damit viele Mitarbeiter streiken und ihre Erfahrungen machen konnten und sich entwickeln und – vielleicht – dabei wachsen konnten!

Von Herzen ein großes Dankeschön, liebste Freundinnen!

Danke, lieber Arbeitgeber von damals!

MEINE ERKENNTNIS:

Die Wege der Liebe sind unergründlich!

Die reinste Form des Wahnsinns ist es,
ALLES BEIM ALTEN zu belassen
und gleichzeitig zu hoffen,
dass sich etwas ändert.

Albert Einstein

Veränderungen in meiner Arbeit

Die Veränderungen in der Wirtschaft gingen auch an meinem Arbeitgeber und am Flughafen nicht spurlos vorüber. Wir Menschen unterschätzen die Wirkung unserer Gedanken. Ja, der CO_2-Ausstoß ist eine große Umweltverschmutzung. Ich bin mir aber nicht sicher, ob unsere urteilenden und verurteilenden Gedanken und dieses Sich-ständig-Sorgen-Machen nicht eine viel größere Luftverschmutzung darstellen? Ich habe (noch) keinen Menschen kennengelernt, der diese „gedankliche Verschmutzung" messen oder sehen kann. Jeder Gedanke, auch wenn er ganz still und heimlich zu Hause gedacht wird, hat Auswirkungen und Folgen. Jede Tat hat ihre Folgen. Das ganze „Geiz-ist-geil-Denken" von so vielen Menschen hatte irgendwann ganz große Folgen. Wenn Fahrradfahren fast teurer ist als zu fliegen, muss es früher oder später Auswirkungen haben. Man erntet das, was man sät. Die Menschen können und wollen immer weniger ausgeben – je billiger, desto besser. Sie wollen alles haben und das ständig. Sie sind aber im Gegenzug nicht bereit, dafür auch einen entsprechenden Preis zu geben.

Ich habe mich gefragt: Warum funktioniert das gerade in Deutschland so gut mit diesem „Geiz ist geil"? In Deutschland gibt es im

Außen so viel Fülle und so viele Möglichkeiten. Es gibt keinen Mangel – von außen besehen. Aber was spielt sich im Inneren ab? Im Inneren fühlen sich viele Menschen leer und hohl. Warum eigentlich?

Mein Arbeitgeber leitete intensive Umstrukturierungen ein. In ein paar Jahren wird das Bodenpersonal dieser Fluggesellschaft nur noch in zwei großen deutschen Städten vorhanden sein. Diese Entscheidung kam natürlich nicht einfach so über Nacht. Es wurde viele Monaten intensiv im Gespräch mit den Mitarbeitern und mit den Betriebsräten diskutiert und verhandelt, bis diese Entscheidung fiel. Jeder Flughafen hat mit seinem Betriebsrat die Bedingungen und Voraussetzungen für eine sozialverträgliche Lösung ausgearbeitet.

Eigentlich wollen die Fluggäste uns Mitarbeiter nicht mehr oder besser gesagt, sie sind nicht bereit, auch mehr Geld dafür zu bezahlen. Man kann inzwischen im Internet Flüge buchen und online einchecken. Am Flughafen kann man den Koffer selbst am Automaten aufgeben. Es ist inzwischen möglich, in ein Flugzeug einzusteigen, ohne dass man vorher überhaupt in Berührung mit einem Menschen gekommen ist. Alles geht automatisch. Es sei denn, etwas geht schief oder ein ungeplantes Ereignis tritt ein.

Das kann ich heute auch bei den Banken beobachten. Immer mehr Zweigstellen werden abgeschafft. Es gibt sogar kleine Ortschaften ganz ohne Bankautomat. Da müssen die alten Menschen schauen, wie sie an ihr eigenes Geld kommen!

Wenn irgendwann immer mehr Automaten im Dienstleistungsbereich die Menschen abgelöst haben werden, ist es vielleicht eine große Chance für uns, den Menschen wieder in den Mittelpunkt zu stellen? Natürlich sollen uns die Automaten unseren Alltag erleichtern, aber der Grat ist schmal und die Entwicklung geht gerade rasend schnell in allen Bereichen.

Viele Menschen müssen erst etwas verlieren, um den wirklichen Wert zu erfahren.

Im Dezember 2013 bekamen wir Mitarbeiter ein Angebot, das „Duldungsvereinbarung" genannt wurde. Jeder Mitarbeiter hatte die Chance und Möglichkeit, sich nach Frankfurt oder München versetzen zu lassen. Bis zu bestimmten Jahrgängen konnte man auch in Vorruhestand oder Altersteilzeit gehen oder mit einer bestimmten Abfindung kündigen – oder man wartete einfach mal ab. Auch das ist ja eine Entscheidung.

Es war eine sehr emotionale und intensive Zeit für uns alle. An niemandem ging das spurlos vorbei. Wir hatten alle die gleiche Situation und alle gingen anders damit um. Sogar von Flughafen zu Flughafen wurde anders entschieden, obwohl wir alle eine Firma waren. Es wurde immer mehr sichtbar, wie jeder einzelne Mensch denkt, fühlt und handelt, wie er so im Inneren tickt. Es war sogar von Region zu Region verschieden. Ich war überrascht, wie wohlhabend alle meine Kollegen auf einmal waren. Jeder sprach nur noch von SEINEM Steuerberater oder SEINEM Anwalt, der irgendwelche Ratschläge abgegeben hatte.

Die Monate vor Dezember 2013 waren die emotional schwierigsten Monate. Die Zeit der Ungewissheit, ob wir in eine GmbH umgewandelt werden oder ganz geschlossen werden. Ich konnte beobachten, was Angst und Unsicherheit aus einem Menschen machen kann. Wie schnell dort manche bereit waren, gewalttätig zu werden und anderen Menschen gegenüber bekämpfend und verletzend zu sein. Und dabei wurde noch nicht einmal konkret ihr Leben bedroht. In was für einem Zustand sind wir eigentlich? Wir klagen hier und dort, in diesen und jenen Ländern Unmenschlichkeiten und Ungerechtigkeiten an – und wir wundern uns darüber, wie dann Unruhen entstehen und zu welchen Gewaltakten Menschen fähig sind. Und wie wenig braucht es in unserem Land, diese innere Bereitschaft von Menschen zu erzeugen? Und das, obwohl noch nicht einmal jemand wirklich konkret leidet! Die Details würden den Rahmen dieses Buches sprengen. Es war eine spannende Zeit für uns alle.

Ich konnte mir ein Leben ohne „meine" Fluggesellschaft gar nicht vorstellen. Ich identifizierte mich mit diesem Unternehmen. Sobald ich die schöne Uniform anhatte, dachte und fühlte ich, als sei ich persönlich dieses Unternehmen. Seit fast 28 Jahren war ich jede Woche fast 40 Stunden auf diesem Flughafen gewesen. Es war ein großer Teil meines bisherigen Lebens. Für meinen Jahrgang galt damals das Angebot der Altersteilzeit noch nicht.

Eigentlich hatte ich schon lange davon geträumt, einmal in München zu leben. Aber jetzt, als ich das Angebot bekam, am Münchner Flughafen zu arbeiten, dachte ein Teil von mir: Ja, das ist zwar schön und gut und ich würde in München viel größere Flugzeuge sehen und zu betreuen haben. Vielleicht viele Jumbos oder A380er? Es würde bestimmt sehr interessant sein im ersten Jahr. Dennoch würde es für mich keine wirkliche Möglichkeit für echtes Wachstum und Entwicklung sein, denn nach fast 28 Jahren hatte ich in diesem Bereich doch schon genügend gelernt, auch wenn jeder Tag anders war. Für mich würden es doch eher Wiederholungen sein, spätestens ab dem zweiten oder dritten Jahr.

Ich hatte alleine bei dem Gedanken daran viele Tränen in den Augen und „Schnappatmung", aber die leise Stimme in meinem Herzen sagte mir: Wenn Veränderung – dann richtig! Ich entschied mich innerlich, den Aufhebungsvertrag zu unterschreiben und somit zu kündigen. Wir hatten sechs Monate Zeit für unsere

Entscheidungen. Da ich laut Gesetz inzwischen unkündbar war, hatte ich danach noch 18 Monate Kündigungsfrist. Also hatte ich insgesamt noch zwei Jahre Zeit. Mitarbeiter unter 15 Jahren Firmenzugehörigkeit hatten sechs Monate Kündigungsfrist.

Ich hatte keinen Plan B und keine Idee, womit ich sonst noch meinen Lebensunterhalt verdienen könnte oder wollte. Ich hatte keine Erinnerungen an Kindheitsträume, in denen ich Feuerwehrfrau, Müllfrau oder sonst etwas werden wollte.

Es ist einfach zu vertrauen, wenn man weiß, wann es wie wieder weitergeht. Es ist einfach zu vertrauen, wenn man jeden Monat pünktlich ein gutes Gehalt auf sein Konto überwiesen bekommt. Aber nicht zu wissen, was kommt, nicht zu wissen, wie es weitergeht, und dann trotzdem im Vertrauen zu bleiben, das konnte ich jetzt üben.

Als ich auf die Welt kam, war ich nackt, ich hatte kein Geld und keine Freunde, aber ich war im Vertrauen. Wo stehe ich heute? Heute – habe ich ein schönes Leben. Jetzt kann ich wieder üben, in dieses ursprüngliche Vertrauen von damals zu kommen.

Ich wollte mein Herz nicht mehr verraten. Ich wollte nur noch den Weg meines Herzens gehen. Kurz vor Weihnachten erzählte ich meinen beiden Freundinnen unter vielen Tränen von meiner Idee. Wir waren Kolleginnen und Freundinnen gleichzeitig. Wir konnten uns fast täglich bei der Arbeit sehen. Sie waren sehr überrascht über meine Idee und wir alle drei konnten es uns eigentlich gar nicht vorstellen. Nach diesem Gespräch hat sich etwas verändert: Ab diesem Zeitpunkt hat jede von uns dreien jede gemeinsame Zeit kostbarer wertgeschätzt und genossen. Genießen konnte ich früher nicht und hatte es auch nicht gelernt. Ich konnte nur funktionieren. Jetzt konnte ich auch genießen.

Von Januar bis Juni bestand in dem Jahr die Möglichkeit, diesen Aufhebungsvertrag zu unterschreiben. Ich unterschrieb im Juni. Obwohl ich die erste von uns drei Freundinnen war, die sich innerlich schon entschieden hatte, war ich doch die letzte, die offiziell aus dem Unternehmen ging. Ich dachte, ich bin halt zu langsam, ich war schon immer langsam, bis ich laufen konnte und bis ich sprechen konnte. Doch vielleicht habe ich mir einfach nur ganz viel Zeit gelassen? Bis zu meinem letzten Arbeitstag am 31. Dezember 2015 habe ich ganz bewusst jeden einzelnen Tag Abschied von diesem Flughafen genommen.

Jeden Tag dachte und fühlte ich, heute – heute ist der letzte 8. Januar oder 9. Januar ... bei diesem Unternehmen und auf meinem geliebten Flughafen. Ich habe mein Arbeitsverhältnis ganz langsam sterben lassen. Nichts mehr war für mich selbstverständlich. Jeder Arbeitstag, jede Stunde und jede Begebenheit waren ein großes Geschenk und eine Gnade, die ich erleben und erfahren durfte. Ich habe angefangen, meine Arbeit noch mehr zu genießen, da ich erkannte und erfuhr: Es ist endlich. Plötzlich habe ich alles viel intensiver erlebt. Als ob jeder Tag mein erster Arbeitstag wäre. Dadurch fühlte ich mich viel lebendiger.

Es waren neue Schritte für mich und mein Leben. Ja, es schmerzte und es war nicht leicht, aber es war auch nicht mehr das Drama, dieses unendliche Leid, das ich von früher kannte. Und es war ein konsequentes Abschiednehmen, nicht so, wie ich es in meiner Familie gelernt hatte. Ich hatte meine Fragen. Ich hatte meine Zweifel. Ich war irritiert und ich konnte all diese Zustände an mir aushalten – einfach aushalten –, ohne dass es mich zu sehr herunterzog oder mich so schmerzte, dass ich hierüber hinwegging, es ignorierte oder so tat, als ob alles wunderbar sei.

Ja, mein Loslassen von meiner geliebten Firma fühlte sich so an, als ob es einfach Zeit dafür war, dass Patz für etwas Neues geschaffen wurde.

Ich stand hinter diesem Unternehmen, weiterhin, doch ich fühlte mich auch frei, eigenständig und nicht abhängig von ihm. Das Unternehmen hat mit dieser Umstrukturierung viel in Bewegung gebracht. Ich selbst wäre ohne dieses Angebot vielleicht gar nicht auf die Idee gekommen, mich zu bewegen. Wenn man unzufrieden ist oder es Probleme gibt, kommt man vielleicht auf den Gedanken, etwas ändern zu wollen. Aber ich fand es nett, es hat mir großen Spaß gemacht und alles hat so gut funktioniert. Ich habe erst in meinem innerlichen Prozess, nach meiner Unterschrift, langsam gemerkt, dass es eigentlich nur noch Wiederholungen für mich sind und es mir hier etwas zu eng geworden war und hier kein weiteres Wachstum für mich möglich war, obwohl der Flughafen vier große Terminals hat. Es ging nicht um das Außen. Es ging um das Innere und Unsichtbare. Das Wesentliche im Leben ist unsichtbar.

Ich habe meinen Arbeitgeber und meine „Arbeitsfamilie" so sehr geliebt, weil es hier anders war, als ich es in meiner Herkunftsfamilie erlebt habe. Hier am Flughafen wurden mir Chancen und Möglichkeiten gegeben, man hat meine Fähigkeiten und Qualitäten gesehen und sie wurden honoriert.

Nach meiner Unterschrift kam solch eine Dynamik in die Branche und es gab so viele Streiks, wie ich es noch nie zuvor erlebt hatte.

Mir hätten es die wenigsten zugetraut, dass ich kündige. Auch mein Mann war total überrascht über meine Entscheidung. Er wusste, dass dieses Unternehmen meine große Liebe war. Dass ich zwei Buchstaben des Firmennamens seit Jahrzehnten auf meinem Autokennzeichen trug. Er wusste, wie loyal ich meinem Arbeitgeber gegenüber war und dass ich früher mit Freunden echt Stress hatte, wenn ich ihre negativen Äußerungen dem Unternehmen gegenüber persönlich genommen hatte. Aber er respektierte und achtete mich und meine Entscheidungen. Er würde mir niemals Steine in den Weg legen oder mich manipulieren oder andere Entscheidungen erpressen. Das ist echt groß! Danke dafür!

Er fragte mich: Wie kannst du nur in der heutigen Zeit so einen sicheren Arbeitsplatz aufgeben? Mit deinem alten Arbeitsvertrag verdienst du jetzt nach so vielen Jahrzehnten so ein gutes Gehalt. Wenn du jetzt irgendwo neu anfängst, wirst du bestimmt nie mehr dieses Gehalt bekommen. Hast du dir das alles wirklich gut überlegt? Ich antwortete ihm: „Am sichersten sind Schiffe im Hafen, aber dafür werden die Schiffe nicht gebaut!" Da musste er sogar schmunzeln.

Mein ganzes bisheriges Leben hatte mich doch prima auf diese Situation vorbereitet. Es wäre auch bei mir die Gefahr gewesen, dass ich „ent-täuscht" bin, weil meine Erwartungen von meinem Arbeitgeber nicht erfüllt wurden, wie damals bei meinem ersten Ehemann, als ich erfuhr, dass er mich betrügt. Bisher ist schon drei Mal in meinem Leben, innerhalb von Minuten, mein scheinbar so sicheres Leben zusammengebrochen und ich konnte mich wie neu erfinden. Ich fühle mich inzwischen in mir selbst sicher und bin nicht mehr von den Scheinsicherheiten von außen abhängig, die es sowieso nicht gibt. Jetzt bekomme ich die Gelegenheit vom Leben, es auch zu leben. Nicht zu wissen, wie es weitergeht, und dennoch zu vertrauen, das kann ich jetzt üben und leben, dachte ich.

Ich wusste noch nicht, was ich im Anschluss machen würde. Ich wusste nur, dass ich mir erst einmal ein Jahr Zeit lassen wollte, um zu schauen, was das Leben mir vor die Füße legen würde.

Ich ging mit vollen Koffern schöner Erinnerungen aus dieser

Firma. Heute bin ich eine ganz andere Frau als die junge Frau, die vor 30 Jahren dort angefangen hat. In diesen Menschenmassen habe ich gelernt zu mir zu kommen, mich zu behaupten, meinen Platz einzunehmen. Ich habe Loyalität gelernt, aber auch die Fähigkeit, klar erkennen zu können. Vor allem habe ich gelernt, den Schwierigkeiten und Problemen gegenüber gelassen bleiben zu können. Ich habe wirklich gelernt, mich für die Klärung von Problemen zur Verfügung zu stellen und Lösungen zu finden – nicht über diese Probleme zu zetern oder zu hadern. Ich habe gelernt, ausgleichen zu können. Ich habe gelernt, dass ich das Potenzial habe, führen zu können. Ich habe dort gelernt, wie gut ich darin bin, etwas organisieren und strukturieren zu können und dabei alles zu bedenken und nichts zu vergessen, also die Komplexität zu sehen. Ich habe ein Gefühl bekommen für das Zusammenspiel aller Energien in so einem großen ganzen Gefüge. Ich habe gelernt, Entwicklung, Wachstum selbst in einem begrenzten System sehen und daran glauben und dies mit fördern zu können! Den Dingen eben die Zeit zu geben, die sie brauchen. Da konnte ich sehen, wie ungut und wie blockierend es ist, wenn all die Menschen in Hast und Eile sind und viel Druck machen, weil ihnen alles zu langsam geht und vieles mehr!

Am 31. Dezember 2015 hat mich mein Mann von meiner letzten Schicht, der Frühschicht, abgeholt. Er hatte Bedenken, wie schwer mir das fallen würde und ob er mich vielleicht ins Krankenhaus bringen muss, weil ich oft gesagt hatte, ich könnte ohne das Unternehmen nicht leben. Ganz in Stille und Zweisamkeit haben wir diesen Silvesterabend verbracht, und ich war dankbar, dass er da war, denn ich hatte großen Redebedarf.

MEINE ERKENNTNIS:

Mir wurde beigebracht und vorgelebt, dass Sicherheit durch das Festhalten von Dingen und Gewohnheiten entsteht. Meine Erkenntnis ist gerade der umgekehrte Fall: Durch alles, was ich bisher losgelassen habe, und es waren immer wichtige Dinge oder Umstände oder Personen, wächst mein Vertrauen ins Leben. Es wächst, wenn ich mich darin erlebe, dass ich all das überlebe und sogar später sagen kann: „Zum Glück habe ich es losgelassen." Denn was nachkommt und nachgekommen ist, ist immer so viel besser. Das ist für meinen Verstand nicht erklärbar.

Sei du selbst die Veränderung,
die du dir wünschst für diese Welt.

Mahatma Gandhi

Zeitmillionär

Das Wort „arbeitslos" gefällt mir nicht. Arbeitslos drückt nur das aus, was man nicht hat. Alles andere, was man hat, drückt es nicht aus. Wenn man nur eine Silbe ändern würde, hieße es „arbeitsfrei" und fühlt sich sofort viel entspannter an.

Ich habe mich gleich vom ersten Tag an, ab dem 1. Januar 2016, „Zeitmillionär" genannt. Zeit ist für mich inzwischen das kostbarste Gut, der größte Reichtum. Interessanterweise wurde mir meine kostbare Lebenszeit erst wirklich bewusst, als ich einige Monate als Zeitmillionär gelebt hatte.

Ich habe eine gute Abfindung bekommen. Endlich konnte ich meine Schulden, die ich vor vier Jahren beim Umzug in meine Zwei-zimmerwohnung aufgenommen hatte, ausgleichen. Auch meinen neuen Wagen konnte ich endlich abbezahlen, den ich ein Jahr vorher gekauft hatte. Das Geld soll mir dienen, so denke ich. Endlich schuldenfrei hoffte ich, dass die Abfindung mir, nach Abzug der Steuern, für die nächste Zeit mein Leben ermöglichen würde. Ich war über 50 Jahre alt und hatte weder für mein Alter vorgesorgt noch in Eigentum investiert. Die letzten Jahre waren eher eine Achterbahn-fahrt auf meinem Bankkonto. Mein einziges Eigentum bestand aus meiner Kleidung, einer Nachttischlampe von Tchibo und meinem MINI, mit dem ich bereits mehr als 100 000 Kilometer gefahren bin. Sogar das kann ich im Tod nicht einmal mitnehmen!

So wie ich in 2015 an jedem einzelnen Tag von meinem Arbeit-geber und vom Flughafen Abschied genommen hatte, so habe ich vom ersten freien Tag an jeden Tag voller Freude genossen. Ich war so dankbar, dass ich mir diese Möglichkeit genommen habe und es mir wert bin. Ich habe keine Kinder und keinen Hund, dennoch habe ich seit dem Kindergarten nur funktioniert. Jeder Tag war durchgeplant und durchgetaktet: 2:05 Uhr aufstehen, 3:45 Uhr Dienstbeginn, 8:12 Uhr, 8:25 Uhr, 9:05 Uhr ... und so weiter. Ich neigte dazu, mich gut zu organisieren und sogar das Leben selbst organisieren zu wollen.

Weil ich das fast ein halbes Jahrhundert so gelebt hatte, war kaum Platz für Spontanes und für Außergewöhnliches, weil ich glaubte, dass das Leben nur nach meinen Vorstellungen funktionierte. Jetzt einfach Zeit für mich zu haben, kostbare Lebenszeit, das war neu für mich. Den Wert meiner eigenen Lebenszeit konnte ich selbst langsam entdecken und erfahren.

Jeden Morgen wachte ich auf und freute mich erst einmal, dass ich noch am Leben bin. Ich machte mir bewusst, dass ich wieder Lebenszeit geschenkt bekomme. Es ist unbenutzte Lebenszeit, ganz neue Stunden und ganz reine Stunden und ausschließlich „ich", mit dem, was ich denke und fühle, wie ich mit dieser kostbaren Zeit umgehe, diese Zeit präge. Ich kann sie zu Wiederholungen machen, die Stunden, die gestern oder vorgestern oder in meiner Kindheit waren, oder ich kann sie zu etwas ganz Neuem machen. Ich lasse alles durchdringen von Liebe. Ich frage mich immer wieder: Was würde mein Herz dazu sagen?

Als das Buch von Hape Kerkeling „Ich bin dann mal weg" erschien, das ich als Hörbuch genossen habe, war ich begeistert und berührt.

Ich verspürte eine große Sehnsucht in mir und habe mich damals entschieden, genau die gleiche Reise irgendwann in meinem Leben zu unternehmen. Es hat dann doch noch zehn Jahre gedauert, bis ich es in die Tat umgesetzt habe: Im April und Mai 2016 war ich für acht Wochen pilgern auf dem Jakobsweg, dem Camino Francés. Der Start war in Frankreich in Saint-Jean-Pied-de-Port und ging bis Santiago de Compostella in Spanien und weiter nach Kap Finisterre. Ich war zwei Monate ohne Handy und alleine auf fast 900 Kilometern bei über 1,5 Millionen Schritten und mit meinem elf Kilogramm schweren Rucksack unterwegs. Gefühlt hat es fünf von den acht Wochen geregnet. So ganz alleine war ich dann doch nicht, denn Hunderte anderer Pilger aus allen Nationen waren auch auf dem Weg.

Ich habe mich das erste Jahr nach meiner Kündigung nicht beim Arbeitsamt gemeldet, damit ich ganz frei war und selbst über meine Zeit verfügen konnte. Ich habe meine freie Zeit komplett verplant, wie ich die letzten 40 Jahre immer verplant war. Wie auf Autopilot habe ich mein Zeitmillionär-Sein auch komplett verplant. Erst nach zehn Monaten wurde mir das bewusst. Zuerst dachte ich: Ich könnte mein Handy auch einmal ausschalten. Dann hatte ich eine Phase, in der ich dachte: Ich könnte mein Handy ab und zu am Tag auch einmal einschalten. Es war ein Ausprobieren, ein Lernen. Ich war zum ersten Mal in meinem Leben Herr über meine Lebenszeit. Das musste ich wie ein Schüler ganz neu lernen. Bisher hatte meine Arbeit einen großen Raum eingenommen und die Struktur und den Rahmen für mein Leben geliefert.

Nach meinem Auszug im Sommer 2012 kam auch sehr viel im Leben meines Mannes in Bewegung. Er ging für ein paar Jahre in die USA und baute dort eine Firma auf. Als ich mich für meinen

Aufhebungsvertrag entschieden hatte, lebte Rüdiger noch in den USA. Im Herzen gibt es keine Kilometer. Wir haben erfahren, dass unsere Liebe und Verbundenheit frei davon ist, ob wir in zwei verschiedenen Wohnungen oder sogar auf zwei verschiedenen Kontinenten leben. Es sah so aus, als ob er noch einige Jahre dort arbeiten würde. Aber es kam anders. Für mich war es ein Geschenk, dass er 2016 auch Zeitmillionär wurde. Wenn schon um mich herum gar nichts mehr so war wie bisher, hat mir unsere Gemeinschaft eine Struktur gegeben.

Er hat sich anfangs sehr schwer getan mit seiner freien Zeit. Er war als Selbstständiger gewohnt, sich seit Jahrzehnten sieben Tage die Woche um seine Firma zu kümmern. Er definierte sich damals größtenteils über seine Arbeit. Es gab Zeiten, da hatte er sich gewünscht, einfach so, unter der Woche, einmal am See spazieren gehen zu können. (Interessant, dass er sich das als Selbstständiger und freier Mann damals nicht gegönnt hatte.) Jetzt konnte er genau das leben, was er sich damals gewünscht hatte. Er konnte es dennoch nicht genießen, weil seine Aufmerksamkeit anfangs auf der einen Sache war, die er – nicht – hatte. Er hatte keine Arbeit. Er hatte keine Geldeinnahmen. Aber auch er hat es mit der Zeit geschafft, seine kostbare Lebenszeit immer besser genießen zu können.

Wirklich jeden Morgen sagte ich zu ihm: „Rüdiger, weißt du eigentlich, wie gut es uns beiden geht?" Auch in unserer Ehe und Partnerschaft kam etwas in Bewegung.

Ich habe fast elf Monate gebraucht, um in eine Ruhe und zu mir selbst zu kommen. Nach 30 Jahren Schichtdienst tat es meinem Körper wirklich sehr gut, einen regelmäßigen Schlaf- und Lebensrhythmus zu erleben. Seit November 2016 habe ich sehr wenige Termine. Ich mache nichts – ich lebe – und ich fühle mich sehr gut dabei. Das kenne ich nicht. Das ist neu für mich. Gestern bin ich mit dem Nichtstun nicht fertig geworden, deshalb mache ich heute weiter – nichts. Also nichts, womit man angeben könnte.

Denn diese Ruhe und Stille, die muss man erst einmal aushalten können. Wie viele Menschen suchen intensiv nach Möglichkeiten für Ablenkungen, damit sie nicht mit sich selbst konfrontiert werden?

Wie habe ich meinen ersten Mann kennengelernt? Wie habe ich Rüdiger kennengelernt? Wie kam ich zu meinem Arbeitgeber? Wie habe ich meine heutige Verlegerin kennengelernt? Eigentlich sind die wirklich wichtigen Ereignisse in meinem Leben auf mich zugekommen, ohne dass ich etwas dafür tun musste.

Heißt es nicht, „Wenn es am schönsten ist, soll man gehen."? Das Loslassen von meinem Ex-Mann, von meiner Arbeit hat mir immer etwas Wichtiges gebracht. Es hat mich bereichert. Mein Leben wurde immer besser. Ich habe Lebenserfahrungen in den letzten zwei Jahren gemacht, die ich vorher 20 Jahre lang nicht gemacht habe. Durch das Loslassen habe ich zwei freie Hände bekommen, um Neues zu empfangen.

Ich habe jetzt mit meinem Ehemann eine ganz andere Beziehung, als ich sie vor Jahren hatte, dadurch, dass ich ihn losgelassen habe. Ich habe gelernt, Freunde loszulassen. Ja, auch manche Erwartungen, die ich hatte, und es war immer interessant, was dann kam. Was manchmal auch – stattdessen – kam.

Eine Freundin hatte zu ihrem 60. Geburtstag eingeladen und auf die Einladung geschrieben: „Das Leben will nur gelebt werden – das ist alles, was es dazu zu sagen gibt." Ja, der Spruch gefällt mir sehr!

Ich will das Leben leben. Bisher habe ich mir das Leben mehr gedacht und vorgestellt, als mit allen Sinnen zu erfahren.

Am Anfang war mein Umfeld ziemlich überfordert mit meiner

Situation. Ich selbst war ja auch noch unsicher, weil alle anderen glaubten zu wissen, dass dies nicht normal sei, und dementsprechend ihre eigenen Ängste auf mich projizierten. Es ist in Deutschland noch nicht wirklich salonfähig und wird auch nicht als gut angesehen, wenn man sich Zeit für seine eigene Persönlichkeitsentwicklung nimmt. Einfach so. Man sollte zumindest eine Beschäftigung haben, damit man etwas vorzeigen kann oder eine Daseinsberechtigung hat.

30 Jahre war ich jeden Monat, wirklich jeden Monat, für meine Gehaltsüberweisung dankbar. Ich gebe gerne Geld aus und habe mich immer gefreut, wenn mein Bankkonto wieder aufgefüllt wurde. Im Jahr 2017 habe ich mich bei der Agentur für Arbeit gemeldet. Nachdem ich 13 Monate nur Geld ausgegeben habe, war es eine ganz andere Freude und Dankbarkeit, als ich das erste Mal wieder Geld auf mein Konto bekam. Ich hatte 35 Jahre sehr viel Geld in die Arbeitslosenversicherung bezahlt und bekam für elf Monate eine Unterstützung von der Agentur für Arbeit. Auch diese elf Monate Interaktion mit der Agentur waren eine interessante Erfahrung für mich. Ich hatte eine bestimmte Position, und jetzt saß ich unter allen anderen. Ich war Führungskraft gewesen und hatte jetzt auf die Anweisung eines Amtes zu hören.

Warum war ich bereit, das in Kauf zu nehmen? Weil ich daran glaube, dass es noch etwas anderes gibt für mich. Ich bin zwar noch nicht in dem „Raum", aber ich weiß, dass er da ist. Manchmal muss man eben durch Flure gehen. Es ist nicht immer so, dass der eine Raum mit einer Tür direkt mit einem nächsten größeren, viel schöneren Raum verbunden ist. Manchmal muss man eben durch Flure gehen. Manchmal muss man auch Treppen steigen, rauf und runter, viele, um in diesen anderen Raum zu kommen. So ist es eben!

Ich bin auf der Suche und auf dem Weg und deshalb nehme ich

das alles in Kauf. Und all das stürzt mich nicht in tiefste Depression. Ich kann damit umgehen. Es ist ja kein Warten, wie in einem Wartesaal. Ich lebe. Ich genieße und lebe das, was im Augenblick da ist.

Für mich war es ein großes Geschenk und eine Gnade, dass ich die beiden Jahre 2016 und 2017 gemeinsam mit meinem Schatz als Zeitmillionäre erleben und erfahren durfte. Das kann mir niemand mehr wegnehmen!

MEINE ERKENNTNIS:

Manchmal muss man eben Flure gehen!

Und wie sagte Seneca so schön: „Es ist nicht zu wenig Zeit, die wir haben, sondern es ist zu viel Zeit, die wir nicht nutzen!"

Die Einladung
von Oriah Mountain Dreamer, indianische Stammesälteste

Es interessiert mich nicht, womit du deinen Lebensunterhalt verdienst. Ich möchte wissen, wonach du innerlich schreist und ob du zu träumen wagst, der Sehnsucht deines Herzens zu begegnen.

Es interessiert mich nicht, wie alt du bist. Ich will wissen, ob du es riskierst, wie ein Narr auszusehen, um deiner Liebe willen, und deiner Träume willen und für das Abenteuer des Lebendig-Seins.

...

Es interessiert mich nicht, wer du bist und wie du hergekommen bist. Ich will wissen, ob du mit mir in der Mitte des Feuers stehen wirst und nicht zurückschreckst.

Es interessiert mich nicht, wo oder was oder mit wem du gelernt hast. Ich will wissen, was dich von innen hält, wenn sonst alles wegfällt. Ich will wissen, ob du allein sein kannst und in den leeren Momenten wirklich gern mit dir zusammen bist.

(aus: Die Einladung, von Oriah Mountain Dreamer,
Goldmann Verlag, 2000)

Meine Beziehung zu meinem Körper und (Über-)Gewicht

Es hat mich sehr überrascht zu erkennen, wie stark sich meine traumatischen Kindheitserinnerungen auf alles in meinem Leben ausgewirkt haben. Ich habe auf den vorherigen Seiten viel über die Beziehungen zu anderen Menschen berichtet. Hier geht es um meinen Körper. Ich hatte in der Vergangenheit gar keine Beziehung zu meinem Körper. Er musste einfach funktionieren wie ich auch. Meinem Auto gegenüber war ich aufmerksamer. Ich habe immer geschaut, dass genügend Benzin und Öl in ihm ist. Ich habe alle Kundendiensttermine pünktlich eingehalten. Warum hatte ich keine Beziehung zu meinem Körper?

Wie ist es möglich, durch Liebe in eine Beziehung zu meinem Körper zu kommen, fragte ich mich.

Während der 30 Jahre Schichtdienst habe ich fast 25 Jahre lang im Durchschnitt nur drei bis fünf Stunden Schlaf pro Nacht gehabt. Es gab viele Kollegen, die wirklich rechtzeitig ins Bett gegangen sind und zum Frühdienst ausgeschlafen waren. Der wenige Schlaf war mein Beitrag, um gemeinsame Zeit mit meinem Mann zu erleben.

Ich dachte: Sonst sehen wir uns gar nicht.

Ich kümmerte mich um den Haushalt mit allem, was dazugehört. Ich habe in unserem Zuhause für perfekte Ordnung gesorgt. Es lag an meinem Perfektionismus, dass ich die Wäsche sofort, nachdem sie trocken war, gebügelt habe. Ich habe nichts auf den nächsten Tag liegen lassen. Ich hatte immer etwas zu tun und zu machen. Ich habe mich niemals auf den Balkon gesetzt, um einfach mal für fünf Minuten die Sonne zu genießen. Ich war nur glücklich, wenn ich viele grüne Häkchen auf meine To-do-Listen machen konnte. Bei uns sah es aus wie in einem Möbelhaus. Man merkte nicht, dass unser Zuhause bewohnt war.

Meine Haare wurden immer dünner und mein Körper immer dicker. Anscheinend war meine Einstellung zum Leben, meine Gedanken und der wenige Schlaf nicht ganz im Einklang mit meinem Körper. Ich habe gar nicht bemerkt, was ich meinem Körper damit angetan habe. Heute frage ich mich: Wie war das überhaupt so möglich?

Wie kann Weiblichkeit in meinem Herkunftsland gelebt werden und wie wird Weiblichkeit in Deutschland gelebt? Wenn ich mir beide Länder und Kulturen anschaue, kann ich gar nicht sagen, das eine ist besser und das andere ist schlechter.

Frei sein als Frau hat in Deutschland mit sich gebracht, dann sehr männlich zu sein oder zumindest nicht mehr besonders weiblich. Es ist egal, ob die Frauen rein optisch lange Haare oder einen großen Busen haben, die Mehrzahl der Frauen sind eigentlich etwas bessere Männer.

Kann man Dinge auch anders tun? Langsamer tun? Das Männliche ist das Schnelle und das Dynamische und das Bewegliche. Das Weibliche ist die Gelassenheit, ja auch eher das Passive und das etwas Langsamere. Könnte eine Mutter ein Kind stillen, mal geschwind im Stress – hopphopp? Nein, das geht nur in Ruhe und Gelassenheit. Es ist nur einer der Hinweise darauf, was der weiblichen Energie entspricht.

Die Beziehung zum Köper und die Beziehung zur Mutter sind eng miteinander verbunden, habe ich gelernt, denn sie ist diejenige, die den Körper gibt. Sie ist diejenige, über die ich als Allererstes das Thema Bindung, in Beziehung sein, auf dieser Erde erfahren habe, und zwar schon in den neun Monaten vor meiner Geburt.

Bei einem Seminar habe ich gehört, dass wir in den ersten drei Jahren unseres Lebens lernen, wie wir in Beziehung gehen. Diese Ausbildung ist mit dem dritten Geburtstag bereits abgeschlossen.

Ich bin mit Enttäuschung willkommen geheißen worden. Sowohl mein Vater als auch meine Mutter hatten sich ja einen Sohn gewünscht. Das Thema Frausein ist hiermit verbunden. Ich hatte die Ablehnung des Vaters dem Weiblichen gegenüber auszuhalten. Und ich hatte eine Mutter auszuhalten, die ihre eigene Weiblichkeit so sehr ablehnt, dass sie viel eher bereit gewesen wäre, einen Sohn zu unterstützen! Ein Sohn hätte alles von ihr erhalten! Das verursachte in mir in früheren Jahren eine Irritation. Meine Mutter hat ihr Sehnen, ihre Wünsche, ihre Bedürfnisse an einen Sohn auf mich übertragen. Und ich hatte einen Vater, der vollkommen geprägt war, im Weiblichen etwas Minderwertiges zu sehen. Wäre ich so, wie ich bin, mit meinen Qualitäten und Eigenschaften, in einem männlichen Körper gewesen, dann wäre er schon als Kind stolz auf mich gewesen. Und die Eigenschaften, für die man mich verprügelt hat, wären gelobt worden!

Das alles sind äußere Ausdrücke dafür, dass ich in meinem Frausein, meiner Weiblichkeit jahrzehntelang gar nicht ganz frei sein konnte. Und es drückte sich in allen meinen Beziehungen aus.

Nichts auf dieser Erde und nichts in diesem Universum ist nur einseitig – alles hat zwei Seiten. Bei einer 1-Euro-Münze ist es egal, ob du die Zahl anschaust oder die Seite mit dem Bild. Es ist trotzdem diese 1-Euro-Münze. Ich hatte keine Erfahrungen gemacht, die mir halfen, meinem Körper zu vertrauen, ihn zu lieben und mit ihm in eine bewusste und wunderbare Beziehung gehen zu können. Als ich meine Menstruation mit 16 Jahren bekam, hat mir die heftige Ohrfeige meiner Mutter nicht wirklich das Gefühl gegeben: „Prima, jetzt wirst du eine Frau und es ist so schön, eine Frau zu sein."

Ich hatte gar nicht bemerkt, dass mein Körper seit einem halben Jahrhundert total angespannt war. Wie konnte ich meinem Körper helfen zu entspannen? Wie konnte ich wieder in das Vertrauen hineinkommen, dass, wenn ich mich hingebe, wenn ich loslasse, mir nichts geschieht?

Ich beobachte, dass Säuglinge, Kleinkinder und auch manche Tiere sich auf körperlicher Ebene total entspannen können und dem Leben vertrauen, egal, was so um sie herum gerade passiert.

Wie sehr hatte ich meinen Eltern vertraut? Sie waren die Ersten, die mir die Erfahrung brachten, dass ich lieber alles selbst kontrollieren und im Griff haben möchte. Aber das entspricht mir nicht wirklich. Ich habe es nur als Überlebensstrategie gelernt.

Meine Fast-Zwangsheirat mit meinem Cousin führte auch nicht gerade zu einem wertschätzenden Bezug zu meinem Körper. Und so zog es sich weiter fort. Mein erster Ehemann hatte meinen Körper zwar geliebt, doch irgendwann habe ich festgestellt, dass er auch andere Körper liebte. Diese Enttäuschungen und Verletzungen saßen und sitzen vor allem im Körper und im sogenannten Emotionalkörper.

Meine Seele hat meinem Vater verziehen. Aber was ist mit meinem Körper? Darin sind alle Verletzungen noch gespeichert. Gerade beim Schreiben dieses Buches kamen auf einmal trockene Hornhautschichten auf meinen Handrücken wieder zum Vorschein. Sie sehen aus wie Narben und sind seit elf Monaten wieder sichtbar. Gerade die Stellen, die mit diesem Nudelholz getroffen wurden, weil ich meinen Hintern schützen wollte. Es ist über 40 Jahre her!

Meine Eltern kamen im April 2017 für ein paar Wochen nach Deutschland. An einem Sonntag gingen wir gemeinsam zu einem Brunch in deren Lieblingslokal. Wir hatten ein nettes Gespräch. Als ich wieder zu Hause war, entdeckte ich, dass die Narben am Nachmittag auf einmal größer und sichtbarer waren.

Vor ein paar Jahren, im Frühling, unternahm ich spontan mit meinen Eltern einen Tagesausflug nach Göppingen. Es war sehr entspannt. Wir sind sogar zusammen Riesenrad gefahren und hatten etwas zu lachen. Als meine Eltern morgens in mein Auto gestiegen sind, fing ich plötzlich sehr stark an zu husten. Der Husten ging den ganzen Tag nicht weg. Es hörte sich an, als ob ich Tuberkulose hätte. Abends, als meine Eltern aus meinem Auto ausgestiegen waren, hörte der Husten auf. Als Kind habe ich manchmal einfach gehustet, um mich bemerkbar zu machen. Damit lief ich nicht Gefahr, dass ich etwas Falsches sagen konnte. Dieser alte Husten hat damit zu tun, dass es Zeiten gab, in denen ich nicht ausgesprochen habe beziehungsweise nicht in der rechten Art und Weise ausgesprochen habe, was ich eigentlich zu sagen hatte!

Mein Körper war oder ist fast immer übersäuert. Meine ganze Wut und meinen ganzen Ärger über meine Eltern habe ich als Kind immer heruntergeschluckt. Das vierte Gebot lautet: „Du sollst Vater und Mutter ehren." Da ich nicht aussprechen durfte und konnte, was ich sagen wollte, habe ich es gegen mich selbst gerichtet.

Ich bin damals nicht auf die Idee gekommen, dass meine Eltern selbst verantwortlich sind für ihre eigenen Gefühle und dass ich gar nicht schuld war, wie sie immer behaupteten. Diese Wut, diese Schuld, dieser Ärger und alle diese Gedanken haben auch dazu beigetragen, dass mein Körper immer mehr an Gewicht zugelegt hat, zulegen musste, um mich zu schützen. Was dazu führte, dass ich den Satz, dass ich zu dick sei und einen fetten Hintern hätte wie ein Pferd, nur noch öfter hörte.

Mein Körper hat auch immer mehr Gewicht zugelegt, weil er so viele Lasten der anderen getragen hat. Ich hätte die Lasten der anderen loslassen sollen. Ich habe die Rucksäcke aller getragen.

Jetzt bin ich erwachsen. Vielleicht brauche ich jetzt keine schützenden Mauern mehr?

Während ich auf dem Jakobsweg war, haben mich mein Körper und meine Füße Schritt für Schritt getragen. Ohne meinen wunderbaren Körper hätte ich diese Erfahrung nicht machen können. Es waren wirklich viele, große und vor allem körperliche Herausforderungen, da ich fast direkt von der Couch losgelaufen bin. Wenn ich gut durchtrainiert gewesen wäre, wäre ich die ganze Strecke locker durchgelaufen und hätte meinen Körper wahrscheinlich gar nicht so wahrgenommen, weil er eben einfach funktioniert hätte. Vielleicht war es genauso geplant, dass ich nicht trainiert habe, um endlich eine echte Beziehung zu meinem genialen Körper zu entwickeln?

Nachdem ich schon drei Wochen wieder zu Hause war, bemerkte ich, dass ich 999-mal am Tag dachte: Ich bin zu dick – ich bin zu dick – ich bin zu dick!

Ich war selbst richtig erschrocken darüber. Das war mir bisher gar nicht bewusst gewesen, dass ich dieses „Ich-bin-zu-dick-Mantra" den ganzen Tag dachte. Es war total unbewusst abgelaufen. Es waren auch nicht meine eigenen Gedanken. Es waren immer noch die Gedanken, die ich andere über mich hatte sagen hören!

Ich könnte jetzt loslassen. Ich habe mehr als 40 Jahre gebraucht, um mir diese Körperform mit meinen Gedanken zu erschaffen. Sie geht nicht in zwei Wochen wieder zurück und schon gar nicht mit einer schnellen Diät. Mein Körper konnte gar nicht anders, als in all den Jahren wieder und wieder auf mein eigenes Mantra zu reagieren!

Auf dem Jakobsweg kam ich gar nicht auf diesen Gedanken, da ich auf einmal eine Beziehung mit meinem Körper lebte und sie nicht nur „dachte". Ich hatte mich früher vor dem Einschlafen immer auch für meinen Körper bedankt – doch anscheinend hatte ich diese Dankbarkeit eben nur gedacht und nicht richtig gefühlt.

Mein Rucksack, mein Köper und ich waren ein Team. Ich war sehr liebevoll und dankbar für meinen Körper. Ohne meinen Körper hätte ich diesen Weg nicht gehen können!

Ich hatte schon einiges versucht, um Gewicht abzunehmen. Ich habe einige Diäten versucht, ich habe Hypnose versucht, ich habe gefastet und vier Wochen nur Wasser und Tee getrunken und nichts gegessen. Dennoch hatte ich immer nur einen kurzfristigen sichtbaren Erfolg. Gewohnheiten zu ändern ist nicht einfach. Meine Essgewohnheiten zu ändern, war und ist die allergrößte Herausforderung in meinem Leben. Freiheit ist mir wichtig. Das gilt natürlich für alle Bereiche. Freiheit auch im Bereich des Essens zu haben. Dass ich entscheide, wann und was ich esse. Ich möchte nicht, dass das Essen weiterhin Macht über mich hat.

Sie sagen, der Körper sei der Tempel der Seele. Oh je, oh je, mein Körper war wohl bisher mehr ein Mülleimer als ein Tempel.

Bei Drogen, Alkohol und Nikotin erkennt mittlerweile jeder, dass es eine Sucht ist. Im Internet sind Hunderte von Süchten aufgeführt. Schokoladensucht, wie ich sie von mir kenne, ist nicht darunter.

Warum esse ich so viel Süßes? Wo fehlt mir die Süße im Leben? Warum fühle ich mich nicht genährt und stopfe so viel in mich hinein? Suche ich immer noch nach der Liebe und Aufmerksamkeit von meinen Eltern, von der ich gefühlt nicht genügend bekommen habe?

Es fing schon sehr früh an, dass ich viel gegessen habe. Essen – darin drückt sich mein Hunger nach Leben aus. Nach Sinnlichkeit. Nach Emotionen. Noch heute, wenn ich meine Eltern besuche, muss ich von morgens bis abends essen. Essen – essen – essen. Das war schon immer so und nicht nur bei meinen Eltern, sondern in der ganzen Verwandtschaft bei uns. Wenn ich sage: „Nein danke, ich bin satt", nehmen sie es persönlich.

Ich habe ein halbes Jahrhundert gebraucht, um mir meine Beziehung zu meinem Körper näher anzuschauen. Ich hatte in meinem Umfeld niemanden, der mir vorlebte, wie es ist, in liebevoller, wertschätzender Beziehung zu seinem Körper zu sein. Erst kurz vor meinem 50. Geburtstag fing ich an, mich mit meinem Körper zu beschäftigen, ihm Aufmerksamkeit und Zuwendung zu geben. Dabei fiel mir erst auf, dass ich gar kein Sättigungsgefühl habe. Das kenne ich nicht. Ich esse wie ein Mülleimer mit einem Loch im Boden. Ich fresse eigentlich. Nach drei Tellern Nudeln könnte ich weitere drei Teller essen, wenn es mir nicht vorher schlecht werden würde. Aber ich bin nicht satt! Das letzte Mal, dass ich wirklich aus Hunger gegessen habe, ist über 30 Jahre her und war 1985, als ich im Ramazan gefastet habe.

Jetzt erzähle ich etwas sehr Intimes – von meinem Stuhlgang.

Angst und Druck war das Erziehungsmotiv meiner Eltern. Das

hatte Folgen, auch auf meinen Körper. Ich war immer sehr angespannt, weil ich extrem in Angst lebte.

Ich war ungefähr 48 Jahre alt, als ich zum Arzt ging wegen meinem Übergewicht. Der Arzt war ein guter Freund von uns und der Arzt meines Vertrauens. Er fragte mich nach meinem Stuhlgang und war schockiert, als ich ihm sagte, dass ich zwei- bis dreimal im Monat Stuhlgang habe. Jedes Mal war sehr dramatisch und sehr schmerzhaft. Ich stellte mir vor, dass es noch schlimmer war als Geburtswehen.

Ich hatte es nicht als Verstopfung gesehen, denn es war normal für mich. Ich kannte es nicht anders. Ich habe mich auch mit niemandem vorher darüber unterhalten, denn woher sollte ich wissen, dass es auch anders geht?

Mit den Jahren und mit der Arbeit an meinem Körper hat sich mein Stuhlgang normalisiert. Was für eine Entwicklung. Was für ein Geschenk. Für mich ist es ein Wunder!

In den ersten fünf Wochen nach meinem letzten Arbeitstag am Flughafen hatte ich täglich schmerzfreien Stuhlgang. Ich war total überrascht, wie mein Körper so reagiert. Ich hatte bisher überhaupt nicht wahrgenommen, dass ich immer so unter Anspannung stand. Es war mir gar nicht bewusst, dass ich immer alles unter Kontrolle haben wollte: in der Arbeit, in Freundschaften, in Bezug auf meinen Körper und mein Leben. Jetzt ließ ich los – und hatte keinen neuen Plan und mein Körper konnte endlich auch entspannen und loslassen. Und ich konnte es beobachten und wahrnehmen.

Auf dem Jakobsweg hatte ich in den ersten fünf Wochen mehr Stuhlgang als in den letzten 50 Jahren zusammen! Ich war komplett überfordert mit dieser Situation, weil sie so fremd und neu war. Mein Körper hatte sich anscheinend wirklich darauf eingestellt, etwas loszulassen.

Als ich meinen Mann vor 14 Jahren kennenlernte, wog ich 30 Kilo weniger als heute und habe damals fünf Kleidergrößen kleiner getragen. Wenn ich mir 30 Kilo Kartoffeln vorstelle, ist es ein ganz großer Berg.

Auch damals mit 56 Kilo und Kleidergröße 36 dachte ich, ich sei zu dick. Mein Körper war zwar anders, aber meine Gedanken waren nicht anders!

Ich kann ganz eindeutig sagen, dass ich mich heute mehr liebe. Ich habe mir und meinem Körper gegenüber mehr Wertschätzung, als ich es damals hatte. Ich vertraue meinem Körper, dass er zur richtigen Zeit seine Form ändern wird. Solange meine Aufmerksamkeit noch auf meinem Ich-bin-zu-dick-Mantra ist, wird sich eben dieses verstärken, verstärken müssen. Dort, wo meine Aufmerksamkeit ist, da fließt die Energie hin. Das ist ein Gesetz.

Ich lasse meinem Körper die Toleranz und die Freiheit, dass er sich in seiner Geschwindigkeit ändern kann.

Neulich hatte ich nachts im Traum einen Autounfall und dachte: Nein, das kann ich nicht überleben. Am Morgen bin ich aufgewacht und konnte die nächsten zwei Stunden meinen rechten Fuß kaum bewegen und hatte große Schmerzen. Dann ging es auf einmal wieder. Aber in mir war etwas verändert. Ich war den ganzen Tag voller Freude, wie großartig meine Füße und Beine mich tragen. Wie viel Freiheit das für mich bedeutet, dass ich Autofahren kann und dass ich überall hinlaufen kann. Es war nicht mehr selbstverständlich! Das bedeutet so viel Freiheit für mich.

Einmal kam ich abends von einer Meditation. Anschließend saß ich zu Hause auf dem Boden (ich sitze gerne auf dem Boden, wenn wir unter uns sind, obwohl wir Sessel und Stühle haben) und schaute meine Füße und Beine an. Ich fühlte eine Wärme in meinem Körper aufsteigen und dachte: Wie wunderschön! Was für schöne Füße ich habe. Alle Zehen sind dran. Wie wunderschön meine Beine sind. Sie gehen bis auf den Boden. Wie genial! Ich konnte meine Liebe und Dankbarkeit wirklich fühlen. Und ich wiege heute 86 Kilogramm und habe Kleidergröße 46! Heute habe ich eine ganz andere Beziehung – oder vielleicht überhaupt erst eine Beziehung – zu meinem Körper. Ohne meinen Körper könnte ich mein Leben nicht leben und genießen.

Vielleicht geht es nicht nur darum, weniger Gewicht zu haben. Vielleicht geht es auch darum, mir selbst mehr Gewicht in meinem Leben zu geben? Mich selbst endlich wichtig zu nehmen?

Bisher habe ich allen anderen viel Gewicht gegeben. Ich weiß besser, wie sich meine Freundinnen fühlen, wie sich mein Nachbar fühlt, als dass ich weiß, wie mein Körper sich fühlt und wie ich mich fühle.

Vielleicht geht es darum, mich wirklich von all dem zu befreien, was mich hierhin geführt hat?

Dass meine Kindheit wirklich auf alle Beziehungen wirkt, sogar auf meinen Körper und dadurch automatisch auch auf meine Sexualität, das war mir nicht bewusst.

Sexualität hat viel mit Hingabe zu tun. Damit Führung loszulassen und geschehen zu lassen. Das ist genauso wenig kontrollierbar wie das Einschlafen.

Ich habe zwar Sexualität gelebt, aber was wusste ich denn wirklich über meine Sexualität? Früher war ich wie Wasser. Je nachdem, welches Gefäß da war, passte ich mich an. Was waren denn meine Wünsche? Hatte ich Bedürfnisse oder hatte ich keine? Konnte ich mich hingeben?

Meine Mutter hat mir gesagt, dass Sexualität erst in der Ehe gelebt werden darf. Was hat sie gemeint? Nur den technischen Akt? Geht es darum, wie ein lebloses Stück Fleisch neben einem Mann zu liegen, der vor ein paar Stunden etwas unterschrieben hat, dass wir ab jetzt eine Ehe führen, damit wir den anderen einen Beweis, ein Leintuch mit einem Blutfleck, liefern können?

Wie soll denn das gehen, wenn man vorher rein gar nichts über seinen eigenen Körper weiß? Wenn man es nie ausprobiert hat? Alles braucht Training. Woher soll ich wissen, welche Eissorte mir schmeckt, wenn ich nicht alle Sorten probiere? Na ja, vielleicht nicht alle Sorten, aber wenigstens ein paar Sorten.

Wenn ein Mann alle Sorten ausprobieren will, hat die Mehrheit der Menschen nichts dagegen!

Vielleicht sind wir die erste Generation, die erkennt, dass es im Leben auch um Freude geht? Freude ist so wichtig! Ohne Freude kann man Pillen schlucken, bis man umfällt. Man wird nicht wirklich gesund, auch wenn die Symptome für eine Weile verschwinden.

Was für eine Kraft hat die Sexualität? Und was verstellt uns alles den Weg zu dieser Kraft? Nun, zum einen der Glaube, ich als Frau darf hierüber nicht frei bestimmen und entscheiden. Ich darf diese Kraft nicht so richtig in mir spüren, damit ich gar keine Ahnung davon bekomme, wie groß das Potenzial dieser Kraft ist. Da gehört etwas zu mir, was mir aber gleichzeitig verboten wurde zu fühlen, sodass es ganz weit weg von mir ist. Na ja, kein Wunder, dass ich mich als Frau dann doch nicht so ganz in der Fülle fühlen konnte. So ganz befriedigt.

Nahe Beziehungen mit einer Frau werden entscheidend und als Erstes durch die Mutter geprägt. Bei den meisten Männern in meinem Umfeld waren die nahen Beziehungen zur Mutter dadurch geprägt, dass es darum ging, der Mutter ihren Mangel zu stillen, also ihre Bedürfnissen zu stillen. (So war es ja auch bei mir.) Die Kinder hatten eher zu geben, als dass sie eine Phase erlebten, in der sie erhielten und einfach genährt wurden. Und weil diese Männer so ungenährt waren, hat sich zutiefst in sie eingraviert, dass sie eigentlich auch nichts geben können.

Und alles Geben, Weggeben und der Akt der Sexualität, der ja für den Mann auch ein gebender Akt ist, der überfordert sie dann. Der Umstand, dass Geben sie aber auch beschenken kann, den haben sie bisher selten erfahren. Loszulassen, sich hinzugeben, sich zu zeigen und sich zu öffnen ... ist den wenigsten dann möglich, die aus diesem Erfahrungshintergrund kommen.

Das ist kein Vorwurf an die Mütter. Ein indianisches Sprichwort sagt: „Du sollst erst einmal zwei Wochen in den Mokassins deines Bruders laufen, bevor du über ihn urteilst.“

Die Mütter geben nur das weiter, was sie selbst erfahren haben. Sie können nicht geben, was sie selbst nicht haben.

Viele Männer suchen die Sexualität, weil sie bedürftig sind, weil sie für sich etwas brauchen. Und was sie nicht alles hiermit kompensieren. Sie brauchen Selbstbestätigung als Mann, sie brauchen es, gewollt zu werden, sie brauchen es, der Bestimmende, der Führende, der Tonangebende zu sein. Sie brauchen ein Erfolgserlebnis, sie brauchen Sex, um sich selbst mal wieder so richtig zu spüren, sie brauchen Sex, um wieder in den Körper zu kommen, sie brauchen Sex, um sich befriedigter im Leben zu fühlen. Da könnte ich noch vieles anführen.

Wenn da also die Bedürftigkeit steht, aus der heraus Sexualität gelebt wird, dann ist es ganz selbstverständlich, dass dieser Mann einer Frau nicht in dem Maße geben kann. Deshalb wiederum reagieren viele Frauen so, wie sie reagieren, weil sie es eher als belastend empfinden, dass der Mann schon wieder Sex möchte. Er will immerzu etwas. Er will!

Dann kann wiederum die Frau nicht wirklich Frau sein und nicht die sein, die beschenkt wird, und die dadurch, ganz ohne dass sie sich dafür anstrengen muss, dem Mann etwas gibt. Er würde nämlich Anerkennung und Wertschätzung erhalten, ohne dass er sich darum bemühen muss. Er würde viel mehr erhalten, als dass er gewünscht und gewollt ist. Dass sich eine Frau ihm gerne anvertraut, und ja sogar hingibt, einfach dadurch, dass er geben würde.

Vielleicht gerade weil ich viele Jahre lang keine Sexualität gelebt habe, habe ich mich intensiv damit auseinandergesetzt. Das hätte ich nicht getan, wenn ich, aus der Gewohnheit heraus, regelmäßigen Sex gelebt hätte.

Ich bin jetzt 54 Jahre alt. Was will eigentlich mein Körper? Was würde ihm guttun? Ich weiß es nicht einmal! Ich weiß, wie sich Hinz und Kunz da draußen in der Welt um mich herum fühlt, aber ich weiß nicht, wie mein Körper funktioniert oder was ihm fehlt oder was ihm gefällt. Das ist das Erbe meiner Ahnen und meiner ganzen Kultur. Da entscheidet nur der Mann, wie es der Frau geht und was sie fühlen darf und soll. Somit kann die Frau schön kleingehalten werden. Und ich habe es bisher auch so gelebt, obwohl ich in einem ganz anderen Land, einer ganz anderen Kultur aufgewachsen bin.

Die Frau ist das Empfangende. Die Frau steht für das WIR. Deshalb ist auch jede Konkurrenz unter Frauen im Grunde gegen die Natur und somit Ausdruck der Schwächung und Verletzlichkeit des Weiblichen. Der Mann steht für das Individuelle, für das ICH.

Mein Mann kommt aus einer Familie, wo das ICH sehr stark vorherrschte. Das hat er auch so vorgelebt bekommen. Und ich komme aus einer Familie, da gab es mich gar nicht wirklich. Jetzt haben wir die großartige Möglichkeit, voneinander zu lernen. Ich kann lernen, etwas mehr nach mir zu schauen, und er kann lernen, auch sein Gegenüber etwas achtsamer wahrzunehmen. Damit wir beide in unsere Mitte kommen. Damit der andere nicht den Gegenpol leben muss.

Jeder Mensch hat männliche und weibliche Anteile. Wenn das eine vom anderen getrennt ist, kommt eine Seele nie zur Vervollkommnung. Entweder verliert sie sich im Ego, im ICH und darin, Einzelkämpfer zu sein, oder sie verliert sich im WIR und erkennt in diesem WIR gar nicht mehr das ICH!

Nur in der Mitte findet Entwicklung statt.

Ich hatte zum Beispiel keinen Hunger, als ich frisch verliebt war. Ich war satt von Luft und Liebe. Ich habe keinen Hunger beim Schreiben dieses Buches. Warum? Nun, weil ich mir selbst die Aufmerksamkeit gebe. Ich gehe mit mir selbst in tiefe, innere, seelische Berührung. Ich gebe mir selbst Zeit und vor allem bin ich bereit, mich selbst zu sehen in der Gesamtheit, auch mit all den unguten Sachen, die dort waren. Da wird nicht aussortiert. Da bin ich wie eine liebende Mutter mir selbst gegenüber. Eine Mutter, die bereit ist, auch den Schmerz noch einmal zu fühlen oder die Angst oder die Enttäuschung, die sich aber trotzdem nicht von ihrem Weg abbringen lässt.

Die Ursache für mein Körpergewicht und für meinen Hunger hat mehrere Gründe und ist auch emotionaler Natur. Ich habe einen großen Hunger nach Leben. Nach wirklichem Leben und Erleben. Nach Emotionen. Früher habe ich mein Leben nur – gedacht.

Durch meine traumatischen Kindheitserlebnisse war mein Emotionalkörper wie leblos. Tot. Im Grund war auch mein physischer Körper wie leblos. Nun ja, er hat funktioniert. Ich konnte dies und das mit ihm machen, aber ich habe unterdrückt, ihn zu erleben. Ich hatte die Möglichkeit abgeschaltet, dass die Emotionen sich auch körperlich ausdrücken. Wo sonst außer im Körper bekommt man mit, dass man Emotionen hat?

Ich habe Emotionen gehabt – aber sie mehr gedacht. Wenn ich traurig war, dann habe ich manchmal – traurig gedacht. Aber wie sich die Traurigkeit körperlich anfühlt, dass auf einmal alles schwer wird und die Lebendigkeit im Körper fehlt, war mir bisher gar nicht so bewusst.

Auch nicht, dass, wenn ich etwas befürchte, sich in mir alles zusammenzieht, dass mir die Knie weich werden, wenn ich mich ausgeliefert oder machtlos fühle, ja, dass ich sogar das Gefühl bekommen kann, dass mein Körper nicht mehr funktioniert, er eine eigene Dynamik bekommt – es war mir nicht bewusst. Ich habe auch erst jetzt bewusst gefühlt, dass, wenn ich liebe, ich es wirklich auch physisch in meinem Körper spüren kann.

Ich habe wirklich sehr lange gebraucht, um eine Beziehung zu meinem Körper aufzubauen, seine Weisheit zu begreifen, und ich lerne dankbar täglich mehr und mehr dazu.

MEINE ERKENNTNIS:

Mein Körper liebt mich bedingungslos und dient mir.

Als ich mich selbst zu lieben begann
Als ich mich selbst zu lieben begann, habe ich verstanden, dass ich
immer und bei jeder Gelegenheit, zur richtigen Zeit am richtigen
Ort bin und von da an konnte ich ruhig sein. Und dass alles, was
geschieht, richtig ist. Heute weiß ich:
Das nennt man V E R T R A U E N.

Als ich mich selbst zu lieben begann, konnte ich erkennen,
dass emotionaler Schmerz und Leid nur Warnungen für mich
sind, gegen meine eigene Wahrheit zu leben. Heute weiß ich:
Das nennt man A U T H E N T I S C H   S E I N.

Als ich mich selbst zu lieben begann, habe ich aufgehört,
immer recht haben zu wollen, so habe ich mich weniger geirrt.
Heute habe ich erkannt: Das nennt man D E M U T.

Als ich mich selbst zu lieben begann, habe ich mich geweigert, in der
Vergangenheit zu leben und mich um meine Zukunft zu sorgen. Jetzt
lebe ich nur noch in diesem Augenblick, wo ALLES stattfindet. So
lebe ich heute jeden Tag und nenne es B E W U S S T H E I T.

Als ich mich selbst zu lieben begann, da erkannte ich, dass mich mein
Denken armselig und krank machen kann. Als ich jedoch meine Her-
zenskräfte anforderte, bekam der Verstand einen wichtigen Partner.
Diese Verbindung nenne ich heute
H E R Z E N S W E I S H E I T.

Charlie Chaplin, aus seiner Rede zu seinem 70. Geburtstag

Alle denken an sich – nur ich denke an mich

Auch wenn mein Mann früher der Meinung war, dass das Leben hart und schwer und ungerecht und entbehrungsreich sei, für mich ist das Leben eines der größten Geschenke, die Gott seinen Kindern hat geben können.

Heute erkenne ich jeden Augenblick als Geschenk. Ich habe immer die Wahl, wie ich auf das Geschenk reagiere. Ich bin der Schule des Lebens unendlich dankbar, dass das Leben mich so sehr liebt und die Lehrer des Lebens mich nicht vergessen haben und mir auf vielen verschiedenen Möglichkeiten immer wieder die richtigen Impulse geschickt haben, damit ich wachsen und mich entwickeln konnte und zu der werden konnte, die ich heute bin.

Was hat meine Seele so alles auf sich genommen? Was hat meine Seele sich so zugemutet? Welche Wege war sie bereit zu gehen? Welche Schmerzen war sie bereit auszuhalten? Zeigt sich nicht hierin Göttlichkeit? Doch die meisten Menschen meinen, gerade hier das Fehlen von Göttlichkeit zu sehen. Aber das ist nicht so!

Leider viel zu spät, auf dem Sterbebett oder wenn eine schwere Krankheit „Hallo" sagt, erkennen viele erst den Wert des Lebens. Ich möchte heute schon damit beginnen.

Wenn heute meine Beerdigung wäre und meine Eltern, meine Schwestern, mein Ex-Mann und mein Ehemann würden jeweils eine Rede halten und mich beschreiben, würde jeder, wirklich jeder denken, es seien sechs verschiedene Menschen gestorben. Jeder hat eben seine eigene Sichtweise auf die Welt und auf die Menschen.

Mein Start in diesem Leben war, dass ich nicht wirklich willkommen war, weil ich kein Junge bin. Ich bin im Glauben aufgewachsen, dass ich nur ein Mensch zweiter oder dritter Klasse bin. Heute weiß ich, dass wir alle Kinder Gottes sind und somit ebenbürtig.

Heute weiß ich, wir Frauen sind Engel auf Erden, und wenn man unsere Flügel bricht, fliegen wir eben auf dem Besen weiter, denn wir sind flexibel!

Ich bin einen Weg gegangen von einer Frau, die gar kein Selbstwertgefühl und gar kein Selbstbewusstsein hatte, die in Angst und Unsicherheit lebte, die große Verletzungen und Enttäuschungen erfahren hat. Heute bin ich eine Frau, die sich selbst liebt und eine große Hochachtung und Wertschätzung sich selbst gegenüber empfindet.

Ich habe erkannt, dass Selbstliebe sehr wichtig ist. Jesus Christus sagte: „Liebe deinen Nächsten wie dich selbst." Das war mehr eine Botschaft als eine Religion. Jetzt, nach fast 2000 Jahren, beginne ich langsam seine Botschaft zu verstehen.

Auch unsere Flugbegleiter sagen diesen Satz bei jedem Flug, natürlich in etwas geänderter Form, sie sagen: „Ziehen Sie im Notfall die Sauerstoffmasken erst zu sich selbst und helfen Sie danach Kindern und bedürftigen Mitreisenden."

Wenn ich mich selbst nicht liebe, warum sollte mich jemand anders lieben?

In einem Seminar habe ich einmal gelernt oder wurde daran

erinnert, dass wir uns unsere Eltern selbst ausgesucht haben. Nein, dachte ich, vielleicht die anderen sieben Milliarden Menschen, aber ich doch nicht! Warum sollte ich mir ausgerechnet diese Eltern ausgesucht haben? Heute weiß ich, dass es stimmt. Ich habe mir zwei gute Trainingspartner und Herausforderer ausgesucht, um mich so zu entwickeln, wie ich heute bin. Heute kann ich rückblickend meine Kindheit einfach als ein Trainingslager in der Schule des Lebens sehen und sogar dankbar dafür sein.

Meine Mutter wollte immer, dass wir drei Töchter einen sauberen Beruf lernen (also nicht in der Fabrik arbeiten) und unabhängig von einem Mann leben können. Das hat sie großartig gemacht. Und wir alle drei sind sehr eigenständig und unabhängig.

Meiner Mutter bin ich sehr dankbar, dass sie ein klein wenig das Türchen hin zur Freiheit geöffnet hat. Einen winzigen Spalt. Aber immerhin, diesen Mut hat sie aufgebracht. Und dieser Spalt reichte, damit jede von uns drei Töchtern hindurchgehen konnte.

Jetzt kann sie beobachten, dass wir diesen Weg weiter und konsequenter gehen, als sie es je getan hat oder als es ihr möglich war. Das überfordert sie sicher oft.

Vor allem habe ich mir selbst verziehen. Meine Seele hat gewusst, wie viel Widerstandskraft in mir ist. Und dass man, wenn nur lange genug manches unterdrückt wird, sich nicht entwickeln und sich nicht entfalten kann, wenn ich nur lange genug gezwungen werde, gegen meine Wahrheit leben zu müssen – dass dann hieraus solch eine Motivation entstehen würde, die mich auf diesen meinen Weg führt. In diese starke Bereitschaft, die Dinge anzupacken, die Dinge zu verwandeln und zu verändern.

Ich wollte früher immer alles verstehen und habe mich in der Welt der Gedanken verloren. Ich wollte alles wissen. Heute weiß ich, je mehr ich weiß, desto mehr weiß ich, dass ich nichts weiß! Mein Verstand ist großartig und messerscharf, aber in gewisser Weise auch begrenzt.

Heute weiß ich, ich habe mir meine Eltern aus mehreren Gründen ausgesucht. Nichts auf dieser Welt ist nur gut oder nur schlecht. Alles hat zwei Seiten, wie eine Münze. Es gibt niemals nur einen Grund für etwas. Mir ist Freiheit und Eigenständigkeit sehr wichtig. Durch diese Eltern konnte ich beides vielleicht gerade deshalb entwickeln, entfalten und stark werden lassen.

Vielleicht zeugt es gerade von Liebe, einen anderen Menschen in herausfordernde Situationen zu befördern, damit der andere sich weiterentwickeln kann? Vielleicht war meine Mutter gar nicht ekelhaft zu mir? Vielleicht zeugt es gerade von Liebe, sich gegenseitig die schmerzlichsten Punkte zu drücken, damit sich diese Verletzungen zeigen und heilen und auflösen können? Wir sind doch alle miteinander verbunden, oder?

Durch meine bedingungslose Liebe konnte ich es bei meinem Ex-Mann leichter sehen und fühlen, dass es wirklich Liebe war, dass er mich durch seinen Betrug, Verrat und Vertrauensbruch an meine tiefsten Schmerzen gebracht hat. Dadurch kam ich in die Freiheit. Ich wusste vorher gar nicht, dass ich diese Ängste in mir habe!

Dadurch konnte ich verzeihen und Vergebung üben und Vergebung erfahren. Was hat Jesus Christus alles getragen und ertragen müssen?

Heute glaube ich, wir sind alle eingebettet in ein göttliches, heiliges, geistiges Feld von unendlicher Fülle und Möglichkeiten. Jede Situation, die uns begegnet, hat immer Wachstumsmöglichkeiten für beide Seiten.

Erst war mir jahrzehntelang die Meinung anderer wichtig, weil ich so geprägt wurde. Dann wollte ich mich freimachen von der ausschließlichen Meinung und Einschätzung meiner Eltern. Ich wollte nicht nur den „Nordpol" sehen, sondern auch alles andere, was es noch zu sehen gibt.

Dann gab es die Phase, in der ich mich viel mit der Meinung anderer beschäftigt habe. Ich habe viele Bücher gelesen und viele Seminare besucht. Dort erlebte ich, dass man ganz viele unterschiedliche Meinungen und Standpunkte haben kann – und wenn man sich auf diese Standpunkte stellt und sich mit ihnen identifiziert, dann hält man sie auch für absolut wahr.

Danach kam die Phase, in der es mir immer mehr darum ging: Aber was ist nun *mein* Standpunkt?

Und dann beginnt man, nicht mehr nur auf die Meinung der anderen zu hören, sondern sie auch wieder abzulegen. Unter all den Standpunkten, die man einnehmen kann, fand ich dann schlussendlich zu meinem Standpunkt. Und ich wurde gelassener gegenüber den anderen, einfach weil ich mir das Recht nahm, meinen eigenen Standpunkt zu haben. Das bedeutet nicht, dass meine Meinung perfekt oder der Weisheit letzter Schluss sein muss.

An alledem sehe ich, wie mein ICH gewachsen ist. Mein ICH-Bewusstsein, meine ICH-Kraft, mein Leben.

Mein Geburtstag erinnert mich jedes Jahr daran, dass ich einstmals mit meiner Geburt auch aus dem einen Raum heraus in einen anderen Raum hineingegangen bin – ein riesiger Schritt in einen Raum, der mit dem Mutterleib überhaupt nicht vergleichbar war. Jeder von uns hat diesen Schritt schon einmal gemacht. Und jetzt trauen wir uns nicht mehr, vergleichbar harmlosere Schritte zu machen, die viel weniger verändern? Da getraut man sich nicht mal, den Arbeitsplatz zu verlassen oder den Mann? All das ist kein so vehementer

Einschnitt, wie geboren zu werden. Man muss auf einmal alleine atmen, essen ... man ist auf einmal mit sich selbst. Alles ist plötzlich anders. Die Lichtverhältnisse, die Temperaturverhältnisse!

Sollten wir uns nicht alle von Zeit zu Zeit wieder an diesen Mut, den wir damals hatten, erinnern?

Ich feiere das Leben. Ich danke dem Leben. Allein diesem Umstand, dass ich jetzt atmen kann – sehen kann – hören kann – fühlen kann – schmecken kann – gehen kann – und so viel Erkenntnis haben kann und so viel entwickeln und verändern kann!

Dass ich nicht wissen muss, wie es weitergeht! Dass ich nicht kämpfen muss! Dass ich nichts beweisen muss! Da ist eine Liebe, die mich trägt und die mir den Weg zeigt.

Ich dachte früher, es ginge im Leben darum, Häkchen hinter erfüllte Aufgaben zu setzen und sich gegen den Fluss des Lebens zu stellen.

Im Pilgermagazin PILGERN kam in der Ausgabe 03/2017 ein Bericht über meinen Jakobsweg von 2016. Die Chefredakteurin beschrieb mich mithilfe von einem längeren Telefonat und ein paar E-Mails sehr gelungen. Ich war sehr überrascht über das Feedback von einigen Freundinnen. Normalerweise erfährt man erst auf seiner eigenen Beerdigung, wie die anderen einen wirklich wahrgenommen haben. Ich hatte das Glück, dass ich es jetzt schon erfahren habe. Viele haben mich in diesem Bericht wiedererkannt. Da ist mir erst wirklich bewusst geworden, dass ich mich selbst, teilweise heute noch, mit den Augen meiner Eltern von vor 30 oder 40 Jahren gesehen habe. Ich habe mich seither immer selber kleiner gemacht, als ich es war. Ich habe gefühlt und erkannt, dass mein Selbstbild und mein Fremdbild noch weit auseinanderlagen. Und durch dieses

Erkennen kann ich es endlich ändern. Oder wird es sich automatisch, durch die Erkenntnis, verändern.

In meinem bisherigen Leben habe ich große Heilung am Punkte „Urvertrauen" erlebt. Denn das war schließlich schwer erschüttert, aufgrund meiner Erlebnisse und Erfahrungen in meiner Kindheit. Vielleicht war genau das der Plan meiner Seele? Dass ich mir dann Schritt für Schritt dieses Urvertrauen wieder zurückhole und in allen Körperzellen integriere? Damit es unumstößlich zu meiner Grundlage und inneren Sicherheit wird? Und ich es dadurch bewusst wertschätze? Jetzt spüre ich, wie sich ein Leben anfühlt, in dem Vertrauen, sogar so ein Urvertrauen, wie die Basis ist. Ich stelle es mir so vor wie bei den Säuglingen, die es bei ihrer Geburt automatisch mitbringen. Denn dadurch kann ich jetzt ohne Angst vieles loslassen und vieles machen. Ich erfahre, wie entspannt das Leben ist, wenn ich mich immer und überall getragen, geführt, geschützt, unterstützt, begleitet und geliebt fühle!

Wenn wir alle unsere Leben in einen Topf werfen würden, ich würde wieder mein Leben herausziehen.

Ja, ich liebe dieses Leben, so wie es ist, mit all den Herausforderungen, die es gerade auf dieser Erde gibt.

Was soll schon geschehen? Es wurde immer alles besser!

Ich liebe mein Leben – und mein Leben liebt mich!

Ich sage Danke zum Leben und zu der Schule des Lebens.

Und was ich kann – das kannst auch DU.

Mit Gottes Segen – AMEN – AMIN.

Engel

In deinem Herzen wohnt ein Engel,
aus deinen Augen scheint sein Licht.
Der Engel schützt dich vor dem Dunkel
und dass die Hoffnung nie zerbricht.

Auch wenn dich manchmal Sorgen plagen,
du bist mit ihnen nie allein.
Du kannst dem Engel alles sagen,
denn er wird immer bei dir sein.

Die Freude wird er mit dir teilen,
er ist ganz nah mit dir vereint.
Der Engel trägt dich durch dein Leben,
im Glück, doch auch, wenn deine Seele weint.

Bist du mal traurig und verzweifelt,
der Engel schenkt dir wieder Mut.
Glaube an dein Licht im Herzen
und alles wird am Ende gut.

Unbekannt

Mein geistiger Weg

Obwohl mir meine Beziehung zu Gott, mein unerschütterlicher Glaube und meine Gebete inzwischen selbstverständlich geworden sind, fällt es mir schwer, die richtigen Worte zu finden, um dies zu beschreiben. Es gehört inzwischen zu mir wie die Luft zum Atmen. Es ist ein Gefühl. Ich habe inzwischen solch einen inneren Frieden. Ich habe solch eine innere Ruhe. Und ich bin – immer öfter – frei davon, was um mich herum geschieht. Ich werde von Jahr zu Jahr immer gelassener.

Ich weiß, dass viele Menschen ein Problem mit Gott haben. Du kannst gerne das Wort „Gott" mit einem anderen Wort ersetzen, das für dich besser passt. Eine höhere Kraft, das Universum oder das Leben selbst – oder was für dich eben stimmt. Oder du überspringst die nächsten beiden Kapitel. Fühle dich einfach frei zu wählen, was für dich passt.

Ich kann heute ganz klar sagen, ohne meine Beziehung zu Gott wäre ich nicht die Person, die ich heute bin. Ich wäre nicht so entspannt und gelassen bei all den Herausforderungen, die ein menschliches Leben mit sich bringt. Ich bin unsicher, ob ich für dieses große Gefühl die passenden Worte finden werde.

Heute kann ich sagen, ich bin ein spiritueller Mensch.

Ich glaube an Gott. Meine Seele ist weder Moslem noch Christ.

Meine Seele ist weder türkisch noch deutsch, weder asiatisch noch europäisch. Wir alle kommen von Gott und gehen wieder nach Hause zu Gott. Da heißt es nicht: Türken dahin, Deutsche dorthin. Moslems hierhin, Christen dort rüber. Da gibt es nicht einmal einen Unterschied zwischen männlich und weiblich! Da sind wir alle eins. Da gibt es nur das All-eins-Sein!

Wir wissen, dass wir durch Gene viele Aspekte unserer Eltern haben und mit den letzten sieben Generationen unserer Ahnen verbunden sind. Dann ist es logisch für mich, dass wir durch den göttlichen Samen mit Gott – unserem Gott-Vater – unserer Gott-Mutter – verbunden sind. Dieser Same sitzt in unserem Herzen. Es ist der göttliche Same, der wirklich in jedem einzelnen Menschen ist. Hier heißt er die „Christuskraft". In anderen Kulturen hat sie einen anderen Namen. Dort wird aber doch ganz genauso darauf hingewiesen und werden die Wege beschritten, um die Gotteskindschaft zu entfachen. In allen Religionen heißt diese göttliche Kraft, dieser göttliche Samen, einfach nur anders.

Für Jesus Christus gibt es nur Menschen – nicht unterschiedliche Rassen oder Religionen, wie es für Gott nur Gotteskinder gibt.

Meine Verbindung zum Geiste, zum Spirit, ist für mich so selbstverständlich wie vieles andere in meinem Leben. Inzwischen ist es für mich wie die Luft zum Atmen. Ich lebe meinen geistigen Weg.

Spirituell zu sein, einen geistigen Weg zu gehen, bedeutet als Allererstes, eine innere Ausrichtung zu haben. Und diese innere Ausrichtung heißt:

Ich anerkenne mich als eine Persönlichkeit.

Als eine Seele.

Als ein Gotteskind.

Und das bedeutet, ich habe ein Interesse, mich und all meine

Facetten, meine verschiedenen Schichten und Ebenen noch besser und immer besser kennenzulernen. Und es bedeutet: Ich suche aktiv nach Entwicklung und Veränderung.

Wir Menschen haben bei dieser Bewegung und Entwicklung durchaus ein Wörtchen mitzureden. Jeder Mensch hat einen freien Willen und er kann entscheiden, ob er die Bewegung, die Entwicklung, fördert und in welche Richtung – oder ob er sie blockiert. Ob er den liebevollen Weg geht oder sich gegen den Fluss des Lebens stellt. Ob er *für* die Liebe, also für das Leben, für das Miteinander oder dagegen ist.

Einen geistigen Weg zu gehen bedeutet: Ich trenne nicht. Das heißt für mich: Alles, was in meinem Leben geschieht, hat auch etwas mit mir zu tun, sonst wäre es nicht in meinem Leben. Ich trenne nicht bedeutet auch, dass ich die Verantwortung für meinen Anteil übernehme und nicht die Schuld bei anderen suche. Und es bedeutet auch, dass ich nicht denke, das alles hat *nichts* mit mir zu tun! Ich fühle mich mit den Ereignissen in meinem Umfeld verbunden. Das ist ähnlich, wie wenn sich zwei Wassertropfen im Ozean verbunden fühlen, weil sie eben Teil des Ozeans sind und nicht jeder Tropfen für sich alleine steht. Für mich haben Erlebnisse, Erfahrungen, alle Dinge, die in meinem Leben geschehen, immer eine Botschaft. Ich kann, wenn ich will, immer fragen: Was ist hinter der Form? Was ist hinter der Fassade? Und ich kann näher rangehen, hinschauen und fragen.

Einen geistigen Weg zu gehen bedeutet auch: Ich bin offen für neue Erkenntnisse. Ich bin offen genug, eine Sache aus verschiedenen Standpunkten zu betrachten. Ich habe mich schon immer gefragt: Warum ist das so? Was bedeutet es? Kann man es verändern? Was will es mir sagen? Was ist meine Aufgabe hieran? Und natürlich bedeutet es, auf der Suche nach jenen geistigen Gesetzen zu sein, die alles SEIN leiten und lenken. Nicht nur das auf dieser Erde, sondern allumfassend.

Unsere wundervolle Erde ist polar. Sie hat einen Nord- und einen Südpol. Schon aus der physikalischen Ebene heraus betrachtet, kann es nie ganz stimmig sein, nur einen Pol zu wählen. Welcher Pol ist der bessere? Entscheide dich. Es geht nicht, merkst du?

Du merkst dabei auch: Es funktioniert gar nicht zu sagen: „Der eine ist gut und der andere ist schlecht." Die beiden Pole erzeugen das Magnetfeld. Das wiederum ist der Schutz der Erde und es hält diese Erde in Balance.

Was passiert, wenn jemand einen anderen Menschen als Gegenpol betrachtet? Und wer war zuerst da? Der eine Pol oder der andere Pol? Die Henne oder das Ei? Meine Eltern haben sich, so meine Wahrnehmung, gegenseitig als Gegenpol betrachtet. Im Weltbild meines Vaters waren Frauen etwas Minderwertiges.

Meine Eltern haben sich gegenseitig angeklagt. Sie haben sich aufgeregt. Sie haben das Verhalten des anderen bewertet und verurteilt: „Das ist seine Meinung", „Das ist ihre Meinung." Über diese Meinungen hinaus (der eine findet das eine gut, der andere findet es blöd) – geschieht NICHTS.

Wie würdest du dich verhalten, wenn dein Partner auf dich einreden würde, wie falsch das alles ist, wie du die Dinge erledigst und wie du die Welt siehst? Was würde es mit dir machen, wenn er dich verurteilt und dir permanent alle Nachteile aufzählt?

Wahrscheinlich würdest du dich zunächst ärgern. Dann würdest du dich angegriffen fühlen und du würdest vielleicht nach Argumenten „dagegen" suchen. In der Regel fangen Menschen dann an, sich zu verteidigen. Oder sie fliehen. Beides bringt keine wirkliche

Veränderung. Das konnte ich bei meinen Eltern viele Jahrzehnte beobachten, erleben, studieren und somit auch erfahren.

Denn der, der flieht, der entzieht sich. Bei uns war das mein Vater. Und es blieb dadurch alles beim Alten. Und die Person, die sich verteidigt, kommt in eine Position bzw. wird in eine Position gedrängt, in der sich ihr Standpunkt noch mehr verfestigt. Bei uns war das meine Mutter. Irgendwann geht es dann vielleicht gar nicht mehr um die Sache selbst, sondern nur noch darum, sich zu verteidigen und bloß nicht die Meinung eines anderen zu übernehmen. Es ist eine physikalische Gesetzmäßigkeit, dass Druck immer Gegendruck erzeugt.

Einerseits wusste ich aus unserer Kultur, dass Frauen immer nur Opfer sein können, und andererseits waren vielleicht gerade diese Opfer- und Täterspiele meiner Eltern die Motivation für mich, dass ich mich irgendwann entschieden habe: Nein, ich will kein Opfer mehr sein. Ich nehme mein Schicksal selbst in meine Hand. Ich schaue mir die Dinge an. Ich will wissen, „warum was wie" geschieht. Und ich will wissen, was hat das alles mit mir zu tun? Und ich will wissen: Kann ich es verändern oder nicht?

Meine Beziehung zu Gott ist in den letzten Jahrzehnten persönlicher geworden. Ich spreche zu ihm wie zu einer Freundin. Manchmal auch wie zu einer Mutter oder einem Vater oder auch manchmal wie mit mir selbst. Immer so, wie es mir in diesem Augenblick eine Hilfe und Unterstützung ist.

Das größte Geschenk ist das Gefühl, das ich durch diese Beziehung habe. Ich fühle mich nicht mehr einsam oder alleine. Viele Menschen werden krank, weil sie denken, sie sind so einsam. Einsamkeit ist etwas anderes, als alleine zu sein. Es gibt genügend Beispiele, bei denen sich Menschen auch in ihrer Ehe sehr einsam fühlen.

Ich fühle mich bedingungslos geliebt und angenommen. So wie

ich bin. Das ist ein großartiges Gefühl. Dafür finde ich keine Worte. Das alleine gibt mir so viel Rückenwind. Dieses Gefühl hilft mir, Berge zu versetzen. Dieses Gefühl habe ich in meiner Kindheit nicht gekannt, ich habe es erst im Laufe meines Lebens gefunden und erworben.

Es gibt so vieles über Gott zu sagen. Es gibt die unterschiedlichsten Ansätze, um Gott zu verstehen oder sich ihm zu nähern. Es gibt die unterschiedlichsten Beschreibungen der Aspekte Gottes, aber dennoch handelt es sich doch immer um ein und denselben Gott, um ein und dieselbe Allmacht. Unser Bewusstsein kann dies nicht vollständig erfassen.

Ich kann ganz eindeutig sagen, dass es mir nicht so gut gehen würde, hätte ich nicht die Beziehung zu Gott und hätte ich nicht meine Gebete.

Vielleicht sollten wir Menschen aufhören, uns als Christen – als Moslems – als Türken – als Schwarz – als Weiß-Gelb-Grün – zu beschreiben und uns damit zu identifizieren. Und anfangen, uns als Menschen zu sehen.

Stell dir das einmal vor, jeder würde im anderen nur den Menschen sehen. Wie könnte es dann auf dieser Erde aussehen? Keinen Streit zwischen Eheleuten. Kein Kämpfen zwischen Religionen oder Staaten, Kulturen, keine Fremdheit.

Denn die Grundbedürfnisse eines jeden Menschen sind gleich. Jeder will Frieden. Jeder will dazugehören. Jeder will geliebt werden, anerkannt werden. Jeder will mit seinem Willen etwas bewegen, sich entfalten. Jeder sehnt sich nach Freiheit.

Jeder ist Mensch. Und für jeden Menschen gelten die gleichen Gesetze. Die gleichen irdischen Gesetze und die gleichen geistigen Gesetze.

Es ist wunderbar, sich über sämtliche Grenzen hinaus zu wün-schen. Anders kann ein Mensch die Göttlichkeit nicht erreichen. Er muss an die Grenzen der menschlichen Möglichkeiten stoßen.

Wann spüren wir unseren Körper? In der Regel spürst du ihn nicht, wenn du ganz normal hin und her läufst und dies oder jenes machst. Nur wenn dir etwas wehtut oder wenn du in deiner Bewe-gung eingeschränkt bist oder wenn der Körper erschöpft ist, dann nimmst du ihn wahr. Also nur, wenn du an die Grenzen momentaner, physischer Möglichkeiten kommst.

Auch wenn dir etwas nicht umsetzbar, nicht machbar erscheint, nimmst du eine Grenze wahr. Genauso nimmst du Grenzen wahr, wenn du auf Ideen stößt, die weit über das Bekannte hinausge-hen. Wenn der Kopf sagt: „Das verstehe ich nicht" oder „Das kann ich mir nicht vorstellen." Es ist so wichtig, an diese Grenzen zu kommen, aber nicht, damit der Mensch seine Begrenzung erfährt, sein Kleinsein. Im Gegenteil: Nur wer an einer Grenze ist, kann den Grenzbaum nehmen, ihn beiseitelegen, die Grenze einreißen und überwinden, kann sich über die Grenzen hinwegsetzen. Nur dann kann sich ein Mensch wirklich als vollkommen freies Wesen erfahren.

Je mehr ein Mensch über Grenzen gegangen ist, je mehr Erfah-rungen er darin gesammelt hat, dass ihn dabei niemand aufgehalten, zurückgeschickt oder getötet hat, derjenige hat für sich das Gefühl von Freiheit gewonnen. Für ihn sind Grenzen nicht mehr das, was sie für andere Menschen sind. Vielleicht sind es noch kleine Steine auf dem Weg, die etwas höher sind als andere Steine, doch er kann sie mit einem großen Schritt überschreiten.

Steine auf seinem Weg müssen dann keine Stolpersteine mehr sein. Es sind einfach Gegebenheiten. Ein solcher freier Mensch weiß: Jetzt hat er wieder die Wahl, sich entscheiden zu können, was er mit dem Stein macht. Ihn nehmen und ihn zur Seite legen. Oder ihn nehmen und ein wenig mit ihm trainieren. Ihn nehmen und etwas damit erbauen. Etwas damit verzieren. Ein freier Mensch hat viele Wahlmöglichkeiten.

Ich bin oft an meine Grenzen gekommen: Das ist nichts für mich, ich kann nicht mehr, das ist so schwer, ich kann es nicht mehr aushalten, ich habe keine Geduld mehr ... So hießen diese Grenzen. Aber ich war nicht bereit, sie in mir zu akzeptieren! Ich bin jedes Mal ein Stückchen weitergegangen. Und wenn es nur ein Schritt war. Was sollte schon geschehen? Mit jedem Grenzübertritt kam mehr in mein Leben. Es wurde immer besser! Das meine ich, wenn ich vom geistigen Weg spreche. Er geht immer nach VORN.

Zum Herzen
führen nicht
große Straßen,
nur stille Wege.

Aus der Türkei

Die Macht der Gebete

Mein Name Sacide ist ein sehr alter arabischer Name und bedeutet „die Betende" und „die Gläubige". Mein Großvater mütterlicherseits hat mir diesen Namen gegeben. Ich habe fast ein halbes Jahrhundert gebraucht, um die Bedeutung meines Namens zu erkennen und ihn auch würdevoll zu leben. Da meine Eltern türkische Moslems sind, bin ich automatisch als Muslima aufgewachsen.

Ich habe sehr früh erfahren, dass Frauen und Mädchen nicht zum Freitagsgebet gehen dürfen und eigentlich auch weder in der Moschee noch auf Beerdigungen wirklich willkommen sind. Ihr offizieller Platz war und ist – nicht nur freitags – zu Hause in der Küche. Das war der Auslöser, durch den mir klar wurde: Ich brauche keine Mittelsmänner. Ich kann direkt mit dem „Boss" sprechen. Ich bin ja ein Mädchen. Und so betete ich direkt zu Allah.

War es nicht auch die Botschaft von Jesus Christus, dass jeder Mensch seinen Weg in die Göttlichkeit ganz direkt gehen kann und es wert ist, sich direkt an Gott zu wenden und dabei die Mittler nicht braucht? Er gab die Botschaft, dass sich jeder als ein geliebtes Kind Gottes erkennt!

Jesus hat die Menschen nicht aussortiert, entsprechend ihrer Herkunft, ihres Vermögens, ihrer Religion, ihrer Intelligenz oder entsprechend dessen, ob sie zuvor ein braves Leben geführt haben.

Das alles spielte für Jesus überhaupt keine Rolle.

Wir leben auf der Erde. Das ist ein Planet der Tat. Die wichtigsten Aspekte sind das Erleben und Erfahren. Die Dinge wollen gelebt und erlebt werden. Jesus Christus ist nicht dadurch aufgefallen, dass er so gut diskutieren konnte. Gott kann auf dieser Erde nichts verändern. Das können nur – wir Menschen. Deshalb braucht Gott unsere Hände, unseren Mund, unsere Ohren, unsere Augen und unsere Füße, damit etwas in Bewegung kommt. Seine Impulse sind still und leise und manchmal nur ein Gefühl. Da wir es gewohnt sind, dahin zu schauen oder zu hören, wo es laut und bunt und grell ist, überhören und übersehen wir oft die kleinen, feinen Impulse. Manchmal können wir erst nachts, wenn unsere Gedanken endlich zur Ruhe kommen, unsere innere Stimme hören.

In dem Buch „Gespräche mit Gott" von Neale Donald Walsch steht gleich auf der vierten Seite, dass Gott mit jedem spricht. Wirklich mit jedem. Nur hört nicht jeder immer zu.

Ich kann aus meiner Erfahrung sagen: Seine Botschaften kommen aus verschiedenen Kanälen. Wenn ich mir nachts vor dem Einschlafen eine Frage stelle, kommt seine Antwort inzwischen gleich am nächsten Tag, entweder über einen Zeitungsausschnitt oder über den Mund einer Freundin oder über ein Gefühl in meinem Herzen, auch durch einen Fernsehbericht oder einfach ein plötzliches Wissen darüber. Gott findet immer eine Möglichkeit, mich zu erreichen.

Als ich ein junges Mädchen war, habe ich mit dem Fasten angefangen, weil das eine der fünf Pflichten eines Moslems ist. Weil es dazugehört. Weil es normal ist. Im Fastenmonat Ramazan wird vier Wochen gefastet. Ich habe nichts hinterfragt. Von Sonnenaufgang bis Sonnenuntergang darf weder etwas gegessen noch Wasser oder sonstige Getränke getrunken werden. Kein Sex. Enthaltsamkeit und

Disziplin sind gefordert. Da sich dieser Monat nach dem Mondkalender richtet, beginnt der Ramazan jedes Jahr ungefähr zehn Tage früher als das Jahr zuvor.

Abitur ist und war kein Grund, um das Fasten auszusetzen. Der Ramazan war im Jahr 1983 im Sommer, als die Tage gerade am längsten waren. Unser Abifest für uns Schüler war im Freien, auf der Burg Helfenstein in Geislingen im Kreis Göppingen. Laut Plan war an diesem Tag das Fastenbrechen auf 21:32 Uhr angesetzt. Ich habe mich leise von meinen Schulkameraden entfernt. Vorher hatte ich mir einen würdigen Platz ausgesucht. Ich setzte mich auf die Mauern der Burgruine und hatte eine atemberaubende Aussicht auf die Stadt Geislingen. Ganz brav habe ich auf 21:32 Uhr gewartet. Einer meiner Mitschüler war fast zwei Meter groß und wurde vielleicht gerade deshalb von uns allen liebevoll „Shorty" genannt. Shorty war sehr neugierig und tief beeindruckt, dass ich seit Wochen faste und bisher den ganzen Tag noch nichts getrunken und gegessen hatte. Er leistete mir Gesellschaft und wollte mal zuschauen, wie das Fastenbrechen funktioniert. Es war relativ unspektakulär: Ich habe leise meine arabischen Suren gebetet und habe um 21:32 Uhr ein Glas Wasser getrunken. Normalerweise ist es ein Segen, das Fastenbrechen mit einer Dattel oder einer Olive zu begehen. Ich hatte aber keine mitgebracht. Danach sind wir wieder zu den anderen gegangen und ich habe weiter gefeiert und etwas gegessen.

Sind Glaube und Religion das Gleiche? Ich glaube an den Glauben. Dabei geht es mir nicht ausschließlich nur um einen religiösen Glauben, sondern um die Frage: Was nennt ein Mensch so seine Wirklichkeit? Wie geht er damit um? Ist das für ihn die ausschließliche Wirklichkeit oder nicht? Lässt er die Wirklichkeiten der anderen auch zu?

Glaube, der nicht Hand in Hand mit Freiheit und Toleranz geht, führt zu Begrenzung und zu Dogmatismus.

Ich glaube an Gott. Ich meine damit nicht einen Mann mit weißem Bart, der irgendwo auf Wolke sieben sitzt und über alle sieben Milliarden Menschen urteilt. Ich meine den Gott, der in jedem Herzen wohnt. Wir sind alle Kinder Gottes und jeder, wirklich jeder, hat in seinem Herzen einen göttlichen Funken, in der Mitte seiner Brust, den kein Herzchirurg finden kann.

Den Weg zu Gott und den Weg zu seinem Glauben kann jeder Mensch nur für sich persönlich suchen und finden. In jedem Herzen von uns ist ein göttlicher Funke, eine Kraft, die Entwicklung, was Über-Grenzen-Gehen überhaupt erst möglich macht. Es gäbe keinerlei Entwicklung, kein Wachstum, nicht das, was wir die Evolution nennen, wäre nicht ständig jemand über seine Grenzen gegangen. Ein Über-Grenzen-Gehen, eine Beschränkung auflösen, ist immer ein Akt, aus dem Raum herauszugehen, in dem wir vorher waren. Eben ein kleiner Tod. Manchmal auch ein etwas größerer Tod.

Was die Kraft des Glaubens angeht, bin ich eher der Haltung meiner Herkunftskultur treu geblieben. Allerdings nicht in der herkömmlichen Art und Weise. Ich faste zum Beispiel im Ramazan nicht mehr. Als ich in meiner Ausbildung zur Reiseverkehrskauffrau in der dritten und vierten Woche des Fastens viele Leichtsinnsfehler gemacht habe, war ich, Perfektionistin, sehr unzufrieden darüber.

Später, im Schichtdienst am Flughafen, wollte ich nicht mehr meinen kompletten Urlaub für das Fasten benutzen und habe aufgehört, den Ramazan einzuhalten. Für mich wären Schichtdienst, wenig Schlaf und nichts zu essen die reine Folter für meinen Körper. Vielleicht bin ich auch einfach nur ein Weichei? Ich habe in den letzten Jahrzehnten ab und zu gefastet, aber auf meine eigene Art und

Weise. Wenn ich dachte, dass es meinem Körper guttun würde. Das Wichtigste dabei war und ist für mich, sehr viel Wasser zu trinken. Das Trinken lasse ich auf keinen Fall weg. Es ist wissenschaftlich bewiesen, wie wichtig das Trinken für den Körper ist.

Ich trage auch kein Kopftuch. Weder meine Mutter noch meine beiden Schwestern tragen ein Kopftuch. Mir kann auch niemand eine Stelle im Koran zeigen, die besagt, dass die Frau ein Kopftuch tragen muss.

Gebete sind für mich Zwiesprache mit Gott. Es sind *meine* Gespräche mit Gott.

Der Koran ist in Arabisch geschrieben. Ich kann kein Arabisch, weder in Wort noch in Schrift. Meine Mutter hat mir ein paar Gebete beigebracht und ich habe sie auswendig gelernt. Ich bete sie seit einem halben Jahrhundert, wie ein Mantra, morgens und abends. Aber ich weiß überhaupt nicht, was ich da wirklich, so ganz im Detail bete. Seit vielen Jahrzehnten bete ich zusätzlich auch noch meine ganz persönlichen Gebete.

Das haben mir meine Eltern mitgegeben. Die Erinnerung daran, dass ich glauben, dass ich beten, dass ich bitten kann. Dass ich wahrscheinlich damit vieles überwinden und auferstehen kann.

Islam bedeutet Hingabe. Das Erbe meiner Kultur, meine Volkszugehörigkeit haben mir geholfen, mich den Situationen in meinem Leben und bei meiner Arbeit etwas leichter hinzugeben und zu akzeptieren. Den Augenblick leichter annehmen zu können, so wie er ist. Nicht ganz so viel Widerstand aufzubauen. Dadurch bin ich flexibler. Ich gehe davon aus, dass in diesem Augenblick immer alles ist, auch die Möglichkeit der Lösung!

Letztendlich geht es aber nicht um irgendeinen Gott im Äußeren, den Willen eines anderen, sondern darum, dem Gott in mir zu folgen und ihm die Möglichkeit der völligen Entfaltung zu geben.

Was meine ich damit? Unser Kopf, also unser Verstand, schränkt uns ein und hat viele Grenzen. Er ist auch rückwärts orientiert. Unser Herz kennt keine Grenze. Früher hat mich hauptsächlich mein Verstand geführt. Inzwischen gehen mein Herz und Kopf im Team mit mir gemeinsam durch das Leben. Ich beobachte, dass sehr viele Menschen hauptsächlich ihrem Verstand vertrauen. Die Wünsche des Herzens werden vernachlässigt.

Mir ist vor allem mein Herz Motivation. Wenn ich in meiner Seele die Liebe suche und mich immer wieder auf mein Herz besinne, dann bekomme ich die Möglichkeit, Kräfte in mir zu entfalten, die mich befähigen, über Grenzen zu gehen.

Du kennst bestimmt Geschichten von Menschen, die aus Liebe zu so viel fähig waren, die über sämtliche Grenzen gegangen sind und das scheinbar Unmögliche möglich gemacht haben. Das ist das Wesen der Liebe, das grenzenlos ist.

Wer sich immer wieder mit seiner eigenen Seele verbindet, wer immer wieder in seinem Leben die Liebe wählt, der ist auf dem Weg, sämtliche Beschränkungen zu überwinden. Zumindest hat er dann diese Option. Wenn er sie wählt.

Ich versuche, jede Gelegenheit des Lebens und des Alltags zu nutzen. Vielleicht hat uns Gott den Alltag geschenkt, damit wir darin üben und uns bewähren und beweisen können? Damit wir alle unsere Fähigkeiten in den Alltag integrieren können?

Früher habe ich morgens und abends gebetet und ganz speziell, wenn es mir besonders schlecht oder besonders gut ging. Wenn es mir schlecht ging, wollte ich es irgendwie anders haben, und wenn es mir besonders gut ging, habe ich mich bedankt. Heute bin ich den ganzen Tag über immer wieder bewusst im Gebet. Wenn nur der Verstand das Sagen hat, dann hat das Herz es nicht. Denn der Verstand schränkt ein, was Gott zu geben hat, weil er auf seiner Allmacht beharrt. Weil der Verstand sich so gerne darin beweisen möchte, was er alles weiß und kann. Doch hat der Verstand die Herrschaft, hat Gott sie nicht im Leben eines Menschen. Denn Gott ist das Herz.

Ich gehe nur noch gemeinsam mit Gott, dem göttlichen Teil in meinem Herzen. Ich bin in Gott. Gott ist in mir. Egal ob ich zum Zahnarzt gehe oder mit meinen Freundinnen zum Einkaufen und Bummeln oder auf eine Party. Egal ob ich im Auto fahre oder auf dem Weg vom Parkhaus zum Flughafen gehe, zu meinem damaligen Arbeitsplatz.

Ich war immer mindestens 30 Minuten vor Dienstbeginn am Flughafen, weil das die einzige Zeit für mich alleine war. Danach waren über acht Stunden immer viele Menschenmassen um mich herum. Sogar meinen Toilettenbesuch habe ich manchmal mehrmals unterbrochen, wenn ich durch Funk oder Mobiltelefon zu einem Konflikt gerufen wurde.

Meine Kollegin Susan kam auch immer mindestens eine halbe Stunde früher zur Arbeit. Sie hat auf dem Weg vom Parkhaus zum Flughafen immer ihre Gute-Laune-Musik gehört. Sie hat es nicht persönlich genommen, wenn ich nicht mir ihr gemeinsam gehen wollte. Sie sagte verständnisvoll, ich lasse dich in Ruhe, damit du noch Zeit für deine Gebete hast.

Bei so vielen Menschen an einem Ort ist immer etwas Außergewöhnliches passiert. Egal wie viele und wie groß die Herausforderungen waren, die ich bei meiner Arbeit zu bewältigen hatte, ich hatte das Gefühl, dass es in meiner Schicht und bei meinen Flügen, die ich zu betreuen hatte, immer viel friedlicher und entspannter zuging als um mich herum. Einige aufmerksame Mitarbeiter haben das gespürt. Sie gaben mir entsprechende Rückmeldungen.

Leben heißt für mich, in Beziehung gehen – mit sich selbst, mit anderen und mit der geistigen Welt. Und zwar aus Liebe in Beziehung gehen, nicht mehr aus Pflichtgefühl oder weil man eben in diese Familie oder in jene Kultur hineingeboren wurde. Jeder ist mit allem verbunden. Ich bin zwar von meiner Mutter getrennt, dennoch bin ich mit ihr verbunden. Nicht nur über das Blut. Wir träumen voneinander. Wir fühlen oder spüren, wie es dem anderen geht. Wie viele Menschen fühlen sich verbunden und spüren denjenigen, den sie lieben, der aber viele Kilometer entfernt ist oder auf einem anderen Kontinent lebt? Wie oft gehst du ans Telefon und ahnst schon vorher, wer dich anruft, bevor du auf dem Display seinen Namen siehst?

Leben außerhalb der Gemeinschaft ist gar nicht möglich.

Hast du schon einmal eine Seerose gesehen? Seerosen sehen von oben aus, als seien sie einzeln, allein. Doch unten, an ihren Wurzeln, sind sie mit allen anderen Seerosen verbunden. Im Übrigen kommen sie aus ziemlich dreckigem, schlammigem Wasser und wachsen zu ihrer Schönheit. Sie strecken sich nach dem Licht!

Als Kind habe ich nur das Trennende der Religionen erfahren. Heute kann ich so viele Gemeinsamkeiten erkennen. Obwohl es in allen Religionen um ähnliche Themen geht, dienten alle Religionen für bestimmte Aspekte und Erkenntnisse:

Das Judentum – betont den Aspekt der Hoffnung.
Das Christentum – betont den Aspekt der Liebe.
Der Islam – betont den Aspekt des Glaubens.

Jede Religion war zu ihrer Zeit passend zum Bewusstsein der damaligen Menschen. Alles hatte seine Berechtigung für eine gewisse Zeit. Bleibt aber etwas starr und steif, kann es nicht wirklich in das Morgen führen.

Jetzt haben wir uns weiterentwickelt, haben inzwischen ein neues Bewusstsein und könnten, wenn wir es wollten, alles zusammenführen. Was nützt ein Glaube ohne Liebe? Was ist Liebe oder ein Leben ohne Hoffnung? Kann ein Leben ohne Hoffnung überhaupt als Leben bezeichnet werden? Ist die Liebe nicht der Klebstoff von allem? Kann ein Leben ohne Liebe überhaupt als gelebtes Leben bezeichnet werden?

Mein Vater war im Jahr 2002 in Mekka. Das ist ebenfalls eine der fünf Pflichten im Islam. Von meinem Vater habe ich die Kraft des Glaubens geerbt. Auch wenn er schon in meiner Kindheit geglaubt hat, mir mit Gewalt seine Art, die Welt zu sehen, einprügeln zu müssen. Auch wenn mir heute seine Art und Weise, wie er seinen Glauben zelebriert, etwas interessant vorkommt. Er macht es so, wie er es kann und versteht. Er erfüllt seine Pflichten. Für ihn ist Gott etwas außerhalb von ihm und ganz weit weg von ihm. Aber immerhin spielen der Glaube und die Fähigkeit, glauben zu können und sich dem Geiste zuzuwenden, in seinem Leben eine Rolle.

Es geht nicht um Religion, sondern um das Prinzip des Lebens, der Wahrheit aus Gott. All dies ist meiner Seele nicht nur nah, sondern ist meiner Seele Wahrheit, ist meiner Seele ein Zuhause.

Wenn es um Erkenntniswege geht, gibt es Parallelitäten in allen Religionen dieser Erde. Das Thema Erkenntnis über die Ursache des Leides. Das Thema Reinigung und Befreiung. Das Thema Verzeihen und Vergeben und vieles mehr. Alles kommt in jeder Religion vor. Es gibt nur einen Gott, aber es gibt verschiedene Wege zu Gott und keiner hat das Monopol, wie man zu Gott gelangt.

Ich habe beobachtet und erfahren, dass die Kirchen und Religionen doch sehr eng sind. Wie selbst das, was doch eigentlich in die Freiheit und Selbstbestimmung eines Menschen führen soll, zu einem Konstrukt aus Manipulation, Einflussnahme, Abhängigkeiten, Fremdbestimmung und Zwängen wurde.

Jesus Christus hat keine Religion gegründet und keine Kirche! Er sprach davon, dass man Seinige daran erkennen wird, welche Kraft der Liebe in ihnen ist. Wie sie in Liebe zueinander sind. Auch Jesus ist in eine Kultur, in eine bestimmte Religion hineingeboren. Er ist trotzdem seinen Weg zu Gott ganz direkt und unmittelbar gegangen und hat uns den Weg bereitet, Frieden finden zu können. Den Frieden mit unserem Leben auf dieser Erde, mit dem, was diese Erde so zu bieten hat. Den Frieden mit anderen Menschen. Den Frieden mit einem Gott, den die meisten glauben, nicht zu verstehen. Und vor allem – den Frieden mit uns selbst!

Praxisteil und Fragen

Mir geht es nicht um mein persönliches Leben. Das, was ich kann, kann wirklich jeder. Mir ist es wichtig zu betonen, dass wir alle viele Möglichkeiten haben, uns zu verändern. Wenn wir uns dazu entscheiden. Vielleicht sind wir sogar die erste Generation, die echte und grundsätzliche Veränderungen in unser Leben bringen kann?

Selbstverständlich hat jeder Mensch seinen ganz eigenen und individuellen Weg. Dennoch gibt es ein paar Grundsätze, die uns helfen können.

Hier ein paar Impulse, die mir auf meinem Weg geholfen haben. Vielleicht ist etwas für dich dabei und kann auch für dich als Hilfe und Unterstützung dienen? Wenn du sie nicht nur mit deinem Kopf, sondern auch mit deinem Herzen liest, wirst du spüren, welche Impulse für dich stimmig sind.

Wenn du vor einer Herausforderung oder einem Thema stehst, dann schau dir das erst einmal ganz genau an – ohne etwas tun zu müssen. Nimm es überhaupt einmal wahr. Vielleicht überlegst du dir: Was ist denn mein persönlicher Beitrag daran? Ist zum Beispiel wirklich nur dein Mann so aggressiv? Oder deine Mitarbeiterin? Oder dein Kind?

Vielleicht identifizierst du dich mit der Meinung des anderen? Mit dem Verhalten des anderen? Wenn nicht, musst du nicht einmal etwas sagen. Du musst nicht dagegen kämpfen und dich rechtfertigen.

Ein Beispiel von mir: Was interessiert mich zum Beispiel, wie mein Mann sich zu seiner Mutter verhält? Ob er da Dinge endlich sieht oder nicht? Was macht das mit mir? Es geht mich eigentlich gar nichts an! Es ist einfach etwas größenwahnsinnig von mir, zu glauben zu wissen, was er jetzt tun müsste oder nicht. Alle Wege führen nach Rom, sagt man doch so schön. Woher will ich wirklich wissen, ob die beiden nicht gerade diesen Weg gehen müssen? Inzwischen bleibe ich in solchen Momenten ganz bei mir. Ich werde ganz klar darin, was meine Aufgabe ist in meinem Leben und was nicht. Ich kann mich mit meiner eigenen Mutter beschäftigen. Da habe ich genug zu tun und muss mich nicht mit den Müttern anderer beschäftigen!

Auch mit Druck, Gewalt oder mit Ehrgeiz kann keiner seine Muster und Blockaden auflösen. Das hat jeder sicher schon oft erfahren. Und ganz besonders bei den anderen beobachtet. Erst will dieses Thema von allen Seiten angeschaut und untersucht sein.

Und ein ganz wichtiger Tipp ist: Rede nicht immer nur – **tu es!** Mit Reden allein verändert sich nicht wirklich viel.

Diese Erde ist ein Planet der Tat. Warum hat es Deutschland nach dem zweiten Weltkrieg geschafft, sich innerhalb weniger Jahrzehnte zu einem vorbildlichen Land mit großem Wohlstand zu entwickeln, sodass die ganze Welt von Deutschland sehr beeindruckt ist? Weil sie diskutiert und beraten haben und sich in Talkshows gegenseitig geärgert haben? Oder weil sie einfach gemeinsam zugepackt und einfach getan haben, was in diesem Augenblick getan werden musste? Und zwar alle gemeinsam.

Ich habe, als ich weiter zur Schule gehen wollte damals, nicht einfach nur dagesessen und habe gedacht: „Oh, ich will nicht heiraten. Ich bin noch so jung. Aber ich weiß nicht, was ich tun soll!" Ich bin einfach hin zu meiner Mutter gegangen, habe sie gefragt und habe ihr gezeigt: Mir ist es wirklich ernst. Ich möchte weiter auf die Schule gehen. Und siehe da, ich durfte es!

Wie viele Menschen fragen gar nicht erst einmal, weil sie denken, das darf ich sowieso nicht? Oder weil sie denken, es gäbe doch eh keinen Weg. „Das geht sowieso nicht", denken sie von vornherein.

Wenn du wirklich Veränderung willst, dann musst du dich selbst verändern. Und wenn du dich nicht ändern willst, ist das auch völlig in Ordnung. Wenn du weiterhin Opfer spielen willst und alle anderen beschuldigen willst, weil du es so gewohnt bist und auf diese Art bisher deine Aufmerksamkeit und Zuwendung bekommen hast, ist es auch völlig in Ordnung. Es ist dein Leben. Und dein freier Wille. Bleibe entspannt. Vielleicht ist dein Leidensdruck (noch) nicht stark genug?

NEUE IMPULSE IN DEN ALLTAG BRINGEN

Vor dem Neuen und dem Unbekannten steht oft die Angst. Es reicht allerdings, wenn dein Mut etwas größer ist als die Angst. Wann war dein letztes Mal, dass du etwas zum ersten Mal getan hast? Wie wäre es, wenn du jedes Jahr, jeden Monat, jede Woche oder sogar jeden Tag etwas machst, was du so vorher noch nie getan hast?

Es können ganz kleine Aktionen sein, es müssen nicht immer die ganz großen Dinge sein: Einfach mal die Zahnbürste mit der anderen Hand benutzen. Einfach mal mit dem anderen Arm in die Jacke schlüpfen. Vielleicht mal mit dem linken Bein zuerst in die Hose? Einfach mal einen anderen Weg nach Hause fahren. Kleine Kinder machen in ihren ersten Lebensjahren auch deshalb so große

Entwicklung und so viele Fortschritte, weil sie jeden Tag etwas zum ersten Mal machen! Sie sind noch nicht so festgefahren in ihrem Bild über sich selbst. Ihr Bild von sich und der Welt ändert sich täglich. Das muss bei uns Erwachsenen erst wieder neu geübt und trainiert werden – wie beim Muskeltraining.

Wähle doch mal mutig immer wieder Dinge in deinem Alltag, die dir eigentlich schwerfallen und die du vielleicht zum ersten Mal tust. Es ist egal, ob du es mit klopfendem Herzen oder mit zitternden Knien tust, ob du dabei weinst oder mit zittriger Stimme sprichst. Hauptsache, du machst etwas, was du so vorher noch nicht gemacht hast. Und gehe wirklich bis an deine Grenzen. Wir nennen es Komfortzone.

KRISEN – HERAUSFORDERUNGEN – SCHICKSALSSCHLÄGE

Viele von uns denken: „Ein guter Weg muss doch leicht und gerade gehen." „Wenn etwas richtig ist, dann darf man doch keine Angst haben, nicht traurig sein, nicht zittern und beben." Wer sagt das? Warum versuchen wir, Krisen zu vermeiden? Wer sagt eigentlich, dass Krisen nicht zum Leben einfach dazugehören? Dass vielleicht gerade Krisen die größte Chance für Wachstum sein können? Das Leben selbst ist kein Weg zur Vermeidung aller Schwierigkeiten, aller Unannehmlichkeiten, aller irritierenden Gedanken und traurigen, leidvollen Gefühle.

Bewerte nicht. Beurteile und verurteile nicht. Über Beschränkungen hinwegzugehen, ist immer ein Akt, eben ein kleiner Tod. Und manchmal auch ein etwas größerer Tod.

Krisen gehören einfach zum Leben dazu, auch wenn mein Umfeld mir etwas anderes sagt und vorlebt. Was ist eine Krise für dich? Ist es eine Gefahr oder eine Chance? Wenn es auf einer Wanderung keine Täler gäbe, würden wir den atemberaubenden Blick vom Berg nicht schätzen.

Übe das Loslassen-Können in den kleinen Dingen des Alltags. Das ist schon mal eine großartige Vorbereitung und Training auf das letzte Loslassen. Das große Loslassen beim Tod.

HERAUSFORDERUNGEN – PROBLEME

Pro-blem. Sogar in diesem Wort steckt das „pro", das heißt, es ist für dich und nicht gegen dich. Aber da das Wort Problem bei der Mehrheit der Menschen so negativ behaftet ist, kannst du gerne andere Worte dafür benutzen. Das kann eine Hilfe sein. Ich nenne es lieber Herausforderung oder Thema. Das Wort Thema ist sehr neutral.

Wenn jemand eine große Herausforderung hat, fragen sich viele Menschen in dieser Situation: **Warum gerade ich?**

Nur aus dem Opferbewusstsein heraus stellt man solche Fragen. Es ist weder gut noch schlecht. Es ist eine Möglichkeit, ein Weg, viel Aufmerksamkeit und Zuwendung von den anderen zu bekommen. Aber helfen dir solche Gedanken, um etwas in Bewegung zu bringen oder Schritte nach vorne zu gehen? Nein, nicht wirklich. Vielleicht kann man es mit der Homöopathie vergleichen: Es gibt eine Erstverschlimmerung. Später kann man dann klarer sehen und erkennen. Ich wiederhole mich bewusst, wenn ich sage: Jeder von uns hat seinen eigenen einzigartigen Weg.

Interessant, dass ich noch nie einen Olympiasieger oder einen Weltmeister gehört habe, der gefragt hat: Warum ausgerechnet ich?

VIELLEICHT STELLST DU DIR EINMAL ANDERE FRAGEN

Was will mir diese Situation sagen?
Welches Geschenk steckt in dieser Erfahrung?
Was kann ich hierbei lernen?
Was ist mein Anteil daran?
Wo komme ich her?
Wo gehe ich hin?
Wer bin ich?
Wozu bin ich hier auf dieser Erde?
Was soll das Ganze hier auf dieser Erde überhaupt?
Wo lebe ich selbst nicht meine Wahrheit?
Wo spiele ich eine Rolle, die mir gar nicht entspricht?
Wo verrate ich mein Herz und tue etwas, was ich eigentlich gar nicht will?

Frage es morgens nach dem Aufstehen und abends vor dem Einschlafen. Immer wieder. Mit der Zeit werden die Antworten kommen. Egal ob Tage, Wochen oder sogar Jahre später. Wahrscheinlich, wenn du es am wenigsten erwartest. Vielleicht am nächsten Morgen übers Radio oder Fernsehen oder in einem Bericht in der Tageszeitung? Vielleicht, wenn du eine banale Unterhaltungssendung im Fernsehen anschaust und dein Kopfkino endlich ausgeschaltet ist? Vielleicht unter der Dusche?

Das Leben spricht mit jedem – aber nicht jeder hört immer hin.

ATMEN

Achte auf deinen Atem. Das ist eine sehr gute, einfache und schnelle Möglichkeit, im Hier und Jetzt zu sein. Probleme gibt es meistens, wenn wir in Gedanken in der Zukunft oder in der Vergangenheit sind. Das Leben findet nur im Hier und Jetzt statt. Da ist immer alles gut. Dafür ist es wichtig, präsent zu sein. Die einfachste Möglichkeit ist, auf seinen Atem zu achten. Wenn im Augenblick zu viele Menschen um dich herum sind, gehe für zwei Minuten auf die Toilette, um ganz bei dir zu sein. Damit du zwei Minuten auf deinen Atem achten kannst.

Atme eine Minute täglich in dein Herz. Einfach weich atmen. Vielleicht sogar morgens und abends? Und wenn dich etwas überfordert, atme eine Minute weich in dein Herz. Einfach atmen. Nur auf den Atem achten. Und geduldig den Dingen ihre Zeit lassen, die sie brauchen. Ein Apfel fällt erst vom Baum, wenn der Zeitpunkt dafür reif ist. Keine Sekunde vorher. Alles ist ein Prozess und kein Umlegen eines Schalters!

Es geht darum, einfach die unterschiedlichsten Gefühle aushalten zu lernen. Es ist nur das Kind in uns, das Angst hat zu sterben, weil es sich von den Eltern so abhängig gefühlt hat und damals die Gefühle nicht fühlen konnte.

Nicht bewerten
Nur beobachten
Aussitzen
Aushalten
Beobachten
Geduldig – den Dingen ihre Zeit lassen – die sie brauchen

ENTSCHEIDUNGEN

Wir fällen den ganzen Tag Tausende von Entscheidungen. Die meisten davon unbewusst. Allein morgens schon die Entscheidung: Stehe ich jetzt auf oder bleibe ich im Bett?

Wenn ich bei wichtigen Entscheidungen unsicher bin, welche Wahl ich treffen soll, frage ich mich manchmal: Was würde ich tun, wenn ich wüsste, dass ich nur noch ein Jahr oder fünf Jahre zu leben hätte? Das gibt mir sofort Klarheit. Vielleicht hilft das auch dir?

BEWEGUNG UND NATUR

Zwei- bis dreimal in der Woche in der Natur spazieren gehen, das ist etwas anderes als im Fitnessstudio auf dem Laufband zu laufen. Die Natur ist eine ganz große Heilquelle. Das wird so oft unterschätzt. Nur gehen und atmen und genießen. Wenn möglich ohne Handy. Es kann auch nur eine halbe Stunde sein. Mit der Zeit wirst du eine innere Ruhe und Gelassenheit spüren.

Mir war lange Zeit nicht wirklich bewusst, dass mein Körper ein Bewegungs-Apparat ist und kein Auf-der-Couch-liege-Apparat.

ANNEHMEN

Beim Bundestagswahlkampf habe ich so oft gehört, dass die Menschen sich abgehängt fühlen. Ja, das stimmt. Aber von wem eigentlich? Die Mehrheit fühlt sich in Wirklichkeit von ihrer Seele getrennt und hat sich selbst abgehängt. Mehr noch: Wir fühlen uns getrennt von dem göttlichen Wesen, das wir in Wirklichkeit sind. Denn sonst wären viele andere Dinge ganz selbstverständlich für uns. Und vielleicht liegt unsere Schwierigkeit darin, dass wir der Annahme sind, dass wir so ganz anders sind als Gott, so weit entfernt, so menschlich, so unvollkommen, so getrennt von ihm? Wir sind alle – jeder einzelne von uns – ein Gotteskind. Ist dir das bewusst?

Wir haben letztes Jahr 500 Jahre Reformation gefeiert. Hatte nicht schon Martin Luther vor 500 Jahren diese Botschaft verbreitet?

Es hindern uns unsere Schuldgefühle, Selbstablehnung, Selbstzweifel, Unsicherheiten und das Gefühl, noch nicht gut genug zu sein. Das sind die Gefühle des kleinen Kindes in uns, das wir alle einmal waren. Der Verstand hat zwar mitbekommen, dass wir inzwischen erwachsen sind, aber unser Emotionskörper teilweise noch nicht. Wir schätzen uns viel geringer als die anderen ein.

Wir haben von den Erwachsenen schon in unseren ersten sieben Jahren gelernt, wie wir durchs Leben gehen sollten, und haben es zu unserer Wahrheit gemacht. Unser Verstand und unser Unterbewusstsein kann es sich gar nicht mehr vorstellen, dass alles schon da ist, bevor wir danach fragen. In der Bibel steht „Bittet und euch wird gegeben". Ich habe schon so oft in meinem Leben erfahren, dass ich noch gar nicht richtig gebeten und dennoch schon erhalten hatte. Es ist für mich, als ob das Leben mir immer einen Schritt voraus ist und schon alles vorher vorbereitet.

Annehmen ist weit mehr, als zu einer Sache Ja oder Nein zu sagen. Es ist weit mehr, als etwas akzeptieren zu müssen oder ein Geschenk von außen kommend annehmen zu können. Warum haben wir Angst davor?

Wir können beginnen, uns wieder Tag für Tag darum zu bemühen, uns als die Seele, die wir sind, anzunehmen. Da hilft es sehr, wenn man sich jeden Tag eine Minute Zeit nimmt und in sein Herz atmet. Wenn wir immer mehr Aufmerksamkeit auf unsere Seele richten, wird sie auch immer mehr Platz in unserem Körper und unserem Leben bekommen.

Wer zutiefst davon überzeugt ist, dass er ein Gotteskind und bereits göttlich und vollkommen und perfekt ist, und wer davon überzeugt ist, „Ich habe dieses Leben hier geschenkt bekommen, weil ich mir meine eigene Göttlichkeit damit beweisen kann und wie ich sie selbst unter schwierigsten Umständen leben kann" – der, der daran glaubt, der erlebt wahre Wunder.

Sogar Albert Einstein hat es seinerseits so formuliert: „Es gibt nur zwei Arten zu leben. Entweder so, als wäre nichts ein Wunder, oder so, als wäre alles ein Wunder."

Es gibt kein Falsch. Es gibt nur unterschiedliche Standpunkte. Es ist ein Gesetz hier auf dieser Erde, dass alles polar ist. Dann hören wir vielleicht auf, nach und nach, hier mit dem angeblich nicht so Guten, dem Aggressiven, dem Schweren, dem Unvollkommenen in uns oder in anderen zu hadern. Es anzunehmen heißt nicht, ich schlucke es mal herunter und akzeptiere es zähneknirschend. Nein. Es bedeutet, ein vollkommenes Vertrauen zu haben, dass auch das, was wir so schwer annehmen können, eine Kehrseite hat: Was habe ich daraus gelernt? Welche Erkenntnisse habe ich? Es ist doch vollkommen in Ordnung, wenn du im Rückblick sagst: „Heute würde ich mich anders verhalten." Hättest du diese großartige Erkenntnis, wenn du nicht genau diesen Weg gegangen wärst? Für mich gibt es keine Fehler. Es gibt nur Erfahrungen. Es sind alte Programme, die es schwermachen, es einfach so anzunehmen, wie es ist. Es einfach mal so stehen zu lassen. Es einfach mal so auszuhalten, ohne etwas zu tun. Weder dafür, noch dagegen zu tun. Es sein lassen.

Wer sich so schuldig, so unvollkommen, so klein, so menschlich, so begrenzt fühlt, wer sich so wenig als wunderbares Wesen annehmen kann, so wie er ist, der tut sich in der Regel auch schwer, sich von anderen beschenken und bedienen zu lassen.

Je mehr du darüber weißt, wer du als Seele bist, womit du auf diese Welt gekommen bist, was dein Amt und Auftrag hier ist, umso leichter wird es dir fallen, gelassen gegenüber allen Begrenzungen zu sein. Vielleicht nimmst du dich mal mit Herz und mit Liebe in diesen Zuständen an.

Der weise Satz „in guten wie in schlechten Zeiten" bedeutet nicht, dass es nur vorrangig darum geht, einen anderen in guten und in schlechten Zeiten zu lieben, sondern sich selbst. Und die Kraft zu lieben, die braucht doch das Fundament, sich selbst zu lieben. Wie sollte es gehen, dass jemand einen anderen „ganz ganz anders" liebt als sich selbst?

Wenn es dir noch schwerfällt, dann kannst du dir sagen: „Ach, das hat sich wohl meine Seele vorgenommen zu lernen. Genau darum geht es wohl: Dass ich es schaffe, die Liebe zu mir selbst aufzubringen." Dann hättest du nicht mal mehr die Fragen, wie du mit den ganzen Energien der anderen, auch den Aggressionen, den Manipulationen, umgehen sollst. Die Liebe weiß, wie sie damit umzugehen hat.

FREUDE UND LACHEN – EINE GROSSE LEBENSKRAFT

Weißt du überhaupt, was dir Freude macht? Freude ist eine großartige Möglichkeit, das Herz aufzuladen. Freude kommt, wenn Freiheit da ist.

Woher will man wissen, was einem Freude macht? Indem man,

wie ein Kind, viele verschiedene Dinge ausprobiert. Woher will ich wissen, ob mir Vanilleeis schmeckt, wenn ich immer nur Schokoladeneis esse?

Ich dachte viele Jahrzehnte, Freude ist, wenn ich am Abend viele grüne Häkchen an meiner To-do-Liste habe. Heute weiß ich, das ist definitiv nicht die echte Freude, die ich meine.

Es gibt viele verschiedene Arten von Freuden. Es gibt materielle und sinnliche Freuden, weil man an diesem und jenem einen Genuss hat. Oder die Freude daran, dass man etwas erreicht hat, was man sich wünschte oder wollte oder es erwartete. Das sind alles Arten von Freude, die mehr oder weniger mit Befriedigung zu tun haben.

Selbstverständlich hat diese Freude wohl auch eine Bedeutung im Leben, aber in der Regel hält sie nicht so lange an. Relativ bald, nach dem Genuss, nach der Befriedigung, ist die Freude dann nicht mehr so stark.

Wie sehr habe ich mich gefreut, als ich die ersten Male in meinem neuen Auto gefahren bin. Und jetzt? Habe ich (leider) nicht bei jeder Fahrt die gleiche Freude wie in den ersten Tagen. Manchmal vergesse ich sogar, nach der Fahrt mich bei meinem Auto zu bedanken, weil es mir so einen guten Dienst erwiesen hat.

Freude und die Fähigkeit, sich freuen zu können, ist durchaus etwas, das sich verändern kann. Die Fähigkeit, sich freuen zu können, kann einem verloren gehen. Die Fähigkeit, sich freuen zu können, kann auch (wieder) wachsen.

Kinder, die bei Eltern mit wenig Freude aufgewachsen sind, denen fällt es gar nicht so leicht, freudig durch ihr Leben zu gehen.

Und insofern sind dann diese Bedürfnisse, die erfüllt werden wollen, und der Wunsch, sich daran freuen zu können, vielleicht die kleinen Bemühungen, etwas nachzuholen.

Wenn du dich freust, nimm das Gefühl wahr. Wie fühlt es sich an? Wo genau spürst du es in dir? Was macht es körperlich? Wie könntest du es beschreiben?

Und wenn du in freudvollen Augenblicken bist, versuche einfach, ein paar Minuten länger in dieser Freude zu bleiben. Das ist dann nichts, was man nur denkt. Es ist etwas, was du körperlich erlebst. Es ist, als ob da wirklich in dir ein Lächeln wäre. Du kannst Leichtigkeit spüren. Einen Hauch von Glück. Etwas mehr Frieden. Denn im Augenblick der Freude ist alles gut. Es hat etwas mit „erfüllt sein" zu tun.

Ein glücklicher Mensch verletzt einen anderen nicht. Einer, der wirklich mit sich zufrieden ist und davon überzeugt ist, im Herzen davon überzeugt ist, dass das, was er tut, gut ist, und der Weg, den er geht, der richtige ist, der vergleicht nicht mehr.

Das Maß der Freude kann sich also verändern. Das Maß der Freude, die seelisch ist, übersteigt um ein Vielfaches diese normalen menschlichen Freuden, die nur so etwas wie ein Vorgeschmack, ein Anreiz, eine Motivation, ein Ahnen für die echte Freude sind.

Nun, allerdings gibt es viele Menschen, die sich mit diesem Vorgeschmack zufrieden fühlen. Die sich so sehr damit beschäftigen, dass sie gar nicht mehr motiviert sind, noch ein paar Schritte weiter zu gehen und Freude noch mal in ganz anderer Art und Weise erleben zu können.

Die echte, seelische Freude ist frei von äußeren Reizen. In einem Umfeld von bedingungsloser Liebe ist es leichter, diese echte Freude zu fühlen.

Warum freuen sich die Kinder mehr als die Erwachsenen? Weil sie immer wieder etwas Neues erkennen können. Weil sie wachsen und lernen und heute Dinge tun können, die sie gestern noch nicht konnten. Das erfreut sie. Und genau diese Freude am Lernen, am Wachsen und am Entwickeln, die verlieren leider die allermeisten Erwachsenen. Und dann greifen sie auf die Ersatzfreuden zurück. Auf diese andere Art von Freude, um überhaupt eine Freude in ihrem Leben zu haben.

Und für einen kleinen Augenblick fühlt es sich ja auch so an wie: Das ist jetzt neu! Ein neues Auto, ein neues Kleid, ein neues Buch, ein neuer Mann, eine neue Frau. Das ist weder gut noch schlecht.

Die Freude, die nachhaltig ist, kommt tief aus dem Innersten der Seele. Am Allermeisten freue ich mich über Erkenntnisse. Selbst wenn ich nicht jeden Tag ein Lied trällernd und wie ein freudiges Kind hüpfend durch mein Leben springe, gibt es doch so ein inneres Grundgefühl einer Freude. Wesentlich mehr Freude jedenfalls, als ich es früher in meinem Leben hatte.

Schlussendlich erlebt eine Seele Freude einfach im Akt der Erkenntnis. Und natürlich in dem Akt, zu sich zu kommen. Sich selbst zu erkennen. Sich zu erinnern, wer man ist. Über kaum etwas freuen sich die Menschen mehr, als wenn sie erleben, dass sie gesehen werden, dass jemand sie versteht, sie erkennt, sich ihnen zuwendet. Da wünschen sich die Menschen immer, dass die anderen es tun. Dass der Mann, die Frau oder die Freundin einem zuhört oder einen wirklich versteht, dabei ist die wirklich nachhaltige Freude, wenn man sich selbst immer mehr erkennt.

DANKBARKEIT

Über Dankbarkeit könnte ich vieles schreiben. Danken tut der, der sich beschenkt fühlt. Der wirklich etwas angenommen hat. Es geht um ein Gefühl und nicht um ein theoretisches Konzept. Wenn zum Beispiel beim Metzger das Kind eine Scheibe Wurst geschenkt bekommen hat und die Mutter sofort das Kind mahnt: „Was sagt man?" und das Kind automatisch ein „Danke" nuschelt ... Nein, dieses Konzept meine ich nicht.

Vielleicht ist es wichtig zu warten? Wirklich auch zu warten, so lange zu warten, bis man diese Dankbarkeit auch körperlich, in gewisser Weise in jeder Zelle spürt. Sie einen durchflutet. Und dann ist es so, dass man eigentlich gar nicht mehr wirklich, wie mit einer Formel, Dankbarkeit beschreiben kann. Es ist eher ein innerer Zustand. Ähnlich wie mit der Liebe. Geht es im Leben nicht darum, sie zu erleben und zu erfahren? Dankbarkeit ist ein Aspekt der Liebe!

Leider leben wir in einer Gesellschaft und in einer Kultur, in der Dankbarkeit nicht besonders stark gelebt wird. Da wird wesentlich mehr auf die Missstände und auf die Abwesenheit von etwas hingewiesen. Es wird kritisiert. Aber wann wird mal Dankbarkeit ausgedrückt? Warum gehört das nicht in die Nachrichten? Wer sagt das? Warum gehören Berichte von Kritik und Aggression in die Nachrichten? Meistens sogar ganz ausschließlich? Da ist etwas genauso verschoben, so wie die Keuschheitsfrage der Tochter bei vielen türkischen Familien wichtiger ist als der Gefängnisaufenthalt des Sohnes wegen Drogen oder Mordes.

Wie kann es sein, dass wir in Deutschland leben und im Außen Fülle im Übermaß haben, aber unsere Aufmerksamkeit immer nur auf das richten, was uns (noch) fehlt?

Vielleicht kannst du es als Spiel sehen oder einfach mal trainieren und deine Aufmerksamkeit eine Woche lang oder einen Monat ausschließlich auf die Dinge richten, für die du dankbar bist. Vielleicht hilft es dir, wenn du jeden Abend vor dem Einschlafen dir drei Dinge aufzählst, für die du heute dankbar bist. Wenn du gerne Dinge aufschreibst, vielleicht führst du ein Dankbarkeits-Tagebuch? Schreibe jeden Tag drei bis fünf Dinge auf, für die du dankbar bist. Mit der Zeit wirst du merken, dass sich dein ganzes Körpergefühl verändert. Dass jemand in Deutschland lebt und nichts findet, für das er dankbar sein kann, das gibt es nicht. Vielleicht schaust du nur auf die verschlossene Tür? Vielleicht musst du dich nur umdrehen, damit du die vielen offenen Türen und Fenster erst sehen kannst?

Es ist eine Entscheidung, die ein Mensch trifft. Ist das Leben die Abwesenheit von so vielem oder ist das Leben eine große Fülle von Möglichkeiten?

Vielleicht ist sehr viel Manipulation dabei, die uns vormacht, dass von allem nur begrenzt da ist? Die Menschheit ist sogar schon so weit gekommen, dass sie glaubt, sie hat zu wenig Zeit!

Was ist heute alles auf dieser Erde im Vergleich zu vor 100 Jahren? Wem ist bewusst, was für eine Fülle von allem, im Vergleich zu vor 200, 100, 50 Jahren bei uns ist? Wir haben im Grunde von allem mehr. Sogar mehr Zeit, auch wenn wir denken, wir haben keine. Aber was fühlen wir? Warum fühlen wir uns so im Mangel? Vielleicht sogar noch mehr im Mangel als jemals zuvor?

Das ist auch so ein schöner Beweis dafür, dass das Gefühl von Fülle und Reichtum, erfüllt zu sein, nicht dadurch erlangt werden kann, wenn man alles hat. Es ist eine innere Einstellung. Es ist unsichtbar.

Sei achtsam, welche Informationen du für Wahrheit in dir aufnimmst. Hier ist der Mangel von Geld. Dort ist Mangel von Demokratie. Da ist Mangel von Wasser. Wo das Thema des Mangels ist, ist auch das Thema der Unausgewogenheit. Dann ist es kein Wunder, dass einmal zu viel und einmal zu wenig ist. Dürre. Flut.

Weißt du: Da wo Fülle ist, ist auch Liebe. **Liebe** ist nichts anderes als Fülle. Als du frisch verliebt warst, fühltest du dich mit allem verbunden?

Wer liebt, der rechnet nicht, der hat keine Angst, zu viel Liebe zu geben, weil dann vielleicht am Ende nicht genügend für einen selbst übrig bleibt. Liebe wird immer mehr, je mehr sie gegeben wird. Sie vervielfältigt sich. Ist da einer von uns verliebt, dann schafft er es sogar, mit seiner Liebe vielleicht noch den einen und anderen um ihn herum zu berühren und ein weinig anzustecken.

Wir können uns auf die Liebe in unserem Herzen konzentrieren.

In einer Zeit, in der immer mehr Menschen damit beschäftigt sind, was ihnen fehlt, was im Leben nicht so ist, wie es sein sollte und was andere ihnen versuchen wegzunehmen, kommt es immer seltener dazu, dass die Menschen danken. Sie fragen sich, wofür denn auch? Sie tun sich schwer. Sie haben ihre Erwartungen. Und werden diese Erwartungen nicht erfüllt, dann beschäftigen sie sich wieder mit dem, was nicht ist. Nicht so ist, wie sie es wollten. Statt dass sie einfach einmal das annehmen können, was ihnen vom Leben gegeben wird.

Es ist die Suche nach Befriedigung der eigenen Vorstellung. Ein Fordern und Verlangen. Ich brauche dies und das. Dann ein Hadern, wenn es nicht eintrifft.

Dankbarkeit ist die Fähigkeit, annehmen zu können. Viele Menschen wollen und bitten zwar, aber sie tun sich dann schwer, das, womit sie beschenkt wurden, dann auch wirklich annehmen zu können.

In Wahrheit haben sie eigentlich Bestellungen aufgeben und jetzt erwarten sie, dass diese Bestellung erfüllt wird. Und exakt so, wie sie es sich zuvor erhofft und insgeheim vorgestellt hatten.

Gibt es hierdurch überhaupt ein Wachstum? Gibt es hierdurch irgendeine Bereicherung? Nein! Und wir wundern uns, warum die Rechnung, warum die Bestellung nicht aufgeht? Da ist ein Missverständnis. Das hat absolut nichts mit einem Geschenk zu tun!

Zur Fähigkeit des Dankens gehören auch die Eigenschaft und die Qualität, loslassen zu können. Ich musste Erwartungen und Bedingungen loslassen. Und dazu gehört schon ein Glaube, dass die Geschenke auch wirklich dienen. Selbst dann, wenn ich vielleicht im ersten Augenblick noch nicht so recht weiß, was ich jetzt damit machen soll. Ich habe aber das Vertrauen, den Glauben, dass, wenn ich es geschenkt bekomme, es einen Grund haben und mir einen großen Nutzen bringen wird. Es wird sich zeigen, wozu es mir dient!

Viele Menschen stellen sich auf die Position der Armen, der zu kurz Gekommenen und sagen eigentlich: „Ich will haben!"

Dankbarkeit ist eine Eigenschaft, die nicht besonders verbreitet ist, nicht besonders hochgeschätzt wird. So vieles wird als selbstverständlich hingenommen. Und das, was ist, scheint immer noch nicht zu reichen. Da wird gewünscht und gewollt und gefordert und es fehlt die Dankbarkeit.

Dankbarkeit ist aber das Annehmen.

FRIEDEN

Wie kommt es, dass alle Menschen auf der ganzen Welt sich Frieden wünschen und wir im Außen so viele Kriege haben? So viel Streit und Wut und Aggression auch innerhalb von Familien und in der Gesellschaft?

Wahrer, dauerhafter Frieden auf Erden ist vor allem dann möglich, wenn Frieden in jedem einzelnen Menschen verankert ist.

Wenn wir unsere Aufmerksamkeit vor allem der Liebe des Herzens zuwenden, können wir Frieden erleben. Also nimm dir immer wieder dein Herz vor. Liebe ich? Habe ich ein offenes Herz für das, was ist? Oder verschließt es sich? Vor Enttäuschung, Verletzung, Angst, Ablehnung. Wo ein verschlossenes Herz ist, wo Liebe nicht gepflegt wird, nicht kultiviert wird, kann Frieden nicht sein.

Was kommt wirklich aus deiner Seele? Einfachheit bringt auch Frieden. Sei im JETZT. Auch die Gedanken zwischen Vergangenheit und Zukunft, über die wir uns sorgen, können wir verringern. Jetzt ist der einzige Augenblick, in dem wir atmen können, in dem wir wirklich leben.

Immer wieder gibt es die Ungerechtigkeiten im Großen und im Kleinen. Da prallen die Meinungen und Standpunkte des einen auf den anderen. Ich weiß, es ist dann sehr schwer, nicht in das Kämpfen, in das Sich-Verteidigen, Rechtfertigen, Überzeugen zu gehen. Doch versuche es und nimm dich aus dem heraus. Was ist dir wichtiger? Recht zu haben? Diesen oder jenen Umstand zu erreichen? Oder dein innerer Frieden?

Frieden ist nicht der Zustand „Mir ist alles egal" oder sich einfach ausgeliefert und ohnmächtig zu fühlen. Frieden ist Weisheit. Die Weisheit zum Beispiel darüber, dass das Allermeiste von dem, was in unserem Leben war und ist, aus einem Plan heraus stammt. Kaum etwas ist rein zufällig. Mit allen Seelen um uns herum gibt es Absprachen. Wir können, wenn wir es wollen, es wie ein Adler von oben, in der Gesamtheit sehen.

Jeder hat dem anderen etwas zu geben, etwas zu lehren. Doch es ist schwer, vor allem in Herausforderungen in einen Frieden zu kommen.

Jeder kann bei sich selbst anfangen. Das ICH ist eine Summe von vielen Aspekten, da ist das Kind, das wir mal waren, da ist der Mann, die Frau, da sind wir selbst, der Kritiker, der Schüler oder der Helfer. Wir sind so vieles. Bringe erst einmal Ruhe in all diese Aspekte.

Nimm sie alle an. Wie? Schaue sie dir einfach genau an und höre auf, sie gleich therapieren zu wollen. Auch das ist Krieg. In dem Bemühen, frei zu werden, kämpfen wir auch im Inneren. Wir kämpfen gegen die Eifersucht, wir kämpfen gegen die Traurigkeit, wir kämpfen gegen die Unzufriedenheit, wir kämpfen gegen das Gefühl des Mangels. Wie wollen wir da Frieden gewinnen? Keiner, der kämpft, kann wirklich Frieden für sich gewinnen, selbst wenn der eine siegt. Also schau diese Aspekte an. Nimm sie an und sage: Du gehörst zu mir, du machst die Gesamtheit aus. Der Frieden, den jemand erlebt, der auch den Unfrieden, den Kampf, den Krieg in sich erlebt hat, der ist wahrlich ein ganz besonderer Frieden. Du wirst beobachten, wie allein schon der Umstand, dass du akzeptierst, Ruhe bringt. Ruhe in all die verschiedenen Aspekte in dir.

Keiner ist so kritisch, wie wir es zu uns selbst sind. Ja, wir machen Fehler. Warum hadern wir damit? Anders ist Leben auf dieser Erde gar nicht möglich. Was für eine große Tugend, das Vergeben. Sie bringt mehr Frieden, je größer das ist, was wir einem anderen vergeben können.

Noch einmal sage ich, Frieden heißt nicht, ein Opfer zu sein und alles hinzunehmen. Das ist ein Zustand der Ohnmacht, nicht des Friedens.

Jemand, der friedvoll ist, kann seinen Herausforderern in die Augen schauen, und er weiß: Ich könnte jetzt so und so kämpfen, dies und das machen, aber ich sehe auch darin eine Aufgabe, die Lehre in dem Ganzen zu sehen. Vielleicht hilft mir jetzt gerade mein

Gegenüber und ich werde noch ein wenig stärker, dass ich dies und das nicht persönlich nehme.

Die meisten Menschen sind so mit sich beschäftigt, und was sie anderen sagen, hat in der Regel mehr mit ihnen selbst zu tun. Es sind ihre Themen. Also nimm vieles gar nicht so persönlich.

Das ist Freiheit. Frei zu sein, sich nicht mehr ärgern zu müssen, nicht mehr kämpfen zu müssen, nicht mehr flüchten zu müssen. Dann kann ich einfach hier sein und mein Leben leben. Mich in meinem Leben erleben.

Frieden heißt nicht, immer Ja zu sagen. Manchmal bedeutet Frieden auch, sich umzudrehen und den eigenen Weg weiterzugehen. Aber mit einer Dankbarkeit für die Erfahrung, die ein anderer uns gebracht hat.

Als Erstes sollten wir unsere inneren Kämpfe befrieden. Sonst ist kein dauerhafter Frieden mit Freund oder Freundin, Nachbar oder Nachbarin oder der Familie möglich.

Wer einmal in seinem Leben einen Augenblick tiefen Friedens erlebt hat, der hat schon sehr viel gewonnen. Erinnere dich daran. Was ist wichtiger, als inneren Frieden zu haben? Wir können Fülle, Reichtum haben, diese und jene Ziele erreicht haben, Bedeutendes tun, was ist all dies wert, wenn wir keinen inneren Frieden leben können?

Am Ende wird alles gut!
Und wenn es noch nicht gut ist,
ist es noch nicht das Ende.
Oscar Wilde

Am Ende ist alles gut

Im Dezember 2017 hat mein Vater uns zu seinem 80. Geburtstag zu einem Sonntagsbrunch im Mövenpick Hotel am Flughafen in Stuttgart eingeladen. Wir waren zehn Personen. Meine Eltern, seine drei Enkelinnen und seine drei Töchter mit Partner.

Eigentlich hat es genau ein Jahr vorher angefangen. Er erzählte mir am Telefon, dass er nächstes Jahr seinen 80. Geburtstag mit seiner Familie feiern möchte. Ich war etwas irritiert. In meiner Kindheit und viele Jahrzehnte zählten für ihn als seine Familie einzig seine Geschwister in der Türkei. Seine Ehefrau und seine Töchter waren unsichtbar für ihn. Deshalb fragte ich: „Wen meinst du genau? Willst du mit deinen Geschwistern in der Türkei feiern?" Er war sichtlich über meine Frage überrascht und meinte ganz selbstverständlich: „Nein – natürlich nicht. Mit euch – meinen Töchtern und meinen Enkelinnen, eben mit meiner Familie!" Ich fragte noch etwas weiter, weil ich immer noch überrascht war. „Kommt ihr beide nach Deutschland oder wünschst du dir, dass wir alle in die Türkei kommen?"

Ich muss etwas ausholen und erzählen, dass mein Vater, solange er in Deutschland gelebt hat, nicht wirklich Wert auf Geburtstage legte. Doch er wollte diesen Tag tatsächlich mit uns feiern.

Meine Eltern flogen schon drei Wochen vor dem Ereignis aus

Istanbul nach Deutschland und hatten so genügend Zeit, ihre alten Beziehungen zu pflegen.

Im Vorfeld war ich etwas angespannt und konnte es mir bis zum Schluss gar nicht vorstellen, dass dieser Tag wirklich stattfinden wird.

Kurz vorher habe ich ihn direkt gefragt, womit ich ihm eine Freude machen könnte. Was ich ihm zu diesem besonderen Tag schenken könnte und was er sich vielleicht wünscht. Er sagte: „Du bist doch arbeitslos. Du brauchst nichts schenken. Spart euer Geld."

Das Leben hat mich mit diesem speziellen Tag wieder einmal total überrascht und so reich beschenkt. Wir alle waren festlich gekleidet und meine Nichten schaffen es immer wieder, dass ich auch an diesem Tag dachte, sie sind alle drei der Sendung „Germany's next Topmodel" entsprungen. Es gab ein sehr großes Angebot an Essen und Trinken. Alles war in Fülle vorhanden. Durch die Adventszeit und den wunderschönen großen, geschmückten Tannenbaum war das Buffet besonders feierlich.

Unsere gemeinsame Zeit war total harmonisch. Meine Mutter nahm sich sehr zurück, hat sich sichtlich darum bemüht, weil es sein Ehrentag war. Mein Schwager ist Künstler und hatte ein Porträt meines Vaters selbst gemalt, das er ihm schenkte. Mein Vater bekam von uns Töchtern auch einen Fotokalender für das kommende Jahr. Es waren teilweise auch süße Babybilder von uns, seinen Töchtern und seinen Enkelinnen, dabei. Er war sichtlich gerührt und hat sich sehr gefreut. Hatte er jemals wirklich Wertschätzung von uns erhalten? Oder anders formuliert, hatte er bisher jemals Wertschätzung annehmen können?

Und in dem Augenblick, da er so viel Wertschätzung erhielt und sie auch annehmen konnte, da konnte er gleichzeitig auch echte Wertschätzung seiner Familie und somit seinen Töchtern weitergeben.

Es war eine wunderschöne und würdige Feier für ihn und für uns alle. Anschließend waren meine Eltern beim Altennachmittag zum Kaffeetrinken eingeladen. In dem Dorf, wo meine Eltern viele Jahrzehnte gelebt und gearbeitet hatten, an das sie so viele Erinnerungen haben. Wie passend, dass der Nachmittag exakt an seinem Geburtstag dieses Jahr stattfand.

Zwei Tage vorher wurde er namentlich mit seinem 80. Geburtstag in der Ortzeitung erwähnt. Der Bürgermeister wollte ihn am nächsten Tag persönlich besuchen und gratulieren. Auch die Tage danach haben sie bei ihren Freunden und früheren Nachbarn gefeiert.

Als ich von unserem gemeinsamen Brunch mit meinem Mann nach Hause gefahren bin, war es das erste Mal, dass ich nach einem Familientreffen total glücklich und beseelt war. Ich war voller Freude. Ich hatte kein emotionales Gepäck dabei. Das fühlte sich einfach großartig an.

Was war geschehen? Es war viel mehr geschehen, als dass kein Angriff kam, keine Forderungen, es keine emotionalen Belastungen oder mentalen Belastungen gab.

Vielleicht ging es gar nicht darum, dass ich ihm etwas schenke oder etwas gebe? Vielleicht war es einfach eine Freude für ihn, etwas zu geben an diesem Tag? Mal endlich der Vater ist, der sich an seinen Töchtern freut? Der sie sieht – und es braucht gar nicht mehr?

Mein Vater hat mir endlich so etwas wie sein emotionales Erbe gegeben, indem er mich anerkannt und wertgeschätzt hat, so wie ich gerade bin.

Er kann weder damit prahlen, dass ich im traditionellen Sinne eine gute Tochter, eine gute Türkin, ein guter Moslem bin. Noch kann er damit prahlen, wie erfolgreich ich beruflich bin. Auch kann er nicht damit prahlen, dass ich einen guten Türken geheiratet habe und

Kinder bekommen und somit eine eigene Familie gegründet habe.

Und trotzdem hatte ich das Gefühl, dass er an diesem besonderen Tag irgendwie stolz auf mich und meine Schwestern war und auf uns alle. Er hatte eine Freude an uns. Endlich habe ich mich angenommen gefühlt.

Ich hatte meinen Eltern gegenüber meistens nicht laut äußerlich widersprochen, sondern einfach, indem ich etwas anderes gelebt habe. Dass ich Dinge einfach anders gemacht habe. Taten sagen sogar noch mehr als tausend Worte.

Mein Vater hat auf irgendetwas reagiert, das in mir und uns gewachsen ist. Wie gesagt, im Äußeren ist nicht viel von dem, was er bewundern könnte. Vielleicht spürt er eine Energie, die in mir, die in uns strahlt?

Da ich aus einigen Themen und Mustern unserer Familie ausgestiegen bin, war die Resonanz auch nicht mehr so stark gegeben. Es wurde respektiert, was ich tue, was ich bin.

Der Vater meiner Kindheit ist in den letzten 25 Jahren sowieso viel weicher geworden. Er ging wie in den Gegenpol. Ich fand ihn sogar fast zu weich und zurückhaltend. Aber in unseren Familienstrukturen blieb nicht viel Raum für ihn.

Mein Kopf hätte die Bilder von meinem Vater und die Worte „bedingungslose Liebe" niemals zusammengebracht. Aber mein Gefühl an diesem Tag war anders. Schon allein, dass ich überhaupt fühlen konnte und meine Gefühle wahrnehmen konnte, ist wirklich großartig. Ich fühlte mich bedingungslos geliebt, weil ich zum ersten Mal einfach so angenommen wurde, wie ich bin. Ich fühlte mich wie neu geboren. Ich fühlte mich kräftiger, leichter, entspannter und vieles mehr. Und vor allem fühlte ich mich frei.

Alles ist ein Prozess. Alles braucht seine Zeit. Was sind schon 80

Jahre oder in meinem Fall 54 Jahre im Vergleich zur Ewigkeit? Es ist nur ein Wimpernschlag in der Geschichte des Universums.

Danksagung

Ich bin unendlich dankbar für so viele Menschen und Lehrer, die mich bestätigt haben, auf meinem Weg weiterzugehen. Dass ich in Ordnung bin, so wie ich bin. Dass ich mir selbst vertrauen soll. Einige sind schon verstorben und viele leben noch.

Damit es den Rahmen nicht sprengt, werde ich nur wenige namentlich erwähnen.

Als Erstes bedanke ich mich von Herzen bei Karen Christine Angermayer, meiner Verlegerin vom sorriso Verlag. Es ist ein großes Geschenk für mich, dass sich unsere Wege gekreuzt haben. Durch ihr Engagement und ihre Leidenschaft hat sich mit ihrem Lektorat dieses Buch sehr schön entwickelt. Ihre sehr achtsame und wertschätzende Art hat mir geholfen, dass dieses Buch zu einem harmonischen Gemeinschaftsprojekt wurde. Mit der Hilfe und Unterstützung von ihrem ganzen Team konnte dieses Buch geboren werden. Das ist eines der vielen Wunder in meinem Leben.

Ich werde nicht müde, mich bei Kathrin Knispel zu bedanken. Sie ist für mich die Dolmetscherin meiner Seele. Seit elf Jahren begleitet sie mich mit ihren wertvollen Impulsen. Das ist eine ganz große Hilfe und Unterstützung für mich und für mein Leben. Für mich sind es großartige Schulungen, die mich in meiner Persönlichkeitsentwicklung haben wachsen lassen.

Ich werde auch nicht müde, mich bei Barbara Waibel zu bedanken. Sie ist Heilpraktikerin und für mich der Dolmetscher meines Körpers. Durch ihre liebevolle und sehr sanfte Hilfe und Unterstützung hat mein Körper in den letzten vier Jahren endlich die Wertschätzung bekommen, die ich die 50 Jahre davor total vergessen hatte zu geben.

Für mich gibt es keine Feinde, sondern nur Freunde oder Lehrer. Es waren meistens die Lehrer, die mir in meinem inneren Wachstum sehr geholfen haben. Auch wenn es meistens sehr schmerzhaft war, von Herzen ein großes Dankeschön dafür!

Ich bin auch unendlich dankbar für meine Schwestern und die vielen Freundschaften, mit denen ich gesegnet bin. Sie sind alle sehr verschieden und einzigartig. Aber eins haben sie alle gemeinsam, sie machen mein Leben noch schöner und noch bunter. Danke euch allen dafür!

Ein ganz großer Herzensdank gilt meinem ersten Ehemann. Besonders für seinen Humor und seine Großzügigkeit. Er ist ein ganz wunderbarer Mensch. Unsere Hochzeit war zwar entgegen den Erwartungen und Vorstellungen meiner Eltern, aber es war für unsere Liebe. Unsere Scheidung war zwar entgegen dem Weltbild der Frau, das mir in die Wiege gelegt wurde, aber es war für die Liebe zu mir selbst. Beides waren große Schritte in meinem Leben.

Das, was passiert ist und wie es passiert ist, war zum Segen für uns beide. Sonst wäre ich womöglich an meinem Leben vorbeigegangen.

Ich werde niemals müde werden, mich bei Rüdiger zu bedanken. Er ist der erste Mensch, der mich einfach so nimmt und so lässt, wie ich bin. Das ist das allergrößte Geschenk, das er mir machen kann. Ist das nicht bedingungslose Liebe? Er gibt mir das Gefühl, dass ich in Ordnung bin, so wie ich bin. Dieses Gefühl der Geborgenheit kenne ich bisher nur aus meiner Beziehung zu Gott. Bei Menschen kannte ich es nicht und es wurde mir auch nicht in die Wiege gelegt. Da ich es vorher nicht kannte, habe ich etwas Zeit gebraucht, um es zu erkennen und es annehmen zu können. Aber gerade dadurch konnte ich mich endlich entspannen und mich entwickeln und wachsen, und zwar auf meine eigene Art und Weise und in meinem eigenen Tempo. Das werde ich ihm niemals vergessen. Dafür bin ich ihm unendlich dankbar.

Und von Herzen ein ganz großes Dankeschön gilt dir, liebe Leserin, lieber Leser, dass du dir deine Lebenszeit dafür genommen hast, mit mir gemeinsam ein Stück meines Lebensweges zu gehen. Möge es dir viel Segen, viele Früchte und viele Erkenntnisse bringen.

In Liebe und Verbundenheit

Sacide

Kontakt zur Autorin

E-Mail: info@sacide.de

www.sacide.de

Überlass dein Leben nicht irgendjemandem.

Tu es, übernimm wieder die Verantwortung dafür.

Mach dich auf den Weg!

Rüdiger Göpferich beschäftigt sich mit den Themen Führungsqualitäten, menschliche Qualitäten, dem Mut, die eigene Persönlichkeit zu schulen, und mit dem Bewältigen von Krisen. Er kennt die Phase der Idee und Vision, des Aufbaus, des Erfolgs, das Erreichen einer Spitze und letztendlich den Verlust. Er kennt das Gefühl, zuerst hochgelobt zu sein, um dann fallengelassen zu werden. Und dieses Gefühl kennen viele Menschen. Er kennt aber auch das Gefühl, aus dieser Depression, aus all diesen Erschütterungen herauszukommen, und zeigt auf, dass Krisen und Scheitern nicht nur schlechte Zeiten sind, sondern auch der Aufbruch zu neuen Ufern sein können.

Taschenbuch, 188 Seiten I   ISBN: 978-3-946287-79-7 I   Preis: € 18,00
Ebenfalls erschienen im sorriso Verlag.